细读晚清七十年

金满楼 著

华文出版社
SINO-CULTURE PRESS

图书在版编目（CIP）数据

细读晚清七十年 / 金满楼著. -- 北京：华文出版社，2021.1

ISBN 978-7-5075-5361-1

Ⅰ.①细… Ⅱ.①金… Ⅲ.①中国历史—史料—清后期 Ⅳ.①K252.06

中国版本图书馆CIP数据核字（2020）第191195号

细读晚清七十年

XIDU WANQING QISHI NIAN

著　　者：金满楼
出版策划：品　雅
责任编辑：曹昌虹
出版发行：华文出版社
社　　址：北京市西城区广安门外大街305号8区2号楼
邮政编码：100055
网　　址：http://www.hwcbs.com.cn
电　　话：总 编 室 010-58336239　　发 行 部 010-58336267　58336230
责任编辑 010-58336195
经　　销：新华书店
印　　刷：北京柯蓝博泰印务有限公司
开　　本：710×960　1/16
印　　张：16
字　　数：240千字
版　　次：2021年1月第1版
印　　次：2021年1月第1次印刷
书　　号：ISBN 978-7-5075-5361-1
定　　价：48.00元

版权所有　侵权必究

序言

历史学家许悼云曾说,"辛亥革命是人心思变的爆发点"。不过从近代史的实际情况来看,有关这个爆发点的说法不一,有说是第一次鸦片战争的,也有说是英法联军之役的,还有说是甲午、戊戌或是庚子年的,似乎都有一定的道理。

以受冲击的程度上说,西方列强虽然在第一次鸦片战争中敲开了大清的国门,但时过境迁后,天朝并没有想象中的那般"屈辱",因而也没有相应的反应与奋起,说道光年代"人心思变",似乎并不够格。

一转眼就到了咸丰年间,在太平军、捻军相继蜂起后,加上1860年英法联军的致命打击,清廷才开始了真正的警醒,之后的出洋考察及各项洋务新政的次第铺开,算是对西方世界的第一次回应。在这一时期,国内环境有所好转,国力得到相应的恢复,晚近史上所谓的"同光中兴",勉强也算事实。

然而,不怕不识货,就怕货比货。和晚清中国一样,东邻日本也受到西方列强的侵侮并进而引发倒幕战争与明治维新,双方几乎处于同一起跑线。三十年后,甲午战争爆发,洋务新政与明治维新交出了两份不同的答卷,结果已为世人所知,不必赘言。以此而论,同光中兴也好,洋务新政也罢,其成色都不能令人满意。诚如李鸿章等人所认识的,这是一个"三千年未有之大变局"的年代,但这三十年的变局,却是迟缓而昏昏欲睡的。无论过程还是成果,都不尽如人意。

在传统中国人的印象中,日本一直被认为是"蕞尔小国",但甲午的惨败,却把迷梦中的中国人(或说士绅阶层)彻底惊醒了。从这个角度而言,近代国人的"人心思变"始于甲午,这点无论如何强调都不算过分。随后,也就有了维新变法,而变法的失败又导致了其后的己亥建储,并进而引发了庚子年的大劫难。1894年后的历史链条,一环紧扣一环,最终把大清逼到了不得不变的墙角里。

1901年到1911年即通常说的清末新政十年,有心了解的人虽然不多,但客观而言，这十年尚且可圈可点，堪称二十世纪中国难得的十年。有些遗憾的是，由于革命化的宏大叙事，这十年的很多细节往往被有意无意地忽视与遮蔽，"清朝必亡"的逻辑近乎天经地义，但不得不说，历史的表象下面可能有更多的文章与细节，这些都需要后人去重新挖掘与认识。

对于写作者来说，历史的有趣往往不在于宏大的叙述，而在于对细节的关照。细节对于植物来说，或许只是一枝树杈的生长方向，而对于历史却可能是对一个时代最好的注解。令人唏嘘的是，历史的细节原本都是当时举国轰动的大事，只是被岁月的流沙掩埋之后，才显得微不足道而已。

以戊戌变法为例，时人所了解的戊戌年，大体以梁启超的《戊戌变法记》为蓝本，但实际上，真正的戊戌年未必如梁启超所言，其中的各种人物、各种风潮乃至各种见不得人的谋划，只有经过充分的展示与细心的拼接，才能洞察当年的历史过程和潜在的事实逻辑。

历史作为故事来讲当然是容易的，但想真正地还原历史，却绝非易事。事实十分明白，之前发生的历史从来都是碎片化而不可逆的，而正因为它的不可重复性，历史也不太可能有绝对的真相，即便是身处其中的当事人，他的所见所言，也只是个人的感受与判断而已。

从时间线上说，后人永远都不可能回到历史的现场，他只能通过余留的各种历史文本来勾勒出自己的认识。正所谓，一千个人眼中有一千个哈姆雷特，每个人对历史文本的解读都是不一样的，我们只能说，可以无限接近历史的真相，但不可能完全还原真相。

历史往往就是这样，当你看到它前面的时候，就看不到它的后面，想要看它后面的时候，往往就看不到它的前面。对于接受者来说，历史的印象最终取决于它的投射角度，追求十全十美、完美无缺，这是做不到的。

本书所收入的三十篇文章，是近几年来关于晚清的一点小思考。文章有长有短，谈不上有多深刻，但对细节的注重与把握，倒也符合笔者一直以来所秉承的风格。让细节说话，评价交给读者，大意如此。

目录

第一章 昏睡的朝局

胡若望的疑问：一个清朝子民的欧洲之旅 … 003

难为颜伯焘：从嘴硬抗英到认怂撒谎 … 009

半世沉沦：龚自珍父子的另类面孔 … 017

斌椿欧游记：第一个出国访问官员的海外奇谈 … 026

洋人做了大清钦差：蒲安臣使团的欧美行 … 032

官场外的春天：大儒俞樾的教读与园居 … 039

鲁迅爷爷的往事：从科场舞弊案看晚清 … 049

三个粤商一台戏：轮船招商局的"三大佬" … 061

经济战场：洋务运动较明治维新败在何处？ … 068

晚清和日本：睡狮旁边的豺狼先苏醒了 … 074

北洋水兵闹长崎：未经实战先斗殴 … 085

巨金养虎终噬己：甲午赔款的来龙与去脉 … 092

第二章　思变的时刻

伤心到盖棺：变法为何先罢我翁同龢　　　101
毁誉参半康有为：想当"圣人"不容易　　　111
石破天惊的王照：建议光绪携慈禧巡访列国　　　117
去留肝胆两昆仑：谭嗣同绝命诗是否被梁启超篡改　　　126
唐烜日记：一个刑部主事眼里的戊戌年　　　131
张元济罢官：从永不叙用到出版宗师　　　145
己亥建储：触发庚子国难的宫廷祸端　　　153
使馆之围："老佛爷"的难言之隐　　　161
杀戮、掠夺与报复：八国联军的滔天罪行　　　170

第三章　最后的挽歌

小报涅槃：《苏报》案的"案中案"　　　187
师徒反目：俞樾与章太炎之间究竟发生了什么？　　　195
末代状元刘春霖："第一人"中最后人　　　199
"老佛爷"的珍宝：从风光大葬到身后凄凉　　　206
李莲英：一个活在历史唾沫里的名太监　　　211
清中兴与覆亡：张之洞没想到自己都出了力　　　218
容闳族弟容星桥：从留美幼童到革命先贤　　　222
皇帝的香案：假保路干掉了真铁路　　　229
干吏、清官与能人：清末民初的三个遵义官　　　240

后记

第一章 昏睡的朝局

胡若望的疑问：一个清朝子民的欧洲之旅

晚清之前，去过欧洲的中国人几乎寥若晨星，广东人胡若望就是其中之一。

当然，如果不是美国历史学家史景迁的突然发现，像胡若望这样的小人物是不可能被人知晓的。有意思的是，关于胡若望的三份档案文件材料十分齐全，正好勾勒了他这次的欧洲神异之旅。

在这三份档案中，传教士傅圣泽对胡若望的记载最为详细。事实上，当傅圣泽把胡若望带到欧洲后，胡若望几乎成为一个事件，因为后者在巴黎一度十分有名，但最后竟被关入了疯人院，长达两年半之久。

由于很多人的非议，傅圣泽写了一份详尽的记述交给教会方面和友人传看，因为后期不断附注的原因，这份记述出现了三个版本，前两份分别被法国国家档案馆、大英图书馆收藏，交给罗马教宗方面的则是最晚的一个版本，而且还有一叠关于此事件的信件，弥足珍贵。

此外，在梵蒂冈、法国巴黎警方及精神病院方面，也能找到一些关于胡若望事件的档案记载；而在中国方面，虽然没有关于胡若望的直接记载，但他与傅圣泽离开中国的船只和日期都有据可查。

《胡若望的疑问》这本书的出现，主要应归功于史景迁卓越的史料收集与爬梳能力。而且，这本书如侦探小说一般的写作方法，还有通过关键时间节点的片段式编排方法，也都十分值得称道。在其笔下，一个原本早被人遗忘得一干二净的胡若望仿佛从历史的尘埃中爬了出来，他和他曲折而有趣的故事，在读者的面前活灵活现、栩栩如生。

那么，胡若望是个什么样的人呢？

读者先不要急，史景迁用的是电影闪回的写作手法，先从胡若望被精神病院解救出来时开始叙述："胡若望在莎朗通的精神病院待了两年半，身上的衣物已经破烂不堪。"

事后，据负责接出胡若望的教士戈维里笔下的描述："他的脸看起来就像是从坟里挖出来的尸体一样。……由于他的体格和容貌毫无特殊之处，因此看起来比较像是个挨饿的流浪汉或乞丐，而不像是个中国读书人。"

一个来自中国的读书人，为何会在1725年（雍正三年）出现在欧洲？这个问题就像一个钩子一样吊起了读者的好奇心。不得不说，这个开头写得太妙了。

由于太长时间没与人交流，当戈维里用中文向他问候时，胡若望的脸色随即亮了起来。值得庆幸的是，他还没有丧失语言能力。

胡若望提出的一个最迫切的问题是："为什么把我关起来？！"

胡若望祖籍江西，是个鳏夫，有一个接近成年的儿子，还有母亲和一个兄弟。他出生在广州与佛山之间的某个地方，是个虔诚的基督教徒。需要说明的是，胡若望虽然是个读书人，但并没有取得任何功名，文化水平只是识字、会写的程度，仅此而已。

在离开中国前，胡若望在罗马教廷设在广州的传信部工作，职位是看门人。1721年（康熙六十年），一位在中国待了二十余年并曾奉诏翻译《易经》的耶稣会传教士傅圣泽来到这里，由此成为这个故事的起点。

傅圣泽于1665年出生在法国勃艮第的一个小镇，后在耶稣会学院就学成为传教士。1698年，傅圣泽随同耶稣会士白晋乘"海神"号船前往中国，并于次年7月抵达厦门。最初，傅圣泽主要在福建和江西两省传教，直到1711年被康熙皇帝召至北京并协助白晋进行《易经》的研究翻译工作。期间，傅圣泽还参与了当时《皇舆全览图》及各省分图的测量工作。

很大程度上，傅圣泽是一个在学术上颇有野心的传教士，他收集了大量的中国图书，并企图通过《易经》破解基督教教义与中国儒学教义的勾连。不过，他认为"中国古籍中的'道'和'太极'就是基督信仰中所崇拜的真神，《易经》就是真神传给中国人的玄秘经典"的观点似乎不为他的同行们所认同。

1720年，教会方面同意傅圣泽返回欧洲的请求，随后他就从北京南下广州。由于携带了大量的图书，并且希望返回欧洲后继续其学术研究，傅圣泽决定在离开前找一位中国助手，以帮助他完成一些抄写和检索任务。类似这样的事，尽管为教会和中国方面所禁止，但傅圣泽深知，这是他的同行之前已经做过的事。

鉴于中国助手赴欧问题的复杂性，广州法国传教团庶务员，也就是前文提到的戈维里（时为傅圣泽的上司）表示强烈反对。最终，傅圣泽没有找到特别合适的人员，而仓促间选中了胡若望。在友人的帮助下，傅圣泽于1722年1月带着胡若望离开中国。这一年，正是康熙皇帝在位的最后一年。

傅圣泽一行人有三艘船同时出海，不过胡若望的第一次海上之旅并不顺利。船行至爪哇时，其乘坐的"孔蒂亲王"号因为港湾里的风突然停了，其他两艘船则在港湾外的强风吹拂下扬帆而去。次日，"孔蒂亲王"号好不容易驶出港湾，但那两艘船早就消失在茫茫大海上了。

更不走运的是，在驶往好望角的过程中，"孔蒂亲王"号被强风严重地吹离了航线，而且还吹折了一根桅杆。最终，由于淡水和其他补给即将用尽，船长不得不命令驶往巴西进行补给。因为这一系列原因，"孔蒂亲王"号最后比其他两艘船晚到两个月。

对于胡若望来说，这次的海上之行简直是一场灾难。

据傅圣泽记述，他从来没有经历过如此严重的晕船，也没有见过持续时间如此之久的航行。由于胡若望只是助手而非学者身份，他被安排与船上的仆役一起用餐。而整个船上，唯一能和他说话的只有傅圣泽，因为这些外国人中，就他一个人会说中文。

除了语言，外国的一些礼仪如用餐习惯等，也造成了胡若望与其他人的隔阂甚至冲突。譬如，胡若望完全不懂也不顾及西方的分餐制，而是直接抓取自己想吃的东西。没有多久，因为一再批评船上士兵和水手的吵闹与粗鲁，胡若望被一个法国水手揍了一顿，这导致他陷入了某种程度的忧郁。此外，当船上有人因为犯错而被公开鞭笞时，一同围观的胡若望似乎变得更加的沉默。经历了如此陌生而险恶的环境后，胡若望大概认为自己活不到回到故乡的那一天了。

也许有人会问，在当时的社会条件下，胡若望为什么会选择这样一场寻常人想都不敢想的冒险之旅呢？很显然，他并不是那种粗壮有力而富有冒险精神的人啊！

很大程度上，胡若望加入这场欧洲之旅很可能是出于经济上的原因，因为按照傅圣泽提供的合约，在整个离开中国并协助其工作的期间，胡若望将得到每年20两白银的报酬，还有衣食住行的基本费用。此外，在与傅圣泽的交流中，胡若望曾表示，如果他将来将这些游历见闻写成书出版的话，他也许会因此成名。可惜的是，从后来的一系列遭遇看，胡若望显然对这场奇异之旅想得过于简单而乐观了。

1722年8月底，这场饱经折磨的海上之旅终于结束了，他们抵达了法国的路易港。然而，傅圣泽发现了一个更严重的问题：胡若望不但不能协助他从事研究工作，而且已经很明显地不太正常了。尽管他希望这只是短暂的，胡若望上岸之后或许就会平静下来，但后来的事实证明这完全是事与愿违，并给他带来了无尽的麻烦。

初到路易港时，胡若望一度表现出极大的好奇，他四处走动，似乎要为日后的游记收集素材，但他的行为也变得越来越怪异，一度还偷了一匹信差的马并骑了半天才回来。不久，胡若望便在当地得了一个"堂吉诃德"的绰号。

更让傅圣泽感到困惑而震惊的是，当他准备妥当即将前往巴黎时，胡若望却表示自己不去了，他要当乞丐，一路行乞步行穿越法国。之后，傅圣泽不得不半强迫地把他塞进马车，但没过多久，胡若望竟然从行进的马车上跳了下来。类似的事情之后还要反复发生，令傅圣泽感到筋疲力尽。

在这一系列意想不到的事件后，傅圣泽不得不给驻巴黎的教廷大使写信，说他不该把这个中国人带来，因为这个人不是个易于相处的人，而且个性相当执拗，并不"温顺"。然而，他想摆脱这个人的话，却并不是一件容易的事。一度，傅圣泽打算把胡若望交给一个即将前往中国的传教士，但因为后者取消了这个计划而作罢。

在巴黎期间，胡若望在此展现了"堂吉诃德"的风采，他带着旗子和小鼓到圣保罗教堂演讲，虽然大众听不懂他的中文，但每次总能吸引不少人，并鼓励他继续讲下去。因为担心他会惹上煽动群众的嫌疑，傅圣泽不得不派人偷走了胡若望的鼓和旗子。

而令傅圣泽感到郁闷的是，胡若望不但丧失了协助他工作的能力，而且还失踪了两次，最后不得不利用私人关系请求巴黎警察总监派人寻找。也正是在后者的帮助下，胡若望被送进了莎朗通的精神病院。

需要说明的是，胡若望被送进精神病院是得到教会及巴黎方面的批准，并交由警察总监执行的。作为这一决定的补充，如果胡若望精神复原的话，他将乘坐法国印度公司的船只返回中国。

在此期间，原本答应带胡若望去面见教宗的傅圣泽一个人去了罗马，而且他还在那里找到了另一个受过良好教育而且温和有礼的中国年轻人，因此他不再需要胡若望了。

傅圣泽的做法和胡若望的"名气"也在教会内引起了很多的非议，这也是"胡若望事件"得以保存一些档案文件的原因之一。作为学者型传教士，傅圣泽确实善于保存各种信件或文件，他为了洗白自己而对这件事的来龙去脉写了很长的辩解词，这也是史景迁写作《胡若望的疑问》一书的最主要素材。

1724年，回到法国的戈维里为这一事件画上了句号。事实上，在中国时，戈维里已经为胡若望的问题烦恼不已，因为胡的母亲和兄弟已经找上门来，要求耶稣会对他们的生计负起责来。因此，戈维里这次回法国也要找到胡若望，并计划把他送回自己的国家。

　　在戈维里看来，胡若望并没有疯，只不过他遭到了令人发指的不当对待，而且还被剥夺了他应得的工资，这才会使他变得不太正常。对此，已经升为主教的傅圣泽并不认可，并随后怒气冲冲地给戈维里回信：

　　"如果你认为胡若望精神正常并打算让他回国，那就赶紧让他走吧！越快越好！至于说我应该付给胡若望工钱，这简直岂有此理！胡若望拒绝履行他的工作，不管是他头脑不清楚还是恶意违约，是生性桀骜不驯还是出于叛逆的心态——总之，他几乎什么都没做，这还有什么可说的！"

　　信末，傅圣泽不无愤怒地表示："亲爱的戈维里先生，当时若不是你在广州多管闲事、从中作梗的话，我如何会雇不到更好的人选！"

　　最终，为胡若望提供回国旅费及相关抚恤金的是法国官方。毕竟，将胡若望送进精神病院也是他们决定并执行的。1726年11月，胡若望乘坐东印度公司的一艘船返回了广州，由此结束了他的欧洲神奇之旅。

　　重新回到中国的土地后，胡若望似乎一下子就正常了。他做的第一件事就是前往教廷设在广州的传信部，要求赔偿他5年的薪资，也就是傅圣泽答应的每年20两白银的工钱。因为没有达到目的，他在传信部外面大吼大叫，并把自己的欧洲之旅及其受到的粗暴对待都告诉了来往的人们。

　　迫于压力，传信部不得不请求东印度公司的船长将这笔钱支付给他，后者把胡若望带回了中国，而且法国方面拨发的那笔钱也寄存在他那儿。从某种意义上说，胡若望在欧洲的怪异行为被认为是"发疯"的表现，很可能是人生地不熟、因孤独而反抗并由此导致的某种"癔症"的爆发，他被关进疯人院，看来是十分冤枉的。从这个角度上说,教会方面确实应该给他相应的补偿。

事后,教会也确实这么做了。而得了钱的胡若望随后给母亲和儿子买了最华丽的衣服,并带着他们返回家乡。不过,当时已在教会任事的胡若望的儿子实在受不了父亲的装腔作势而中途逃回了澳门,跑到了他熟悉的传教士那里去了。

尽管儿子不愿意和自己在一起,但此时的胡若望仍旧独自享受着回到故乡的喜悦感,偶有孩子跑来打断他的思绪:"胡伯伯,给我们讲讲西洋是什么模样?"

每逢这时,胡若望总要沉吟一会儿,然后闭上眼睛。

"欸,它们是这样的⋯⋯"

难为颜伯焘:从嘴硬抗英到认怂撒谎

清朝时期,广东连平县的颜伯焘家族在当地名气很大,因为整个清朝268年,颜氏家族祖孙三代都曾官居督抚,这在广东可谓凤毛麟角。

颜家"祖孙三代皆督抚",指的是颜伯焘祖父颜希深在乾隆朝先后担任湖南巡抚、贵州巡抚和云南巡抚,其父颜检曾在嘉庆年间担任直隶总督、漕运总督,颜伯焘本人则在道光年间担任过陕西巡抚、云南巡抚及闽浙总督。

颜伯焘(1792—1855),字鲁舆,号载帆,别号小岱。作为颜家第三代督抚,颜伯焘在科考上同样一帆风顺,他于嘉庆十五年(1810)中举人,嘉庆十九年(1814)中进士,时年不过22岁,考试功夫可谓十分了得。

之后，颜伯焘入翰林院为编修，并先后出任武英殿提调、戊寅恩科四川副主考。道光二年（1822），年仅30岁的颜伯焘外放为陕西延榆绥道。在其祖、父辈的庇荫下，颜伯焘一路升迁，一步一个脚印，他先后出任陕西督粮道、陕西按察使、甘肃布政使、直隶布政使、陕西巡抚。道光十七年，颜伯焘调任云南巡抚兼署云贵总督。道光二十年也就是鸦片战争爆发的1840年，颜伯焘升为闽浙总督。

对于鸦片问题，颜伯焘也算是有自己的认识，他曾在密奏中称：

"臣籍隶广东连平州，初次回籍在嘉庆九年，彼时连平州吸烟者不过数人，已为指摘所归。二十一年，臣复回籍，则连平州吸烟者，多至数十人，然犹掩藏甚密。迨道光十三年，臣又回籍，则连平州吸烟者，竟不可以数计。吸者固不避人，见者亦恬不为怪。尤可异者，贫民贱役，糊口维艰，可以日不再食，而烟则在所必吸。若纨绔子弟，有力之家，染此恶习者，更不必问。其始地方官非不严拿究办，继以究不胜究，与其徒饱书差之讹索，增地方之滋扰，则莫若因循听之，尚得相安于无事。"

对于自己的家乡都被鸦片荼毒一事，颜伯焘也在奏折中不无愤慨地表示："连平在广东仅一州之地耳，偏僻小邑，土瘠民贫，而相习成风，至于此极，……然则连平如此，广东一省可知，即他省亦无不可知。"

面对鸦片的不断泛滥，清廷一部分官员主张将鸦片当药材进口，借以提高海关收入并加大鸦片的成本以达到减少销量的目的，这一主张相对温和，勉强可称之为"弛禁派"；另一派官员如黄爵滋等则站在道德的制高点，主张以大辟死罪等来严厉遏制鸦片的吸食与贩卖，这一派也可称之为"严禁派"。

至于颜伯焘，则模棱于两派之间，他主张清除社会积弊，多方整顿旧章，"毋执空言、毋使虚縻"，责令地方对鸦片"善为禁制"。颜伯焘的话四平八稳，但其实就是空言，等于什么也没说。

鸦片战争爆发后，颜伯焘成为铁杆"主剿派"的一员，他刚上任闽浙总督，就和浙江巡抚刘韵珂联名上奏，要求启用在鸦片战争之初表现强硬而被罢免的林则徐，而其矛头所指，正是当时负责浙江沿海军事但表现软弱的钦差大臣伊里布。值得一提的是，伊里布曾任云贵总督，是颜伯焘多年的老上司，后者此举显然有些不近人情，翻脸不认人了。

当然，颜伯焘的不念私情，从另一方面也可说是"忠君报国"之心。客观地说，颜伯焘于1841年2月到达福州任所后，对战备工作也确实十分用心。

当年3月，颜伯焘亲临厦门前线，并立即着手改造防务。一番考察后，颜伯焘认为：厦门既与广东毗连，而且为全闽咽喉，上年英军两次入犯，如果再战，亦不可免。为此，颜伯焘会同兴泉永道兼金厦兵备道刘耀椿在厦门口外增建了峿屿、青屿、大小担三大炮台，并重兵分守峿屿、大炮台、屿仔尾、鲁班庙、鼓浪屿各要隘，"倘有夷船窜至，峿屿及大炮台等处截击之，屿仔尾夹击之，鲁班庙等处斜击之，鼓浪屿迎击之"。

值得一提的是，颜伯焘在积极布防时因地制宜，他利用厦门地形与地势，在各炮台和要隘处建造了数百丈的石壁，石壁内设大小炮四五百门，兵勇近五千人。此外，各地尚有机动水勇、练勇近万人以应急调遣。与此同时，颜伯焘还拟招募新兵及水勇共计八千人，拟造战船五十余艘，以备出洋御敌（当然，这是吹牛了）。

在此期间，英国舰队再犯广州，道光帝命御前大臣奕山为靖逆将军、户部尚书隆文及湖南提督杨芳为参赞大臣，共调集各省军队近2万人开赴广东。之后，英军抢在清军到达之前对虎门发起了进攻，水师提督关天培与守军数百人为国捐躯，虎门炮台失守。随后，英舰又相继攻陷珠江沿岸炮台，逼近广州。当年5月，奕山及各省军队齐集广州后一度对英军发起反击，结果却遭遇惨败，之前意气扬扬的奕山不得不屈膝议和。

得知广州战事后，颜伯焘仍一意主战，他在给道光皇帝的密奏中称："夫逆夷非不可抚，然必痛剿之后，穷蹙乞敛，歼其渠魁，释其余党，始能俯首帖耳，久安无事。"由此可见，当时的颜伯焘"意气甚锐"，在他看来，"守而不攻，则我劳而彼逸,彼省而我费","势不能剿尽横逆";因而,必须重兵扼要,水陆兼备,并出海进攻,才能彻底歼灭英夷。

而在这时,历时5个月、耗银150万两的厦门海防要塞也已修建完毕,而这也可以说是当时大清帝国最强大的海防要塞。然而,这一看似坚固的海防要塞真的能发挥作用吗?这个却不好说,只有等打了才知道!

1841年8月25日,英国舰队共计36艘舰艇闯入厦门青屿口,其头目璞鼎查派人给颜伯焘送去照会,其中竟公然提出"厦门城池炮台俱行让给英士暂为据守,待诸事善定仍行缴还"的无理要求。对此,颜伯焘自然予以严词拒绝。

次日下午,英国舰队趁着有利风向开始发起进攻。接报后,颜伯焘会同金厦兵备道刘耀椿以"三面兜击"之势迎击来犯之敌,并指挥厦门岛南岸白石头汛、鼓浪屿、屿仔尾守军开炮回击。

然而,还不到一个时辰,鼓浪屿等三处主要炮台即被英国舰队强大的炮火彻底摧毁。随后,英军开始在厦门本岛登陆,并相继占领各处大小炮台。仅半个下午时间,令颜伯焘信心满满并为之骄傲的"石壁阵"即全线崩溃,即便用"不堪一击"来形容,似乎也不算过分。

这一回,颜伯焘算是见识了英夷炮火的威力。在如此"灰飞烟灭"的惨败之下,颜伯焘垂头丧气,完全失去斗志。之后,他在与兴泉永道刘耀椿"同声一哭"后,只得率领各官员连夜逃往同安,守城清军也大都逃之夭夭。次日清晨,英军不费一枪一弹,就攻占了厦门城。

厦门一役,清军金门镇总兵江继芸、副将凌志、参将张然等战死,士兵战死者虽不多,但兵败后基本溃散。而英军方面,战死者仅1人,伤16人。可笑的是,颜伯焘事后的战报却说,此役共击沉英舰1艘、兵船5艘!

9月后,英军留下少量兵力据守鼓浪屿,其余大部则继续北犯。得此信息后,道光皇帝急调两千清军从江西入援福建,同时令颜伯焘立即收复厦门。很显然,在厦门之役惨败后,收复厦门对颜伯焘来说已经是不可能完成的任务。由此,他也只好与自己曾弹劾过的奕山之辈一样在"假意进攻、难以收复"的谎言中消磨日子了。

让人耳目一新的是，此前一心主战、意气扬扬的颜伯焘在战败之后判若两人，他对朝廷仍以"高调"相搪塞，而私下里，却"畅论英夷船坚炮利，纪律禁严，断非我师所能抵御"。当然，这事说起来其实也不难理解，打仗之前唱唱高调是容易的，但惨败之余，颜伯焘心里比谁都清楚：英夷"断非我师所能抵御"！

换言之，颜伯焘或许并不知道当时的西方究竟发生了什么，但至少他清楚地认识到，中国与英国的军事差距已经完全不是一个等量级，而是相差一个时代。在工业革命所带来的各项革新下，东西方俨然已是农耕文明和工业文明的巨大分野了。而其中，尤其以军事上的差距最为明显与突出。

当然，颜伯焘的这点认识是不便公开阐述的，最起码也不能在奏折中和皇帝说啊。否则，天朝的国威何在，尊严何在？既然不能说，颜伯焘也只好以撒谎度日了。

有意思的是，道光皇帝倒是从颜伯焘们的谎言中看明白了一点东西：咦？英军并不像林则徐奏报中说的"一仆不起、不会陆战"嘛。你看，颜伯焘奏折中不是出现"伪陆路提督郭"的字样吗？英军既有陆军提督，说明英军不尽是水兵，而且也会陆战啊！

为此，道光皇帝特发上谕，其中云："夷人此次到闽，已有陆路提督伪官名目，恐其招集闽、广汉奸，为登陆交战之计……务当激励将士，奋勇攻击，尽杀乃止。"

当然，道光皇帝激励将士奋勇攻击固然不难，但说要将英夷"尽杀乃止"却并不是件容易的事。这不，颜伯焘对收复厦门完全没有作为，最后还是英国人自行撤走，这才顺利"完成任务"。当然，道光皇帝这时也不傻了，颜伯焘事后也以"未能进剿"之罪而被革职回籍。

《清史稿·颜伯焘传》中说，"颜伯焘怀抱忠愤，而无克敌致果之具"；史家范文澜也评价颜伯焘"是极端排外主义者，自满自信……但比投降派要好得多"。以上评价，当然还算是中肯。

颜伯焘被罢回籍后，闲居达12年之久。直到1853年太平军兴起后，颜伯焘才被再度起用。不过，由于赴京途中阻梗，颜伯焘随后奉旨改赴姑苏（苏州）总统潮勇，协办江南军务。1855年，颜伯焘因病卒于任上，年66岁。事后，朝廷按例恢复其闽浙总督、兵部尚书衔，其灵柩运回连平老家，葬于城北灌子瑶。

据说，颜伯焘被革职后，原广东巡抚怡良代其主持闽省军务。据时任福建汀漳龙道道台张集馨记述：怡良一见他即面授机宜，要求他万不可招惹英夷；如此，英夷即北上浙江而不再回头找福建的事了。

颜伯焘之举，正如道光朝重臣曹振镛名言"多磕头，少说话"，晚清官员习以成风，一个个怯于担当而勇于推卸，如是，清廷又如何能挽回颓势呢？而近代中国就此走下坡路，大概也不奇怪了吧！

事实上，颜伯焘的言行不一还不仅仅表现在厦门之役。据载，颜伯焘祖孙三代官声甚好，据其祖传的官箴名言，曰：

吏不畏吾严，而畏吾廉；民不服吾能，而服吾公。

公则民不敢慢，廉则吏不敢欺。公生明，廉生威。

这三十六字箴言，对仗工整，一字千金，句句在理。据说，颜家祖孙三代去外地做官都要把这三十六字拓本带在身边，时刻警觉。

据《清史稿·颜伯焘传》中记载："伯焘累世膺（受）疆寄，娴习吏治，所至有声。"这其中大意，是说颜伯焘家数代为官，娴于吏治，所到之处都留下了好名声。

那么，如果正史记载准确客观公正的话，是不是可以说颜家祖传的官箴名言起到了作用呢？这个却又不好说了。

据张集馨在其笔记《道咸宦海见闻录》中的记述，颜伯焘被革职后由福建回广东原籍，一路上前呼后拥，排场甚大。

其路过漳州时：

"二月梢（即1842年4月末）县中接上站差信，预备夫马供张。至初一日，即有扛夫过境，每日总在六七百名。

至初十日……随帅兵役、抬夫、家属、舆马仆从几三千名，分住考院及各歇店安顿，酒席上下共用四百余桌。帅有亲军营三百人，感恩护送回粤，沿途皆须酒饭犒劳，是以酒席数多。

余至书院谒见（颜伯焘），则称夫人乳患，断不能行。……蒋令（龙溪知县蒋某）密求余曰：'帅无走意，县中供应实不能支，必求设法促之起行，方使县中息肩。'余问蒋令曰：'自初一至初十日，无日不过行李，安得许多辎重？'蒋令曰：'帅仆及营弁，包揽客商银标及各样货物，得资运送，皆借驿站马夫，既无运费，亦无盗劫，商贾何乐不为，不过驿站受累耳！如此滋扰，帅并不知。'"

事后，省内奉文裁汰乡勇，龙溪县所谓有勇一千二百名者，其实并无其事。张集馨即饬府裁撤。漳州赵知府接文后，即率龙溪县令赴道署面恳稍缓数日，张集馨问何故？赵曰："前帅过境，蒋令实用去一万余金，非藉此勇粮不能弥补。"

对于此事，张集馨当然心知肚明，他也不免大发感叹道："国家粮饷，乃如是之滥费耶！后余去官，不知裁撤与否？"

一名被革职返乡的官员，居然如此浩浩荡荡，一路上滋扰地方，滥费公帑，仅漳州一地就用去一万多两银子。试问漳州如此，其所经的其他州县又会好到哪里去呢？

根据张集馨的以上记述，跟随颜伯焘的兵役随从人等数以千计，这显然不是为颜伯焘一家运送行李的，因为颜伯焘行李再多，也不可能要如此多的人，也不至于要走个十天吧？

如蒋县令所言，颜伯焘的仆人及营弁利用其回乡便利包揽客商银标及各样货物，而其运送皆借驿站马夫，"既无运费，亦无盗劫"，但最终的结果，不过是让地方及驿站买单罢了！

尽管蒋县令说"如此滋扰，帅并不知"，但做过多年地方官的颜伯焘会真的不知吗？他又从中牟取并得了多少好处呢？这些假公济私多出来的成本，最终还不是老百姓买单吗？

如张集馨所言，地方上不敢得罪颜伯焘，因为后者虽然革职，但以其资历和背景，谁又知道他何时会起复？因此，地方官也只能动用所谓"勇饷"去填补这个缺口，而这笔钱，其实是挪用的防夷的海防经费。

颜伯焘返乡的排场如此大，近代史学者茅海建也在《天朝的崩溃》中质问："（颜伯焘）真可谓搜刮有道无度。其中果无取之海防银两耶？"试问如此之作为，又何来的祖训箴言，又何来的"公廉之说"？

倒是另外看到一个材料，说颜伯焘曾给他的堂兄弟伯寿写信，其中大意是：伯寿要杀鳝鱼和鳖以宴宾客，颜伯焘很不赞成，其不厌其烦地引用了很多古书上面的典故，说鳝鱼与鳖不能杀。说到要紧处，颜伯焘甚至说，鳖是河中的守护神，而鳝鱼虽是贱类，但也"非吾连所产"，要劳师动众地捕杀，非君子之所宜云云。

如此看来，由"公廉说"到"厚黑学"，假以时日也不是不可能。正所谓，刻石明志是真，行非所誓也未必是假。

客观地说，颜氏家训本身并不坏，以此勉励官员也是古代政治文明的一种表现，是值得鼓励的。毕竟，比起朱元璋将贪官剥皮实草的举动，颜氏祖孙三代的刻石自警更容易让人接受，这一为官的至理名言能广为传播并泽被后世的话，也未必是坏事。

但是，同样需要指出的是，历史上从不缺说一套做一套的官员，类似好话都是说给别人听的，自己却从不打算实践的官员，古往今来还少吗？所以说，观其言则必察其行，这才是做人做官做事的最终检验标准。

半世沉沦：龚自珍父子的另类面孔

近代史上，龚自珍是个名人，他的儿子龚半伦也算半个名人。

对我们大多数人来讲，龚自珍的出名，多半是他的《己亥杂诗》中有几组名句，譬如"我劝天公重抖擞，不拘一格降人材"，"落红不是无情物，化作春泥更护花"之类。不过他的儿子出名，可就不是这个味了。

有流行的段子说：第二次鸦片战争中，龚自珍的儿子龚半伦带领英法联军把圆明园洗劫一空，然后又做英国公使的翻译，代表英国和恭亲王谈判，期间百般刁难。恭亲王气极怒斥："你等世受国恩，却为虎作伥，甘做汉奸！"龚半伦听后立即回骂道："我们本是良民，上进之路被尔等堵死，还被贪官盘剥至衣食不全，只得乞食外邦。如今你骂我是汉奸，我却看你是国贼！"

这个段子，据说出自冒鹤亭《孽海花闲话》，不过据查其原文为：

"英使（威妥玛）在礼部大堂议和时，龚橙（半伦）亦列席，百般刁难。恭亲王奕䜣大不堪，曰：'龚橙世受国恩，奈何为虎傅翼耶？'龚厉声说：'吾父不得官翰林，吾贫至糊口于外人，吾家何受恩之有？'恭亲王瞠目看天，不能语。"

如此看来，龚半伦效力于英法联军之事确实是事实，其好友王韬在《淞滨琐话》及另一个好友赵烈文在书信中均已言及，毋庸讳言。不过，为洋人所用与带路去烧圆明园毕竟不是一回事，那这个说法又是从何而起呢？

认真地说，现代人会编段子，百年前的人也擅长此道。最典型的，莫过于易宗夔在《新世说》中的记载："（龚半伦）旅居沪上，与粤人曾寄圃稔。是时英使威妥玛方立招贤馆于沪上，延四方知名之士佐幕府。曾以半伦荐，威与语，大悦之。游沪西人由是呼半伦为龚先生而不名。凡半伦所至，辄饬巡捕护卫之，月致万金为修脯。庚甲之役，英以师船入都，焚圆明园，半伦实同往，单骑先入，取金玉重器以归，坐是益为人诟病。"

另外,《圆明园残毁考》中也记载:"所以焚掠圆明园者,因有龚半伦为引导。半伦名橙,自珍子,为人好大言,放荡不羁,窘于京师,辗转至上海,为英领事纪室。及英兵北犯,龚为向导曰:'清之精华在圆明园。'及京师陷,故英法兵直趋圆明园。"

《官场现形记》的作者李伯元在《南亭笔记》卷六中亦有记载:"或曰圆明园之役,即龚发纵指示也,以是不齿于人,晚年卒以狂死。"此外,曾朴在《孽海花》第四回中也说,龚自珍的儿子龚半伦主张烧圆明园。

当然,清末民初的笔记大多是你抄我,我抄你,抄的过程中又各种添油加醋,哪怕只是片言只语也可以任意发挥,最终形成一个完备的耸人听闻的故事。

以事实论,龚半伦效力洋人则有之,说他主张烧圆明园,英法联军就烧,恐怕他还没这本事。毕竟,英法联军的行动自有其内在逻辑;圆明园之烧与不烧,俱非龚橙的言辞所能左右。

事实上,对于为何非要焚烧圆明园之事,英国公使额尔金在日记中写得十分明白:

"我有理由认为,(焚烧圆明园)这个行动能在中国产生更大的影响,给清帝带去更大的伤害,在远处旁观的人对此是很难估量的。这是清帝最喜爱的住处,将之毁去,不仅仅动摇他的威严,也会刺痛他的感情。正是在这附近,他将我们不幸的同胞擒拿,让他们遭受了最严酷的虐待……惩戒完全是针对清朝皇帝的,他不可逃脱对罪行的直接责任。"

为强调这种"惩戒",额尔金还让人用中文写了一个声明,贴在附近建筑的墙壁之上,大意是:任何一个人,不论地位如何崇高,背信弃义之后都不能逃脱惩罚。焚烧圆明园,只是要惩罚清朝皇帝违背自己的承诺,以及亵渎停战白旗的卑鄙行为。

再者,在焚烧圆明园之前,英法联军因追击清军并寻找水源等的时候已经进抵圆明园,当时就进行了小规模的劫掠。如此可知,联军十分清楚圆明园的所在位置,如欲焚掠圆明园,又何须龚半伦带路?

如果龚半伦并没有做"带路党",那为什么会被扣上这顶屎盆子呢?原因大概有二:其一,龚半伦给英国人做过秘书,联军进军京津时亦一同前往,事实俱在,不容抵赖。据说,龚半伦还公然扬言:"中国天下与其送与清廷,不如送与西人。"其二,龚半伦为人放荡,不检细行,常出惊世之语、骇俗之举,既令人不齿,又得罪了很多人。

如王韬在《淞滨琐话·龚蒋两君轶事》中的记载:"(龚半伦)好漫(谩)骂人,轻世肆志,白眼视时流,少所许可。世人亦畏而恶之,目为怪物,不喜与之见,往往避道行。"

换言之,龚半伦恃才傲物而又科举不得志,其结果就是对一切都看不惯,别人眼里的社会名流与贤达,在他嘴里全是男盗女娼。如此一来,大家既怕他这张臭嘴,又恶其为人。是以,他被人误解、忌恨与诬陷,也就一点都不奇怪了。

当然,也有持不同意见的,如孙静庵在《栖霞阁野乘》、蔡申之在《圆明园之回忆》中,也公开为龚橙做过辩护,不过影响都不大。此外,香港大学梁绍杰教授发表的《龚橙事迹考述》对龚橙生平有详尽的考证,其中也不同意龚为英法联军向导之说。

晚近史上,说起龚家父子,两位虽然都是名人,但混得都不是很如意。不过,龚家系浙江杭州世代名宦家族,龚自珍的祖父龚禔身及其同胞兄弟龚敬身同为乾隆三十四年(1769)进士,前者官至内阁中书、军机处行走;后者曾任吏部员外郎、云南楚雄知府,他为官清廉,在当地颇有政声。

龚自珍的父亲龚丽正幼年过继给龚敬身为嗣子,其于嘉庆元年(1796)中进士,后入军机处为章京,不久调任徽州知府、安庆知府,官至苏松太兵备道、署江苏按察使。

龚自珍,字璱人,号定庵(盦),生于乾隆五十七年(1792),母段驯系著名经学家段玉裁之女,著有《绿华吟榭诗草》。12岁时,龚自珍即从外祖父段玉裁学习音韵训诂之学。16岁后，龚自珍赴京，据说他常与叔外祖父段玉立（字鹤台）同行至法源寺游玩，僧人戏称为"一猿一鹤"。

25岁时，龚丽正任苏松太兵备道，龚自珍随父上任。期间，龚自珍以诗文一册请教苏州王岂孙，后者不无担忧地指出："诗中伤时之语，骂坐之言，涉目皆是"，如此"口不择言，动与世迕"，恐怕于前途很不利。然而，龚自珍不为所动。

在诸多名师的提点下，龚自珍在科举初期还算顺利，其于嘉庆二十三年（1818）乡试中举，时年26岁。然而，从举人到进士这一步，龚自珍却走得极为艰难。道光九年（1829），在历经六次会试后，龚自珍终于在37岁那年考中进士，一偿夙愿。

龚自珍之所以困顿于会试，据说与其书法有莫大的关系。龚自珍的叔父龚守正曾告诫家族子弟云："凡考差之试卷，字迹宜端秀，墨迹宜浓厚，点画宜平正，则考时未有不入彀者。"很显然，龚自珍并未记取叔父的教诲，其中进士当年，即因"楷法不中程，不列优等"，无法选为翰林院庶吉士。

对此，龚自珍始终耿耿于怀，他曾追悔地说："余不好学书，不得志于今之宦海，蹉跎一生。回忆幼时晴窗弄墨一种光景，何不乞之塾师，早早学此？一生无困厄下僚之叹矣，可胜负负！"

为此，时人还编了个段子："（龚自珍）生平不善书，以是不能入翰林。既成贡士，改官部曹，则大恨，乃作《干禄新书》以刺执政。凡其女，其媳，其妾，其宠婢，悉令学馆阁书。客有言及某翰林者，定庵必哂曰：'今日之翰林，犹足道耶？吾家妇人，无一不可入翰林者。'以其工书法也。"

由上可知，龚自珍嘲讽的是翰林官员所擅长的"馆阁体"，而龚自珍也并非书法不好，只是因为他"好古"，学的是六朝书，所以才"成进士不得入翰林，考军机不能入值"。

当然，龚自珍未能入翰林院可能与其年龄偏大有关，不能入军机为章京或因其不够严谨所致。总的来说，或许是因为个性的缘故，龚自珍考中进士获得正途出身后，其先后出任宗人府主事、礼部主事等职，但官属闲散，远非得志。

事实上，龚自珍以诗闻名而非官显达，但其名诗亦多为不平之气。如其中举后五次会试落选，遂作《秋心》诗暗讽科考：

秋心如海复如潮，但有秋魂不可招。漠漠郁金香在臂，亭亭古玉珮当腰。

气寒西北何人剑，声满东南几处箫。斗大明星烂无数，长天一月坠林梢。

再如《咏史》一诗，用以嘲笑那些趋鹜权贵的狎客与盘踞官场的才人：

金粉东南十五州，万重恩怨属名流。牢盆狎客操全算，团扇才人踞上游。

避席畏闻文字狱，著书都为稻粱谋。田横五百人安在，难道归来尽列侯？

《己亥杂诗》中的"九州生气恃风雷，万马齐喑究可哀。我劝天公重抖擞，不拘一格降人材。"恐怕也是这种情绪的体现。

在京为官期间，龚自珍倒是惹上了一桩风流韵事即所谓"丁香花案"。龚自珍在《己亥杂诗》中有一首：

空山徒倚倦游身，梦见城西阆苑春。一骑传笺朱邸晚，临风递与缟衣人。

篇末，龚自珍并自注云：忆宣武门内太平湖之丁香花一首。

据后人所解，此处"宣武门内太平湖"指的是贝勒奕绘之府邸；而所谓"丁香花""缟衣人"，则是奕绘的侧福晋顾太清。

奕绘是乾隆曾孙、宗室才子，其侧福晋顾太清原姓西林觉罗氏，满洲镶蓝旗人，两人皆能诗善文，与京中文人墨客过从甚密。尤其值得一提的是，顾太清多才多艺，一生写作不辍，其创作遍涉诗、词、小说、绘画，尤以词名重士林。其晚年时，还曾以"云槎外史"之名续作小说《红楼梦影》，堪称中国小说史上第一位女性小说家。

龚自珍因为任职宗人府，加上才名在外，由而加入奕绘夫妇的文学小圈子也属理所当然。不过，说龚自珍与顾太清有暧昧之事，却系清末冒鹤亭首次提出，其有诗曰：

太平湖畔太平街，南谷春深葬夜来。人是倾城姓倾国，丁香花发一低徊。

对此，赞同者有之，反对者有之，辟谣者亦有之。文坛热闹之余，小说家曾朴亦将此事虚构铺陈一番后写入《孽海花》第三、四回，"丁香花案"一事更是遍布于天下。

更有甚者,在小说家的笔下,龚自珍竟然在某次文人雅集上公开了自己与顾太清的隐情,甚至打算向顾太清求婚,奕绘之子为之大怒,在将顾太清逐出家门之余,还要对龚自珍下毒手。事后,顾太清派仆人暗中告知龚自珍,后者匆忙逃离北京,但最后还是被毒死于丹阳。

小说家言中的艳史未必足信,但其透露的信息量倒是颇大。可以肯定的是,奕绘和顾太清感情甚笃,其虽为侧福晋而一生诞育四子三女,此足以证明。奕绘夫妇去世后同葬家族园寝,所谓顾太清被逐出王府之说,亦不可信。

据冒鹤亭说法:"太清无被禁事,惟太素身后,不容于姑及其嫡子。自太平街邸携载钊、载初二子,叔文、以文两女出居养马营,则有之。"

从情理上说,龚自珍只比顾太清大7岁,一为当世才子,一为闻名才女,二人发生真实情缘未必是真(毕竟两人地位身份悬殊),但龚自珍或许有倾慕之心,也很难说。

道光十九年(1839),龚自珍辞官回乡。据其在《己亥杂诗》中的记载:"余不携眷属仆从,独雇两车,以一车自载,一车载文集百卷出都。"

龚自珍如此仓皇离京,难免引起后人各种猜想,所谓"顾太清被逐出王府并密告龚自珍避祸"之说,或许就是从这里"引申"出来的吧。

对于这事,各方有多种解释,有说是龚自珍因在广东鸦片案极力主战而得罪了军机大臣穆彰阿,因怕对方下毒手而三十六计走为上计;也有人认为,主要是因为龚自珍的叔父龚守正要到礼部做官,龚自珍按例要回避,于是干脆以父母年事已高而辞职归乡。

值得一提的是,在林则徐奉旨驰往广东禁烟时,龚自珍曾为林则徐献计献策,并表示愿随他一起南下广东,为禁烟贡献绵薄之力。然而,因为各种原因,未能成行。

南回途中,龚自珍将历年诗稿整理为《己亥杂诗》三百一十五首,一时声名鹊起,传诵一时。回到杭州后,龚自珍先后在本地及丹阳的云阳书院任教,后于道光二十一年（1841）卒于丹阳，年50岁。

关于龚自珍的死，亦颇多传说。比如小说家说龚是被奕绘之子派刺客刺死，也有说是龚自珍南下途中结识了淮上名妓灵箫，后因为感情破裂而被灵箫毒死；更有说灵箫另有所爱，龚自珍企图以鸩药毒杀她，不想自己反被她毒死云云。冒鹤亭则在《孽海花闲话》中说："定庵死，或云其仆所毒，与其妾有暧昧（即上文所称灵箫），非满洲人。"

从杭州龚自珍纪念馆上的说明来看，龚自珍系喝酒时吃了不洁食物，突发疾病而不治身亡的。不过从以上记述可以得知，龚自珍其实嗜好甚多。或者这样说，除了鸦片外，他是五毒均沾的。而且，龚自珍爱赌博是出了名的，更晦气的是，他老人家每赌必输，曾"以博倾其家资"。

或许因为其人太不检点，前朝清流、后世遗老的藏书家，溥仪帝师梁鼎芬绝不收集袁枚和龚自珍两人的著述，其理由是：袁枚素行无耻，龚自珍心术至坏。梁鼎芬还告诫学生，这两人的书均不可看，全要摒弃。当然，这也是一家之言了。

龚自珍一生颇多争议，而其子龚半伦更是"青出于蓝"。和前者六次会试才中进士相比，龚半伦在科考上的表现更加不值一提，其终身未获任何功名。

龚自珍之子龚橙（原名襄，字孝拱，号半伦），其实并不是无才，而是相当有才，只是因为某次"应京兆试，不售，则大恚，由是弃举子业"。

龚自珍是一特立独行之人，因抨击时弊、讥刺权贵无所顾忌而被人骂为"龚痴"，而龚半伦较父有过之而无不及，更为世人所不容。

据《新世说》中所云："龚半伦性冷僻怪诞，寡言语，稠人广众中，一坐即去。"可见其不善交际，而其不善交际的原因，是其个性孤僻而恃才傲物所致。

《新世说》中又云："曾涤生督两江，闻半伦才，思羁縻为己用。某岁入觐，道出海上，设盛宴邀半伦至。酒酣，涤生以言之，微露其意。半伦大笑曰：'以仆之地位，公即予以官，至监司止耳。公试思之，仆岂能居公下者！休矣，无多言，今夕只可谈风月，请勿及他事。'涤生闻其语，嗫不能声，终席不复语。"

看来，龚半伦不受官场和世人的待见，只是在洋人圈如鱼得水，颇受赏识。不过，文中说龚半伦与曾国藩相见一事，却并不属实。

咸丰五年（1855），龚半伦与同样科场失意的赵烈文一起跑到江西，原本想在曾国藩幕府谋一份差事，但最终未能如愿。1861年，赵烈文与龚半伦再次相见，据前者在书信中的记载，他确实有意介绍龚半伦与曾国藩相见，但中途为丁日昌所阻，因而半伦嘲讽曾国藩之说，绝无成立之可能。

或许，也不仅仅是因为丁日昌阻止，而是因其在英法联军之役中的所作所为，曾国藩爱惜羽毛，不愿见也。

不用等到现在，之前编排龚半伦的段子就很多，如说他对父亲龚自珍亦瞧不上，常拿其文稿率意而改，并边改边拿棍子敲打其父牌位，曰："写的啥破烂玩意儿，若不是看在你是我亲爹的份上，我才懒得帮你改！"

不过，冒鹤亭则对此表示怀疑："龚敲其父神主，未知有无。惟为其母作行状，状中极言自古母之慈者，无过其母；父之恶者，亦无过其父，则实事也。余外祖周季况先生曾亲见之。"

再如对自己的家人，也好不到哪里去。据《栖霞阁野乘》中载："（龚半伦）居海上十数年，与妻未尝一相见。有二子，读书自好，来沪省亲，辄被斥还。同母弟念匏以县令需次苏省，亦不睦。庚申后，其家人之在内地者，亦无敢与往还也。"

龚半伦的"半伦"之号，也是很有说法的。如上书所载："龚名橙，璱人之长子，晚号半伦。半伦者，言其无君臣父子夫妇昆弟朋友，而尚爱一妾，故以为半伦。"

中国人之所谓"五伦"者，即君臣、父子、夫妻、兄弟、朋友也。龚半伦只爱一个小妾，五伦去了四伦半，这就是"半伦"的由来。然而，在龚半伦晚年穷困潦倒之时，这个他唯一爱的小妾，最终也跟人跑了，"半伦"亦不存矣。

龚半伦跟着洋人的时候发了一笔小财，但坐吃山空，官场上又无出路，他在上海时只能靠变卖祖上的古董文物和字画书籍过着"今朝有酒今朝醉"的生活了。据赵烈文记载，龚半伦临死前一年（1869）几次找他要馈赠一批文玩（实际是转卖，羞于提钱而已），但因为赵烈文无意买进，两人因此失和。

清代史学家赵翼在《廿二史札记》中有一则《名父之子多败德》的读史心得，其中大意是说：

房玄龄和杜如晦均为唐代名臣，治国有方，政声卓著，而房之子房遗爱，杜之子杜荷，最后都因谋反而被杀头；狄仁杰以持正拒恶著称于世，可其子狄景晖为魏州官员时贪婪搜括，酷暴无比，最终老百姓迁怒于狄仁杰，将其生祠给砸了；宋璟为唐代名相，正直磊落，其子宋浑做官却行为不检，屡遭放逐，为人不齿；同为唐朝名臣的李泌谨慎自爱，刚正不阿，可其子李繁却是奸相裴延龄的死党。

读史至此，赵翼亦不免叹息："此皆名父之子，而败德坠其家声，不可解也。"作为杭州名宦世家出身的龚半伦父子，亦如此例乎？

自古以来，才高未必德厚者不在少数，而德不厚者，其结局也多不妙。龚半伦绝非泛泛之辈，最终却"发狂疾死，濒死，出其所爱帖值千金者碎剪之，无一字存者"。

以学问论，龚半伦涉猎颇广，著述甚多，有《元志》五十卷、《雁足灯考》二卷、《时文集》四十卷等，但无一流传，惜之。

斌椿欧游记：第一个出国访问官员的海外奇谈

第二次鸦片战争中，两广总督叶名琛被英军俘虏，后于1859年3月被送到印度的加尔各答。一个月后，叶名琛绝食而死。据《蕉轩随录》中说，叶名琛到印度后，所携食物吃尽，仆人请求添买而叶不准，说："我之所以不死而来，是听说夷人欲送我到英国，据说他们国王素称明理，想要当面理论：既经和好，何以无端起衅？究竟孰是孰非？希望折服其心，而存国家体制，性命早已置诸度外。本想完成此事，不想日望一日，总不能如愿，淹留此处，要生何为？所带食物既完，又何颜食外国之物？"

作为俘虏，叶名琛没有面见英国女王的那份幸运。不过在6年后，倒是有位名叫斌椿的中国老知县帮他完成了这一愿望。

说起斌椿出国这事，还得从海关总税务司、英国人赫德说起。

1865年9月，赫德请假回国完婚。行前，赫德特向总理衙门提议带一官员前往欧洲游历，以增博海外见识。对此，主管领导恭亲王奕䜣倒很是赞同，但他对赫德推荐的斌椿不满意，原因是此人年事已高，而且并非总署官员。

斌椿，正白旗出身，他之前曾在山西、江西等地做过知县，退职后经人介绍在海关总税务司帮办文案，因办事妥帖，很合赫德的心意，这也是后者推荐他前往的主要原因。

但是，恭亲王奕䜣的想法却是希望赫德带领总理各国事务衙门章京（负责文书、财务收支）前往欧洲观摩，以助于办理外交，斌椿当时已经62岁，即便去了也无大用。可让奕䜣感到意外的是，当时在总理衙门充任章京的官员多为六部郎中或主事之类，他们对这趟差事是既避又畏，没一人敢出来答应。无奈之下，奕诉只好同意赫德提议，并要求他带上几名同文馆学生一同前往。

相比而言，老县令斌椿倒还有些魄力。据其自述，他之所以乐于跟赫德出洋，一则他好远游，"九州曾历七"，愿"采风至列邦"；其次，他乐结"西儒"，并与美国驻京使馆参赞卫廉士、同文馆总教习丁韪良等人交游甚广。

1866年2月20日，恭亲王奕䜣向朝廷奏报斌椿等赴欧游历之事，其中云："查自各国换约以来，洋人往来中国，于各省一切情形，日臻熟悉；而外国情形，中国未能周知，于办理交涉事件，终虞隔膜。臣等久拟奏请派员前往各国，探其利弊，以期稍识端倪，籍资筹计……兹查有前任山西襄陵县知县斌椿，现年六十三岁，系内务府正白旗汉军善禄管领下人。因病呈请回旗，于咸丰七年在捐输助赈案内加捐副护军参领衔。前年五月间，经总税务司赫德延请办理文案，并伊子笔帖式广英襄办年余以来，均尚妥洽。拟令臣衙门札令该员及伊子笔帖式广英，同该学生等与赫德同往。"

至此，"赫德观光考察团"一事遂成定局。

据《赫德日记》的记载，为壮其行色，斌椿被清廷授予三品衔，任"观光团"副总办（总办当然是赫德），随员包括斌椿子广英（或为照顾老父考虑）及同文馆学生德明、凤仪、彦惠4人。其中，已考取九品官的德明、凤仪赏六品顶戴，未考官的彦惠赏七品；此外，赏斌椿治装费三百两，其他人各两百两。为方便出行，斌椿等人还带有6名仆役，加上赫德的随身仆人，共计12名中国人参加这次的欧洲巡游。

1866年3月7日（同治五年正月二十一日），斌椿一行人自京启程，在天津拜访三口通商大臣崇厚后，即与赫德会合并乘一艘小轮船前往上海。

抵沪后，一行人换乘法国大轮船"拉布得内号"前往香港。3月27日（农历二月十一日），考察团抵达香港后，再次换乘远洋客轮"康拔直号"启碇西行。此后两星期，考察团先后在越南西贡和新加坡停留，据斌椿记载，一路都有华人华商。

启程后,根据总理衙门的要求,斌椿考察团须将"所过之山川形势,风土人情,详细记载,绘图贴说,带回中国,以资印证"。因此,斌椿、德明等人都将沿途如天竺(印度)、锡兰(斯里兰卡)、阿拉伯等地的所见所闻一一记载。

当时,由于苏伊士运河尚未开掘,考察团经红海沿火车路至埃及,并参观了著名的埃及金字塔和狮身人面像。之后,考察团经过苏伊士地峡至地中海换船,途中经过意大利(斌椿称之为"大秦国")。经过近两月的航程,考察团于5月2日抵达法国马赛。

之后,赫德因要回国完婚而脱团先行,后续行程由随团担任英、法文翻译的广州税务司包腊及芝罘(烟台)海关税务司德善负责。值得一提的是,包腊、德善两人都会流利的中文,对此次考察作用甚大。

作为赴欧考察的第一站,斌椿对法国马赛的记载颇详。在其笔下,马赛这座拥有50万人的现代大都市,"街市繁盛,楼宇皆六七层。雕栏画槛,高列云霄……街巷相连,市肆灯火密如繁星"。

马赛的繁华景象,让斌椿等人大开眼界。当晚,斌椿等人入住一家七层楼高并配有自动升降梯的酒店,上上下下,轻松自如,西洋技艺,果然名不虚传。

之后,一行人乘坐火车经里昂前往巴黎。到法都后,椿斌一行人在遍拜各国公使之余,也参观了卢浮宫,并前往大戏院看舞剧及观看马戏、纺织厂等。

在法国游览观光17天后,斌椿一行渡海来到英国。据斌椿描述,英国首都伦敦"人烟稠密,楼宇整齐,街道整洁"。在这里,他拍下了生平第一张照片,"摄人影入镜,以药汁印出纸上,千百本无不毕肖也"。

当斌椿等人拖着辫子出现在伦敦街市上时,"游人男女老幼以数千计,见我中国人在此,皆欣喜无极,前后追随"。此情此景,倒是和中国人看黄头发、蓝眼珠的洋人如出一辙。

此外,英国的新闻媒体对斌椿考察团报以了极高的兴趣,他们派出专人对斌椿等人的活动进行追踪报道,令报纸的销量大增。不仅如此,有些报社和商人还单独印制斌椿等人的照片在大街上高价出售,颇有供不应求之状。

在赫德的安排下,英国方面以很高的规格接待了斌椿考察团。

5月23日,赫德陪同斌椿等人拜访了英国外交大臣克拉伦登勋爵;28日,考察团与前洋枪队统领戈登将军会面;6月3日,斌椿等人乘坐为其特别准备的皇家马车访问伊顿和温莎堡;6月5日,英国皇太子、太子妃为斌椿考察团举行了盛大的舞会;次日,维多利亚女王亲自接见斌椿考察团。

一个退职的老县令,竟然见到了英国女王,这在近代中国的外交史上也是少见了。

据斌椿的记载,当晚的皇家舞会规模宏大,白金汉宫金碧辉煌,台阶上铺着地毯,两旁摆满鲜花,宫廷卫兵肃立两侧,极为庄重。当晚,参加舞会的英国贵族、大臣及夫人小姐们不下八百人。当乐队奏起音乐时,袒肩露背、珠光宝气的夫人小姐们步入舞池翩翩起舞,光彩照人。大开眼界之余,斌椿也不无感慨地说:"中华使臣,从未有至外国者。此次奉命游历,始知海外有如此盛景。"

对于维多利亚女王的亲自接见,斌椿也十分感激,其在答词中不无钦佩地表示:"得见伦敦屋宇器具,制造精巧,甚于中国。至一切政事,好处颇多。且蒙君主优待,得以浏览胜景,实为感幸。"事后,斌椿意犹未尽而作诗两首——《四月二十三日英国君主请赴宴舞宫饮宴》:

玉阶仙仗列千官,满砌名花七宝栏。
夜半金炉添兽炭,琼楼高处不胜寒。

长裙窄袖羽衣轻,宝串围胸照眼明。
曲奏霓裳同按拍,鸾歌凤舞到蓬瀛。

于欧洲考察期间,斌椿一行人在英国逗留的时间最长,达到38天。在此期间,斌椿一行人既参观了造船、钢铁、纺织、玻璃等工矿企业,同时也考察了造币厂、海关及观看阅兵等,收获颇丰。

在伯明翰,斌椿参观了当地的棉纺织厂,并做了详细记载:"此地人民五十万,街市繁盛,为英国第二埠头。中华及印度、美国棉花皆集于此。所织之布，发于各路售卖……往织布大行（指工厂）遍览。楼五重，上下数百间。工匠计三千人，女多于男。棉花包至此开始。由弹而纺，而织，而染，皆用火轮法。……棉花分三路，原来泥沙搀杂，弹过六七遍，则白如雪，柔于绵矣。又以轮纺，由精卷而为细丝。凡七八过，皆用小轮数百纺之。顷刻成轴，细于发矣。染处则在下层，各色俱备。入浸少时，即鲜明成色。织机万张，刻不停梭。每机二三张以一人司之。计自木棉出包时，至纺织染成，不逾晷刻，亦神速哉？"。

对于当时的交通工具，斌椿似乎特别感兴趣。如启程之初，他就对法国大轮船"拉布得内"号的蒸汽机与自来水管十分好奇而做了详细记载；在锡兰，斌椿第一次乘坐四轮马车。此外，斌椿还记载了巴黎的自行车，称其两轮贯以短轴、人坐在上面足踏机关就能行走；在酒店里，斌椿还记载了"火输小屋（即电梯）可容六七人，可开至顶楼；暗消息（电铃）手—按则即知某屋唤人，传语亦然"。

在所有近代交通工具中，斌椿最感兴趣的莫过于火车，对火车的描述也最为具体："一行五十辆或六十辆不等，咸以铁环联之。第一车系蓄火机……第二车载煤，随行添用。第三车沿途刊印新闻纸，携带信文。后则一、二、三等客车。再则行李货物。"

如此具体的描述后，斌椿还意犹未尽地赋诗一首："宛然筑室在中途，行止随心妙转枢。六轮自具千牛力，百乘何劳八驾驱？若使穆王知此法，定教车辙遍寰宇。"在其看来，乘坐火车比"八骏日行三万里"的周穆王还能走得更远。

由于斌椿多次与人谈及乘坐火车的奇妙感觉，在巴黎经商有年的江苏常州人、天顺号老板王承荣还为他代购一个可以用酒精燃烧驱动的火车模型，作为这次考察的纪念。而在《乘槎笔记》的最后，斌椿特别郑重其事地注明，这次考察共坐船19次、坐火车42次。

英国之行结束后，斌椿一行人又赴荷兰、丹麦等国参观访问。7月6日，斌椿一行来到瑞典，沿途"碧水湾环，山岛罗列，峰回路转"的美景，令其心旷神怡。不仅如此，瑞典方面还特意安排斌椿一行人前往北极圈小城欣赏白昼奇观，后者为之兴奋得彻夜不眠。

在此期间，瑞典国王在皇宫接见了斌椿考察团。接见过程中，王妃还被斌椿手中一把折扇所吸引，斌椿遂为王妃解释了扇面上沈凤墀《采芝图》的寓意。尔后，瑞典皇太后也特别召见考察团并以极珍贵的水果加以招待。受宠若惊之余，斌椿当席吟诗一首盛赞皇太后："西池王母住瀛洲，十二珠宫诏许游。怪底红尘飞不到，碧波青嶂护琼楼。"

在瑞典时，斌椿还特意提到这样一件事：某次他们泛舟游览时，彦惠忽感腹痛，船主见后立刻上岸找药，"主人见华人，便慨然应诺，乞诸其邻而与之"。游罢归来，船主说："贵国从无人至此，今大人幸临敝邑，愿效微劳。"言罢，"不收渡资，荡舟而去"。

离开瑞典后，斌椿一行人又前往芬兰、俄国、普鲁士、比利时游览观光，不过这些地方都只是短暂逗留，走马观花而已。之后，考察团再次到法国，准备返程。

8月19日，斌椿一行人仍自法国马赛原路返回，并于11月13日回到京城。从时间上看，这次考察共耗时近9个月，行程9万里以上。其中，从马赛上岸开始，欧洲之行共计三个半月，期间游历11国，以英国时间最长（38天），其次法国（32天）。

斌椿回国后，曾自豪地写诗说："愧闻异域咸称说，中土西来第一人。"而其出洋经历也引起了少数开明官员、士人的关注。早在起程前，国内学者徐继畬、桑楼齐就把自己的史地著作《瀛寰志略》和《海国番夷录》赠给斌椿，以资参考。回国后，徐继畬、李善兰又为斌椿的《乘槎笔记》作序，前者称其有福，后者则不无羡慕地说："中外限隔，例禁綦严，苟无使命，虽怀壮志，徒劳梦想耳！"

这次的考察，除斌椿写有《乘槎笔记》及诗稿《海国胜游草》《天外归帆草》之外，随员德明也撰有《航海述奇》等。这些考察笔记（或说游记），从不同角度记述了在各国的种种见闻，也算是不虚此行了。

当然，对于促成此事的赫德来说，他的目标就更大了。据其日记，他为斌椿考察团设定的目标和评估是：

1.由清廷派遣官员赴欧洲（这一点已获成功）；

2.欧洲各国政府接受并友善地对待考察团（这点不仅成功而且超过预期）；

3.促使欧洲人对中国人感到满意并激起对中国的更大兴趣（这点也已成功）；

4.让考察团对外国有一个愉快的经历和回忆（这点也已获得成功，可惜时间过于短促）；

5.希望斌椿回国后出任堂官（外务部长）；

6.借此机会，清廷能善待西方技艺和科学；

7.劝导清廷派遣大使出国；

8.促使清廷同各国建立切合实际而基于理性的友谊。

对于前四条，赫德很有把握地认为已经成功；但对于后四条，赫德却只是一笔带过，未多置言。事实上，不论总理衙门还是西方国家，都不认为斌椿考察团是正式的外交使团，而清廷向西方派驻首任使节、驻英公使郭嵩焘，那是1877年的事了。

作为补充，斌椿回国仅四年就去世了，其他人也大都无所作为。至于他们写下的那些作品，时人少有问津，或只是将之视为海外猎奇之作，仅此而已。

洋人做了大清钦差：蒲安臣使团的欧美行

话说同治六年（1867）年底，美国公使蒲安臣任期届满准备回国，因为宾主相处比较融洽，总理衙门特为他举行了一场欢送会。会上，蒲安臣对中方的热情也是十分感动，他一时嘴滑，说今后中国若遇与各国不平之事，他必十分出力；即如中国派他为使，也必尽心竭力，在所不辞。

所谓"言者无心，听者有意"，主持清廷外交的恭亲王奕䜣听了蒲安臣这话后，立刻萌生了一个奇妙的想法——既然蒲安臣有此好意，何不派他代替清廷出使各国？

事实上，当时的清廷在外交上确实遇到了困境，英法等国纷纷提出修约及觐见皇帝等要求，但对于西方外交制度与礼仪，清廷却是茫然无知。此外，地方重臣曾国藩、李鸿章也提出派遣一个外交使团前往各国考察，以增进朝廷对西方各国的了解。

然而，这事进入实际操作层面时，问题却并没有那么简单。

首先在人选上，偌大的中国就找不到一个精通外语并能担当重任的人；其次，外交使团出使后，究竟该采用中方还是西方礼节，因为之前毫无先例，也是个令人头疼的问题。

正当奕䜣及文祥（之后"洋务运动"的领导者之一）等大臣为之苦恼时，蒲安臣毛遂自荐，送上门来，那是再好不过了。于是，奕䜣上奏朝廷，"请派蒲安臣权充办理中外交涉事务使臣"，其理由是："近来中国之虚实，外国无不洞悉，外国之情伪，中国一概茫然，其中隔阂之由，总因彼有使来，我无使往"；现美国卸任使臣蒲安臣"处事和平，能知中外大体"，"臣等因遣使出洋，正苦无人，今蒲安臣意欲立名，毅然以此自任，其情洵非虚妄。……臣等公同商酌，用中国人为使，诚不免为难，用外国人为使，则概不为难"。

有了奕䜣的张罗与铺垫，蒲安臣代表清廷出使一事遂告成行。正如奏折中所列的理由，由蒲安臣担任使臣，既能达到遣使出洋的实效，又能避免中外礼仪的纠葛，实为一举两得的好事。

最起码，有蒲安臣在前面带路，指点迷津，大清的官员跟着去看看这世界究竟怎么回事，总比自己出去瞎转悠、胡乱摸索要强得多吧？！

说到这里,还得详细介绍一下本篇的主角——蒲安臣。

蒲安臣,1820年生于美国纽约州新柏林,后随父母先后移居俄亥俄州与密歇根州。1846年,蒲安臣从哈佛大学法学院毕业后,最初在波士顿做律师,后投身政治并于1853年成为马萨诸塞州参议员。当时,在美国争论最为激烈的"存废奴"问题上,蒲安臣是坚定的废奴主义者,其发表的著名演说《马萨诸塞州的抗辩》是美国解放黑奴运动的重要文献,而其本人也是主张废奴的共和党创始人之一。

1861年,在林肯总统就职后,蒲安臣被任命为美国驻华公使,任期6年。

在华期间,蒲安臣是中西"合作政策"的积极提倡者,经数年不懈的努力,中外各方对蒲安臣的评价甚高。美国历史学家泰勒·丹涅特即说:"这位美国公使在其任内对中华帝国对外关系的最大贡献,就是在1863—1865年这一困难时期对合作政策的身体力行。"相比于英法等国的横暴,美国的对华态度让清廷感到满意,蒲安臣由此获得好感也就不奇怪了。

当然,蒲安臣毕竟是外国人,由他出任大清外交使团的团长终究在面子上不太好看。于是,清廷又任命了两位总理衙门章京为交涉事务大臣偕同蒲安臣一起出国,这就是记名海关道志刚和礼部郎中孙家谷。因为两人官职不高,清廷又"赏加二品顶戴",出去也风光些。此外,使团还带了随员、译员等共30多人,后者大多是同文馆学生,目的是出国学习历练,以备后用。

此外,因为蒲安臣是美国卸任外交官,而当时国际事务上最有发言权的是英国,其次是法国,奕䜣担心若对"英法二国置之不论,诚恐伊等不无疑虑"。因此,清廷又加派英使馆翻译柏卓安为"左协理"、法籍海关税务司职员德善为"右协理",一来可以平衡各方关系,二来在语言上也能提供相应的便利。

此前,清廷曾于1866年派退职知县斌椿率其子及三名同文馆学生随海关总税务司赫德赴欧洲游历,不过那次更接近于观光旅行而非正式使团。这一次,蒲安臣使团算得上清廷派出的第一个正式外交使团,也可以说是清廷官员初次集体出洋,算是走出了迈向国际社会的第一步。

令人啼笑皆非的是,总理衙门在讨论使团任务时,其主要注意力却放在了礼仪上。五大注意事项中,有四条是关于礼仪的,只有最后一条才给蒲安臣加了个权限规定,即:"遇有彼此有益无损事宜,可准者即由贵大臣与钦命之员酌夺妥当,咨商中国总理衙门办理;设有重大事情,亦须贵大臣与钦命之员开具情节,咨明中国总理衙门候议再定准否"。这也算是一种没经验的表现吧!

1868年2月25日,蒲安臣一行三十余人自上海虹口黄浦江码头乘坐"格斯达哥里号"轮船起航前往美国。

按主权国家外交礼仪的国际惯例,蒲安臣为这次出行设计了一面旗子,如志刚记述的:"蓝镶边,中绘龙一尺三长,宽二尺,与使者命驾之时,以为前驱。"这面旗子,大概算是宣示中华主权象征的第一面国旗了。

经过一个多月的海上航程后,蒲安臣使团于4月初抵旧金山。在加利福尼亚州方面举行的招待宴会上,州长盛赞蒲安臣是"一个最年轻政府的儿子和一个最古老政府的代表"。蒲安臣则在答词中称,他这次的出使,表明中国已经走在和平与进步的道路上,"希望这个伟大民族向西方文明的光辉旗帜伸出双手的日子不久就会来临"。

由于当时美国东西部尚未通火车,蒲安臣一行取道巴拿马并于6月2日抵达华盛顿。之后,使团展开了忙碌的外交活动:3日,拜访国务卿西华德;6日,拜望总统安德鲁·约翰逊,呈递国书(也是大清有史以来的第一次);10日,参加总统主持的欢迎国宴。

在美期间,蒲安臣除了带领使团成员赴各地参观游历外,还以"中国代言人"的角色做了大量演讲。如6月28日,蒲安臣在纽约市欢迎宴会上发表演说:"中国睁开它的眼睛了……它欢迎你们的商人,欢迎你们的传教士……我希望维持中国的自主,希望保全它的独立,希望它能获得平等,这样的话,它就能以平等的特权给予一切国家……若用强力去压迫那个伟大的民族,你们可以看到,任何想实行这种暴虐政策的企图，不仅会影响中国，而且会使彼此卷入浴血的战争。"

蒲安臣鼓吹的"合作政策"很快有了成效。7月28日，蒲安臣代表清廷与美国国务卿西华德签订中美《天津条约续增条约》，这就是历史上所称的《蒲安臣条约》。

根据这一条约，美国承认中国为一平等国家并声明绝不干涉中国内治之权；此外，中国可派外交人员和劳工前往美国，同时保证彼此有权在对方国家居住、传教、留学及在指定地设立学堂，各享受最优之国的待遇（即最惠国待遇）。

应该说，在未征得清廷同意的情况下，蒲安臣就签订这一条约有些自作主张了。1869年11月，美国公使与清廷交换批准书时，总理衙门虽对蒲安臣的越权有些恼火，但考虑到这一条约在大体上是平等互利的，于是也就顺水推舟，准予成立。

对于这一条约，蒲安臣本人还是十分满意的。8月21日，他在波士顿演讲时指出：

"这个条约宣布中国领水的中立化，它勾消了所谓割让主义，也将这一切有关土地割让的要求，都一笔勾销了……那些居住在条约口岸（即租界）的人，总认为他们的法权不仅可以管辖他们自己的人和财产，而且还可以管辖中国和其它国家的人，但事实上是不可能的……这个条约，承认了中国是一个平等的国家，中国人与英国人、法国人、俄国人、普鲁士人以及一切国家的人都并肩而立了……我很高兴，美国有勇气实行它的伟大平等原则。"

对于条约第八款"不干涉中国内治之权"的规定，蒲安臣在波士顿演讲时是这样解释的："外国人在中国，总是惯于教训中国人，说他们应何时修筑铁路，应何时架设电线，而事实上，他们是企图管理中国的一切事务。这个条约，宣布这一切要求概归无效，中国人欲于何时进行改革，完全由他们自己来决定……我很骄傲，这个国家（指美国）订立了这样的一个条约，这条约的每一字句，都是为着中国的利益。"

当然，美国也从这一条约中获益良多，尤其根据这一条约所招募的廉价华工，解决了美国内战后修建横贯东西部铁路劳动力紧缺的问题。此外，《蒲安臣条约》对美国国内的排华运动也起到了相应的抑制作用。如《蒲安臣条约》签订后，美国加利福尼亚等州所颁布的如"辫子法案""扁担税法案"等明显歧视华工的立法，最终都因违反条约而由联邦法院宣判无效或由联邦政府加以制止。

1868年9月19日，蒲安臣使团结束美国之旅，随后横渡大西洋前往欧洲。

欧洲的首站是英国。在英期间，蒲安臣一行在温莎宫受到维多利亚女王的接见。这时，由于英国内阁改组，新任英国外交大臣克拉兰敦于12月22日才会见蒲安臣等人。会谈中，蒲安臣代表清廷就合作政策问题与英方交换了意见，其表示：西方国家应消除中国正采取倒退政策的偏见，因为这种轻率的和不友好的态度将让一切进步变得不可能，而列强自以为是的威胁口气和强暴态度，对中国人的感情起到的只能是伤害作用。

作为回应，克拉兰敦于28日发表一份照会，其中指出：首先，修约的主动权在英国政府，英国不会就修约问题对中国实施不友好的压迫，但中方应忠实地遵守各种条约义务；其次，英国政府希望同清廷直接接触，而不愿同各地方官吏交涉；再次，在受到迫切的危害时，英国政府在保护侨民生命财产时将保留使用武力。

对于中外礼仪方面的冲突，英方照会也表示："将新的制度及新的观念介绍给中国人民时，任何急速的步骤不仅可能引发混乱，甚至可能引起革命……我们绝不用不友好的压力施于中国的意愿，因为中国改进对外国关系过于急促的话，可能危及他们的安全或忽视了其臣民的感受。"

让蒲安臣有些失望的是，英方虽然对使团给予了一个主权平等国家的外交接待，但回避了同中国签署一个类似同美国所签条约的请求。或许，在英国人的眼里，蒲安臣终究不是真正意义的中国外交官，由此也没有签署条约的权力吧！

1869年1月，蒲安臣一行离开英国前往法国巴黎，之后得到拿破仑三世的接见。由于当时英法结盟，法国在远东问题上与英国保持一致。因此，蒲安臣使团虽然在巴黎待了前后有半年多时间，期间也受到很好的接待，但也未能取得像美国同中国所签的条约，其至连英国式的照会也没有。

1869年9月21日，蒲安臣使团离开法国前往瑞典，之后又赴丹麦、荷兰游历访问。1870年1月，使团前往柏林。经过短时间的会谈，普鲁士首相俾斯麦发表了对中国有利的声明。

1870年2月1日，蒲安臣一行离开普鲁士前往沙俄。2月16日，沙皇亚历山大二世在圣彼得堡接见了蒲安臣等人。让后者十分尴尬的是，亚历山大二世在会谈中大谈俄美关系而不是中俄关系，他对蒲安臣"中国使臣"身份的有意忽略，或许也折射出这次的访问不会有什么成果。

这时，意外之事发生了。或许因为一路上舟车劳顿，或许因为俄罗斯的严寒，蒲安臣在与沙皇会面后即一病不起，后被诊断为急性肺炎。仅过了一周时间，蒲安臣即在圣彼得堡"因公"去世，时年50岁。

据随行官员志刚报告："蒲使为人明白豪爽，办事公平，而心志未免过高，不肯俯而就人。一遇阻碍，即抑郁愁闷而不可解；兼有水陆奔驰，不无劳瘁。受病已深，遂致捐躯于异国"。其中，志刚特别提到：病重期间，蒲安臣仍每日看报，尤其注重俄国时局的发展，"（蒲安臣认为）俄与中国毗连陆地万数千里，而又各处情形办法非一……既恐办法稍差，失颜于中国；措语未当，又将贻笑于俄人。乃日夜焦思，致病势有加无已"。

收到报告后，清廷为之嗟叹不已，随后令志刚等当即付给蒲安臣家人治丧银六千两，后又对蒲安臣本人"加恩赏给一品衔"，并赏银一万两。

蒲安臣去世后，志刚等人继续与沙俄交涉，但最终仍无果而终。俄国之行结束后，使团又相继访问了比利时、意大利、西班牙等国。

直至1870年10月18日，使团才返回上海，期间出访11国，历时两年八个月。出访结束后，志刚等人也留下了一些考察笔记，如《初使泰西纪》（志刚著）、《使西述略》（孙家谷著）、《欧美环游记》（张德彝著）等。

不管成效如何，蒲安臣的带队出访在近代中国外交史上留下了奇特的一笔。在"洋钦差"的带队和搀扶下，晚清官员首次集体出洋，其在走向国际社会时的摇摇晃晃、小心翼翼之状，可以想见。当然，此举虽说是情势所迫，但外国人担任中国使臣毕竟不是什么光彩的事，清廷对国际外交的懵懂和与国际社会的隔膜，也就可想而知了。

蒲安臣去世后，美国著名作家马克·吐温曾写下如下悼词："他对各国人民的无私帮助和仁慈胸怀，已经越过国界，使他成为一个伟大的世界公民。"

如今，在美国旧金山及堪萨斯州各有一座以蒲安臣命名的城市，前者建立于1909年，是一个华人聚居的地方。

官场外的春天：大儒俞樾的教读与园居

同治九年（1870），浙江乡试发榜，杭州诂经精舍弟子19人中式，消息传出，浙江学界一片惊羡。要知道，古代科考最难就在乡试一关，因为秀才可以捐纳，但举人必须出自乡试，毫无通融余地。一个小小书院，竟在数千考生中夺得近15%的中举名额，这不仅在浙江，就是全国也有些闻所未闻了。

更让人惊奇的是，主讲诂经精舍的山长（古代对书院讲学者的称谓）竟然还是个被朝廷革职永不叙用的昔日官员——他就是国学大师章太炎的师傅，晚清著名朴学大师俞樾。这一年，距他上任诂经精舍山长只有不到2年时间。

俞樾，字荫甫，号曲园，1821年生于浙江德清。俞家先世寒微，以务农为业，直至俞樾祖父俞廷镳时，俞家才耕读并重，家境有所好转。俞廷镳自幼读书，中秀才后屡败屡战，直到七十岁那年才算中举，但主考官考虑到其年纪已无做官可能，而以其高龄，皇上必恩赏举人，于是劝他将名额让出，以恩泽乡人后学，俞廷镳慨然允诺。

孰料报上去后，皇上只恩赏副榜，主考官很是抱歉，俞廷镳却极为豁达地说："留此以贻子孙，不更优乎？"这话，好像真是被天上文曲星听到了，俞家之后果然科运大开：俞樾之父俞鸿渐中举，俞樾及兄长俞林中进士……

到俞樾父亲俞鸿渐的时代，俞家已不事耕作，不过俞父中举后未能再进一步，其一生以游幕授馆为主。由于父亲长期游幕在外，俞樾幼时由母亲姚氏启蒙。姚氏来自浙江仁和望族之家，知书达理，有一定家学渊源。在其教导下，俞樾10岁前修完"四书"（《论语》《大学》《中庸》《孟子》），之后进入私塾，经过5年的苦读后，他于16岁那年一击得中，博得秀才功名。次年，俞樾首次参加乡试，但只中得副榜第十二名。

道光二十三年（1843），俞樾兄长俞林率先中举，因为要赴京应会试，俞樾接替兄长前往江西玉山县令汪春生家塾授馆，这也是俞樾第一次出远门，见闻大增，收获不小。果然，次年恩科乡试中，俞樾高中浙江第三十六名举人。据说，俞樾按例去拜会主考官时，主考官颇为惋惜地说："原本定第二名，但后来文中被看出了一点小毛病，所以被降为第三十六名，可惜啊可惜！"

且博高堂开口笑，明年兄弟赴公车。对此落差，俞樾倒还算淡定。中举后，俞樾兄弟仍须各地授馆，为生计而奔波，等到次年赴京会试，兄弟俩双双落榜。直到1850年，俞樾及兄长俞林才在会试中金榜题名。这一年，俞樾已是三十而立，但父亲俞鸿渐已等不到这天了。

古人常说，科考是"一命二运三风水，四积阴功五读书"，天下读书人何其多也，但会试三年一次（恩科不常有，另算），每次才三百余人，俞樾兄弟就得其二，也算是科场异数。据俞樾自述，他与兄长首次应会试时遇上奔车之险，无论车夫怎么控制，受惊的马硬是在路上狂奔了半个时辰才停下来，其间危机四伏，险象环生；而这次的会试，途中又碰上翻船，兄弟俩不幸落水，险些命丧黄泉。事后，俞樾说："奔车覆舟是出门最忌讳的事，没想到两种都碰上了，看来我们不合适求取功名。"俞林则不以为然地说："大难不死，必有后福。说不定这是我们金榜题名的好兆头！"这次，俞林猜中了。

按例，新科进士除一甲（状元、榜眼、探花）直接入翰林院为官外（授修撰与编修），其余二甲、三甲进士须朝考后分配工作。这一次，俞樾大出风头。朝考由礼部主持，题目为：以"淡烟疏雨落花天"为题，作诗一首并敷衍（铺陈发挥）成文。得题后，俞樾以"花落春仍在，天时尚艳阳"破题，得主考官之一、礼部侍郎曾国藩激赏，在其力争下，俞樾名列第一。朝考虽非殿试，朝考第一也不能等同于状元，但这仍是极大的荣耀，俞樾也由此受恩于曾门。

朝考发榜后，俞樾入翰林院为庶吉士。按《清史稿》的说法，"（庶吉士）三年考试散馆，优者留翰林为编修、检讨，次者改给事中、御史、主事、中书、推官、知县、教职，其例先后不一……凡留馆者，迁调异他官。有清一代宰辅多由此选，其余列乡尹膺疆寄者，不可胜数。士子咸以预选为荣，而鼎甲尤所企望。"作为翰林院学员或说官员"职前深造班"，庶吉士尚不能算正式翰林，但作为进士中的佼佼者，其前途之远大，自不待言。

三年学习期满后，俞樾留馆为编修，成为正式翰林一分子。不过，清朝的翰林有"黑、红"两分的说法，即所谓"红翰林"与"黑翰林"。"红翰林"可以"上天入地"："上天"指翰林可陪侍皇帝身边（侍读、侍讲之类），他们接近皇上，恩典易得，前途无量；"入地"则是外放学官，做主考或学政，由此收一堆弟子门生（附带的孝敬当然必不可少），不仅好处多多，日后还可以相互援引。

至于"黑翰林"，那就是上不着天，下不着地，上下不沾，坐困京城——苦熬人也。譬如后来的徐世昌就是这样一个"黑翰林"，他既没有外派的机会，也没有额外收入，靠着45两银子的年俸，生活清苦到过年过节送给座师的贽敬只有2两银子（不能再少了），直到后来"把兄弟"袁世凯伸出援手，徐世昌才算是脱离苦海。

俞樾的运气还不错，他留馆后第三年（1855）即通过考试而被外放为河南学政。按常例，翰林获三年一次的乡试主考或副主考的差使，即可供十年之需；若得三年一任的学政之职，则一省秀才皆为其门生，只要生活不是太奢侈，其三年所得基本可供一生之需。按说，派为学政应属优差，但让俞樾没有想到的是，这差最后让自己搞砸了，河南学政一任竟成噩梦。

上任未及两年，在一些落榜生的肆意鼓噪下，御史曹泽弹劾俞樾在科考命题时割裂经义，有戏君、反君之意。原来，古代科考出题范围限于"四书"，为避免重复，一些考官便割取其中某句或半句为上半部分，再配上意义并不相关的下句为下半部分，配合而成考试题目，即所谓"截搭题"。

曹泽举出的三个题目是：君夫人阳货欲；王速出令反；二三子何患乎无君我。其中"君夫人"出自《论语·季氏第十六》最后一句"异邦人称之，亦曰君夫人"，"阳货欲"出自《论语·阳货第十七》"阳货欲见孔子，孔子不见"。本来两个词不相干，在原句中的意旨也属正常，但放到一起后若望文生义地解读，难免让人想歪，这种给考生埋坑的做法，过于戏侮；第二个题目的出处，原文为《孟子·梁惠王章句下》中"王速出令，反其旄倪"，有鼓动造反之意；第三个题目，原句为《孟子·梁惠王章句下》中的"二三子何患乎无君？我将去之"，则可理解为"无君而有我"，大不敬。由于此时正是太平军兵锋正盛的敏感时期，身为学政的俞樾不免犯了大忌讳，最终被清廷革职为民，永不叙用。

此前，俞樾在科考与仕途上顺风顺水，这次的打击来得极为沉重。古代读书人以修身、齐家、治国、平天下为己任，"革职永不叙用"的惩罚让这种人生理想彻底破碎，打击之大，可想而知。痛定思痛后，俞樾或许明白一个重要的人生教训：才学过人而自负轻佻，终将祸人害己。当然，也有人认为，俞樾之所以遭此重谴，原因是他不屑于官场应酬，得罪了上司与同僚，这才被迫下台；也有人说，河南学政衙门有一狐仙，俞樾到任后未去拜望，结果被狐仙捉弄，莫名其妙出了一些怪题目，结果惹下祸端。后一种说法，就更不足论了。

被罢官后，俞樾于1858年春携眷南归。为避安徽等地的战乱，俞樾一行人不得不绕行山东，之后在苏州赁屋而居。最初，俞樾暂居于饮马桥独学庐（系乾隆朝状元石韫玉故居的一部分，又称城南老屋），就此闭门读书，苦练书法。被官场扫地出门后，俞樾的日子就不好过了，特别由此带来的生计困窘，更是直接而现实。

好在当时的江苏巡抚赵德辙（驻苏州）与俞樾有数面之缘，他听说后者迁居苏州后，也曾登门拜访，并推荐这位昔日的翰林公前往松江主讲云间书院。云间书院设立于乾隆年间，名气虽说不是很大，但对于此刻有出无进的俞樾来说，不啻雪中送炭。

当年冬，石韫玉后人迁往京城定居，俞樾于是转赁经史巷五柳园而居。五柳园系石氏主宅，其间水榭楼台、林泉花木一应俱全，为一典型的江南园林庭院。由于石韫玉是乾隆庚戌年状元，俞樾是道光庚戌年进士，因而俞樾自认与此园颇为有缘。园中，俞樾最喜欢的是眠云精舍，在这里，他将之前曾读过的经书重新翻检，每有心得即以笔记之，其两部传世名作《群经平议》《诸子平议》即在此初撰。

闲居读书写作固然是一种理想的生活状态，但这种平静的生活很快为战争所打破。1860年，李秀成率太平军连克常州、无锡等苏南重镇，人心惶惶下，俞樾只得带着家人仓促离开苏州。随着战争的不断蔓延，俞樾一家人从德清到上虞，从定海到上海，一路上连续奔波，生存尚且不易，读书就更谈不上了。

到上海后，由于江浙一带避难的人太多，俞樾一家竟找不到住宿之所，后来只得在黄浦江上租了一条船，于大风雪中度过年末除夕。新年过后，眼看于江上飘摇也不是个事，俞樾决心北上天津，寻找出路。此时的天津，虽然还算风平浪静，但经过这一年多的折腾，俞樾早已一贫如洗，生计都难以维持。无奈之下，俞樾只能拉下面子，一一拜访京津故友，看能不能谋一二差事。但是，经过英法联军掳掠之后，京津凋敝，故友或离或弃，好一点的也只能资助个数两银子，于事无补。

"旧日空囊已索然，斋厨危欲断朝烟。饔飧晨夕艰难甚，借到毋盐重利钱。"这年的中秋之夜，俞樾仰望天上的皎皎圆月，不禁感慨万千。12年前，自己金榜题名，拨入翰林院学习，前程似锦，访者如云；孰料12年后，自己被革职永不叙用，门庭冷落，空有一身才华，却无处施展。囊中易洗，年华易逝，坐困愁城中，昔日好友崇厚（时为三口通商大臣，驻天津）推荐他去修《天津府志》，但经费又迟迟不能下拨，空成望鱼之叹。

1865年，清军最终平定太平天国运动，南方局势日渐安靖。眼看北方也没什么机会，俞樾决定于当年秋天举家南返。出发前，俞樾听说李鸿章已被放为两江总督，于是试着给这位新贵写了一封信：

"樾侨寓津门，又将三载，今年承崇地山（即崇厚）同年延修《天津府志》而苦无经费，未能设局，不过从故书中抄撮，终朝伏案，劳而无功。因思金陵为名胜之区，又得阁下主持其间，未识有一席之地可以位置散材否？"

昔日科考，除恩科外，乡试、会试均为三年一次，录取人数极其有限，因而同年中举或中进士的也就被称为"同年"，大家在官场上彼此有个照应。道光二十四年（1844）乡试，俞樾、李鸿章、崇厚分别于所在地中举，当属"同年"无疑。更重要的是，李鸿章也出自曾国藩门下，两人尚有"同门"之谊。对于俞樾的遭遇，李鸿章也有所耳闻，随后即复信推荐他到苏州去主讲紫阳书院。

得信后，俞樾夫妇欢喜异常，因为他们原本就打算重返苏州，如今归宿既定，一家人也就安心南下了。路过南京时，俞樾不免要前往两江总督署拜谢李鸿章，一叙同门之谊。初登权位的李鸿章此时正年富力强，礼贤下士，双方一见如故。席中，李、俞两人谈起所谓的"榜运"：当时都流传说，丁未年（1847）的榜运极好，而庚戌年（1850）的榜运极差；李鸿章是丁未年进士，同榜翰林中出任朝中卿相乃至封疆大吏的大有人在，而俞樾是庚戌年进士，同榜翰林却无人有此风光。李鸿章问俞兄是否相信"榜运"之说，俞樾只得苦笑道："榜运不榜运的，谋事在人罢了。丁未科有李兄在，榜运如何能不好？庚戌科有我这样一人，如何好得了？"言罢，双方大笑，举杯而止。

对李鸿章而言，推荐俞樾前去主讲紫阳书院可能只是举手之劳，但对后者来说，却是一家生计所在。要说起来，李鸿章尚比俞樾小两岁，但此时两人境遇已成天壤之别。虽说是酒席中的一时谈笑，但李鸿章的笑，是官场得意、事事顺风的矜笑；而俞樾的笑，则只能是对人生际遇无常的苦笑了。人各有命，世事难料啊！

俞樾南返后，由于战争的破坏，被誉为"人间天堂"的苏州城早已破败不堪，残砖断瓦，随处可见。此情此景，让俞樾感到十分揪心。当他快步走到6年前居住的五柳园后，这里果然已被夷为平地，昔日林园之美，早已荡然无存。

至于苏州紫阳书院，此时也已在战火中焚毁，好在当地还算重视教育，紫阳书院迁到一所老屋继续办学，俞樾一家才算是有了栖身之所。之后，俞樾潜于心学问，一边著述，一边读书，日子过得还算惬意。同治五年（1866），俞樾开始正式教课，这也是战后书院第一次开课。这一天，江苏巡抚以下官员们都来院听讲，以示重视。课后，俞樾作诗记事：

春风绛帐对诸生，竟验前言徐子平。
批尾生涯从此定，居然还我旧文衡。

徐子平与俞樾为同榜进士，曾同在开封为官。俞樾被罢官之时，徐安慰他说，官场险恶，看来你也不是做官之人，不如精研学问，将来定可重掌文衡。所谓"重掌文衡"，即为书院之选，虽说这只是朋友的宽慰之语，但十年后却变成了现实。

紫阳书院主讲宋明理学，学生辈又多求功名的，尽管其中出过吴大澂、张佩纶、陆润庠等知名学子，但俞樾对书院并不满意。俞樾的学问，重名物而轻学理，重考据而轻言谈，常讲经世致用，学风朴实无华，世称"朴学"（又称考据学）。在他看来，科考文章不过是敲门砖，一旦侥幸得中，即被弃之不顾，于自身修养、社会功用乃至国家兴亡并无好处。

对此观点，曾国藩颇为推赞，他曾评点自己门下弟子："俞荫甫真读书人，丁日昌真做官人"；"李鸿章拼命做官，俞荫甫拼命著书"（俞樾字荫甫）。对于老师的厚爱，俞樾自是没齿难忘。1867年，俞樾往南京拜见曾国藩，师生相见，相谈甚欢。公务之余，曾国藩带幕僚们陪俞樾游览金陵风光，从玄武湖到古城墙，一路上师生们欢声笑语，意兴盎然。次年，曾国藩因公路过苏州，其不惜以两江总督之尊而亲自拜访俞樾租处，穷街陋巷，一时间车马喧哗，令俞樾感动不已。

太平军、捻军被相继平定后，清廷进入了一段相对稳定发展的时期，史称"同光中兴"。在这段时期，俞樾的经济状况大有好转，他任教紫阳书院后，年薪白银400两，养家无虞。1868年，在浙江巡抚马新贻的邀请下，俞樾转任杭州诂经精舍，年薪白银600两，同时还兼管浙江书局，"笔墨生涯，比往年丰润"。如此一来，俞樾终于可以脱离俗务，专心学问与教读了。

除薪水外，诂经精舍的学风符合俞樾的口味也是其欣然赴任的原因之一。诂经精舍始建于嘉庆年间，历史不算悠久，但凭着踏实的学风而跻身于名书院之林（与长沙岳麓书院、保定莲池书院等齐名）。与之相比，同省的崇实书院、紫阳书院、敷文书院就未免有些望尘莫及了。

用现在的话来说，诂经精舍不仅是重点大学，而且堪称研究院。历次浙江乡试中，如不出意外，诂经精舍往往拔得头筹。最厉害的一次，竟独得全省乡试中式名额四分之一（1902年，光绪壬寅科）。当然，会考试未必最成功，诂经精舍出的不仅仅是功名，更重要的是学问，而且是真才实学。对此，俞樾作为一院之长，当然是居功至伟。

有好环境，才有好学问；有了好的安居生活，才能诸事顺心。1869年，俞樾移居苏州马医科巷潘文恭旧宅。潘家旧宅共三部分，俞樾租住的是东宅，潘家自住的是老宅，还有一部分是西宅，但已焚于战乱而成一片废墟。1874年，潘家人有意售出西宅弃地。由于此前一直租住他人房屋，俞樾听说后便与夫人商议，最终凑钱将之买下，以建造属于自己的宅园，这就是后来的"曲园"。

1875年，曲园建造完工，俞樾一家人于当年四月乔迁新居，结束了多年赁屋而居的生活。新居之所以取名"曲园"，主要也是财力有限，所购地基于正屋之外，留给园子的面积有限，形同曲尺，因得此名。新屋落成后，师友庆贺，宅第左侧大门即悬挂着李鸿章亲笔题写的"德清俞太史著书之庐"直匾，待客之厅挂的则是恩师曾国藩手书的"春在堂"匾额（写于8年前俞樾拜访曾国藩时）。

园子虽小，花木亭石，倒也一应俱全。转过春在堂的屏门后，便是一溜长的庭院，南北长十三丈，东西仅三丈宽。俞樾命人在此挖一水池，水池上建一小亭，小亭周围又堆了一座假山，周围则铺上青砖，种上花木，夏日炎炎清风徐来，中秋之夜邀友赏月，倒也不失为人间快事。转过假山，则是曲尺的另一角，东西长六丈，但宽只有三丈，俞樾在此建了回廊和一个小书房名"艮宦"，回廊前则栽种了几株大树，清幽透气遮阳，闹中取静，一举三得，正是读书著述的好地方。

定居曲园后，俞樾生活安定，诸事顺遂，其著作也不断刊刻发行。如果说，《群经平议》与《诸子平议》奠定了俞樾的学术地位，之后陆续发行的多卷本《春在堂全书》《曲园杂纂》则彰显了其深厚的学问功底。这些书籍，在各省读书人中广为流传，备受推崇，以至于远在四川的张之洞等人都写信给俞樾，邀请他出任成都尊经书院山长。由于路途遥远、老母年高，俞樾对此婉辞拒绝。不过，距离较近的上海求志书院和湖州菱湖书院则无法拒绝，俞樾虽然未必常驻讲学，但也不得不兼任了两院山长之职。

接任诂经精舍后，俞樾的惯例是每年春节后去杭州，天气热时回苏州消夏，重阳节前后再返杭授课，年末回苏度岁。随着年岁的增长，曲园夫人常年留在苏州，而俞樾在杭州的时间也日渐缩短，虽每年春秋各来一次，但勾留时日不定，少则一二十天，多则一两个月，弟子们均引以为憾事。

驻诂经精舍期间，俞樾通常住精舍"课院第一楼"，以至于弟子们都将此楼称为"俞楼"。每次回苏之前，俞樾都要在第一楼与弟子们置酒话别，后来演成惯例。1877年秋，俞樾在回吴前"自煮酒食招待诸门下"，"欢乐竟日"，诸弟子对乃师"赐食精舍"十分激动，其中弟子汪子乔用擘窠大字写了"俞楼"二字张于第一楼前，另有弟子王梦薇画《俞楼秋集图》以示纪念。对此，弟子徐琪认为老师来杭州这么多年却没有自己的居所，于是与王梦薇倡议为老师"别建俞楼，为湖上添一胜迹"，这一提议得到了其余三十多名弟子的赞同，之后便在孤山西麓"六一泉"旁觅得一地，筹资筑屋，以供老先生晚年休养。

开始建楼时，俞樾很是不安，他给弟子徐琪去信说："今西北奇荒，方谋多方赈济，兴此不急之工，一不可也；露台为百金之屋，汉文尚且惜之，兹以我一人之故，致醵众人之资，二不可也；且鄙人何德何能？而可据此湖山胜地，三不可也。"但是，弟子们这次却没有遵从师命而是继续建楼。1877年底，俞樾挚友、长江巡阅使彭玉麟（湘军水师创建者，中国近代海军奠基人）来杭，他见新楼规模偏小，于是又斥资加以增扩，并令手下军士在楼前植树种花，楼后叠石凿池，气象为之一新。

1878年初，新楼完工，彭玉麟亲笔题写"俞楼"为名。因苏州旧园缘故，"俞楼"又号"小曲园"（实际上比苏州曲园大上数倍）。落成之日，弟子们坚请老先生移居，俞樾拗不过，只好接受。当年二月，曲园夫人来到杭州，俞楼也就成了俞樾新的讲学之所而不再留居精舍"课院第一楼"了。

为感谢弟子们为己筑楼，俞樾特写诗记道：

昔年曾向北经过，六一泉荒蔓草多。

太息光阴真荏苒，无端楼阁起嵯峨。

桥边香冢邻苏小，山上吟庵伴老坡。

多谢门墙诸弟子，为余辛苦辟行窝。

感激之情，喜悦之心，溢于言表。另外，俞樾还撰有一副楹联：

合名臣名士，为我筑楼，不待五百年后斯楼成矣；

傍山南山北，循地选胜，适在六一泉侧其胜如何。

尊师重道，可喜可贺；俞楼风光，美不胜收。俞楼面临西湖，背依孤山，门对青山绿水，卧赏春柳秋月，蓝天白云，日出日落，占尽西子风光，老先生在此授读著述，真有福之人也。

1898年，在诂经精舍主讲满30年后，已是78岁高龄的俞樾辞离讲席。也就在当年，其长孙俞陛云以第三名探花及第。这真是应了俞樾祖父俞廷镳的那句吉言："留此以贻子孙，不更优乎？"是后，俞家学脉流传，文运昌远，俞樾兄弟中进士，长孙探花及第，俞陛云之子俞平伯则为著名文学大师。所谓"积善人家庆有余"，所言非虚。

更可喜的是，1902年清廷诏请俞樾于次年赴鹿鸣宴并官复翰林院编修原职。鹿鸣宴系官方为中举60周年的老举人（或老进士）举办，俞樾此时已是82岁高龄，虽不能赴宴，但官复原职总算是了却了老先生的一桩心愿。当然，鹿鸣宴主要起褒奖宣示作用，因为具备赴宴资格的人屈指可数，即使有，也像俞樾一样年高行走不便了（多为地方官前来祝贺）。3年后，历行千年之久的科举制被废除。次年（1906），一代朴学（即考据学）大师俞樾病逝，年86岁。

鲁迅爷爷的往事：从科场舞弊案看晚清

在俄文版《阿Q正传》的序文里，鲁迅曾这样写道：

我于1881年生在浙江绍兴府城里的一家姓周的家里，父亲是读书的；听人说，在我幼小的时候，家里还有四五十亩水田，并不很愁生计。但在我13岁时，我家里忽遭遇了一场很大的变故，几乎什么也没有了；我寄住在一个亲戚家里，有时还被称为乞食者。

那么，当年究竟发生了什么变故？鲁迅的话说得含糊其词，而其背后是大有文章的。

事实上，鲁迅之所以这样遮遮掩掩，原因就在于：其祖父周福清犯下"科场贿赂案"被判斩监候，这正是周家败落的根本源头。

要知道，周福清犯下的这个案子在当时可是轰动一时的大事。为此，就连民国年间修撰的《清史稿》也特地在《德宗本纪》中记了一笔：（光绪）十九年十二月癸酉，刑部奏革员周福清于考官途次函通关节，拟杖流，改斩监候。

由此可知，无论在晚清还是民国，这件考试舞弊案都是一桩极大的丑闻，鲁迅不便明说，自然有他的难言之隐。

鲁迅性格的形成并最终走上写作的道路，与这一家庭变故有着分不开的关系。因此，从文学史的角度而言，了解鲁迅祖父的生平及这桩"科场贿赂案"的来龙去脉，就显得非常有必要了。

鲁迅的祖父周福清生于道光十八年（1838），原名周致福，字震生，号介孚，又号梅仙，浙江绍兴府会稽县人。据其宗谱记载，绍兴周氏家族自认是北宋大儒周敦颐的后人，而其六世祖周韫山为清乾隆丙辰恩科举人，后拣选知县，于是购地建屋，设肆营商，广置良田，周家由此成为当地大族。

同治六年（1867），正值江南战乱平定，周福清也在当年的丁卯科浙江乡试中一举得中举人。不过，周福清中举后并没有在次年的会试中联捷，而是在方略馆当了三年誊录才于同治十年（1871）辛未年会试中考中进士。之后，因为年纪尚轻、成绩也还算优秀，周福清被拨入翰林院庶常馆深造，即所谓"庶吉士"。

当然，入翰林院深造并不等于是翰林（学士），庶吉士通常也只认为是半个翰林。因为按当时制度，庶吉士学习三年后要进行散馆考试，成绩好的、有可造前途的留下，授职为编修、检讨（位次于编修的史官），这才是真正的翰林官，日后有可能成为大学士或尚书侍郎、督抚大员的人选。

至于那些不能留馆的，其个人命运就比较微妙了，因为他们将像那些未能入院深造的同科进士一样分配到各部出任主事或外放为知县,等于白白耽误了三年时间。不过,这批落选的庶吉士也有一好处,那就是出任实缺不需等待,即所谓"老虎班",即到即用的。而很不幸,周福清就是这批散馆后改任外地知县的。据学者孔祥吉的考证,周福清原选四川荣昌县知县,后以"亲老"(父母年迈,不宜离家太远)为由改选江西金溪县县令。

在《清代官员履历档案全编》中,同治十三年(1874)十一月二十八日也有这样一条档案:"臣周福清,浙江绍兴府会稽县进士,年三十一,由庶吉士散馆即用知县,原四川荣昌县知县。亲老题明,改选近省,分签掣江西抚州府金溪县知县缺,敬缮履历恭。"

据此可知,周福清于同治十三年十一月掣签选为江西金溪县知县。然而,做官也不是那么容易的,周福清这个县太爷只做了三年多时间,就于光绪四年(1878)被两江总督沈葆桢参劾,其中称:"金溪县知县周福清,办事颟顸(糊涂又马虎)而文理尚优",结果被解除知县职务而建议以教官用。

之后,在同乡李慈铭的指点下,周福清卖田捐官,而后在京候补,最终捐了一个从七品的内阁中书(相当于部委秘书),虽然工作主要是抄抄写写,但总也算是一名小京官(远胜过清苦的教官)。

就这样,周福清从金溪罢任后就一直在京城,期间虽然只做了个小官,但也不乏等待时机的想法。然而,在光绪十九年(1893)三月,鲁迅的曾祖母戴老夫人去世,周福清根据规定回籍丁忧三年,但也就在这年,发生了震惊一时的"科场贿赂案"。

在《知堂回想录》中,周作人对这场意外的风暴做了如下记述:

那年正值浙江举行乡试,正副主考都已发表,已经出京前来,正主考殷如璋可能是同年吧,同介孚公是相识的。亲友中有人出主意,招集几个有钱的秀才,凑成一万两银子,写了钱庄的期票,由介孚公去送给主考,买通关节,取中举人,对于经手当另有酬报。介孚公便到苏州等待主考的到来,见过一面,随即差遣"二爷"(对跟班的尊称)徐福将信送去。

那时,恰巧副主考周锡恩正在正主考船上聊天,主考知趣,得信不立即拆看,那跟班乃乡下人,等得急了,便在外边叫喊,说:"银信为什么不给回条?"这件事便戳穿了。交给苏州府查办。

从事件的经过看,周作人的记述大体不差,不过有几处细节不是特别准确。如送信的跟班不叫徐福,而是一个名叫陶阿顺的仆人;最早经手此案的虽然是苏州府,但实质性的查办,却移送给了杭州府。当然,这是后话了。

关于周福清贿赂案的案发过程,还有另外一种说法是:浙江乡试主考官殷如璋路经苏州时,苏州知府王仁堪来到殷如璋船上进行礼节性拜访。恰在这时,陶阿顺将周福清的名帖及密信送到。按规定,主考官在赴任路上不能接收任何私人信件,为防落下把柄,殷如璋只得请王仁堪代为拆看。结果,后者打开一看,顿时脸色大变,立即呼令将送信人拿下。之后,眼看陶阿顺一去不回,感到事情不妙的周福清赶紧开船离开苏州,暂到上海躲了起来。

关于这件事,当时的苏州元和县县令李超琼倒是在当天的日记中有比较清楚的记载,其日记抄录如下:

二十七日　丁未　晴　白露

犁旦,诣抚辕介祝,投刺而出。以新任府宪王可庄太守于巳刻接印,遂先时往为敬贺。一见后即出阊门登舟,西过枫桥,候送抚军赴金陵监临,午正乃返棹。

浙江主考殷秋樵太常(如璋)、周伯晋编修(锡恩)行抵胥门江干,有浙绅周福清遣人投以一函,附洋票万元于内,求买关节五名。殷公大怒,当将投书之人扣留。适王太尊往拜,遂令交带回讯究。乃福清恃与殷公为同年,径往求见。业已登舟,为其仆从挥斥之,乃退。

余等既入谒,殷公备言其情状如此,因慨然浩叹,以为士习之污,官常之败,谓至浙人极矣。而其意若又不忍深究,虑至不可收拾也者。余辈出,再见周编修,则意也略同。亟往谒府宪请示,未得遇也,遂归。

日记中的王可庄、王太尊，即新任苏州知府王仁堪，这段日记的大意是：七月二十七日清晨，元和县令李超琼前往巡抚衙门报到后，因为新任知府王仁堪马上要接印，李超琼又赶紧到知府衙门祝贺新上司上任。事后，李超琼赶到阊门（城门名，在苏州城西）坐船到枫桥，等着送巡抚赴南京去监临本省乡试。这时，浙江乡试的正副主考殷如璋、周锡恩也路过苏州，两人的船停在胥门码头，结果发生了周福清仆人投书贿赂一案。

值得注意的是，据李超琼明确记录：陶阿顺投书之时，王仁堪并不在场，他来到殷如璋船上做礼节性拜访时，陶阿顺已经被扣下，这才转交给王仁堪处理。

在这里，李超琼记载的一个细节颇值得注意，因为以往都说周福清在陶阿顺久去不归后，惧而逃到上海躲避，但李超琼却明确记录称：周福清得知事败后，竟"恃与殷公为同年，径往求见"；而且，周福清已经登舟，但殷如璋坚决不见，并令仆从将周赶走。之后，李超琼也去拜访了殷如璋和周锡恩，但事已如此，宾主也只能慨叹一番而罢。

由此可知，王仁堪带走陶阿顺当属实情，但说他代为拆看投书却不能确定。从情理上说，如果投书发生时只有殷如璋一人，他看到名帖后即便无意参与其事，最起码也会看在同年的面子上将密信名帖一并退回，如李超琼所记，殷如璋也并不想把事闹大。但是，陶阿顺投书时偏偏不止一人在场，那就是本案的另一个重要目击人——副主考周锡恩。

台湾史家高阳曾提出一种观点，说周福清投书的对象并非主考官殷如璋，而是副主考周锡恩，不料周在苏州投信时，误遣一不知轻重的蠢仆，通贿之信落入正主考殷如璋手中，以致败露。高阳提出的理由有两点：一是周福清和殷如璋虽为同年，但两人并没有什么交往，仅凭借同年之谊贸然出手，不合常理；二是周福清和周锡恩是同宗，在京时两人关系相熟，可以信托。由此，高阳的推测是，周福清很可能是礼节性地拜会殷如璋，真正要贿赂的却是周锡恩。

殷如璋，江苏扬州人，与周福清同为辛未科进士，时任正五品通政使司参议。应该说，高阳的说法虽然有一定的新奇性，不过就事实而言，大多经不起推敲。从整个案件的物证、口供及审理过程来看，周福清投书行贿对象都是殷如璋而并未提及周锡恩，而且，其中还特别强调了同年之谊。

至于周福清与殷如璋、周锡恩两人的交往关系究竟如何，高阳并没有提出实质性的证据来证明其观点。事实上，在古代官宦阶层中，同年关系的重要性屡屡见诸史册，似乎无须多费笔墨；而说到同宗，这就很不好说了。试想，周姓在《百家姓》中排名第五，实际人口数排名在全国也非常靠前，天下又有多少周姓之人可供利用？

至于高阳指责周锡恩名声不好并于光绪十四年（1888）出任陕西乡试副考官时"大张旗鼓，出卖举人"一说，其出处只是《清代野记》中的一则资料，谈不上实质证据。不过，周锡恩确实受累于周福清案，以致事后还被后者的同乡兼好友、御史李慈铭参劾，仕途为之顿挫，最终抑郁而终，年47岁。

周锡恩（1852—1900），字伯晋，湖北罗田人，光绪九年（1883）进士，后入翰林院，授编修。其学问甚好，当时与知名翰林张百熙齐名，号"北周南张"。1894年底，周锡恩在写给他的老师、翰林院编修赵次珊的一封信中着重谈到这一科场案的关键细节：

往浙路过苏州，不幸遇内阁中书周福清，函通正主考殷秋樵京卿买求关节，被恩在船遇见。其时，主议揭发者，实锡恩所为也。浙抚入奏时，有正考官而无副考官，实因福清私函贿正而非贿副，故直以为正考官举发；若云副考官举发，则正考官反成被告矣。此崧镇青中丞所言，且亦系锡恩意也。

不意外人疑谤，反由此起，误传周福清与恩同宗。称副考官已许贿买被正考举发，吠影吠声，不可复辨。而秋樵在浙则言系恩所为，以避仇雠之怨；到京则言系彼所为，以掠正直之名。而锡恩则一事而两面受过矣。福清同县至好李御史慈铭代其报仇……

从这封信中可以看出，周作人的说法是准确的，当陶阿顺投书时，不巧周锡恩正在殷如璋船上聊天，结果在无意中成了这一贿赂案的见证人。接着，陶阿顺一嚷嚷，事情已经包不住，不管是殷如璋还是周锡恩，除了举发别无其他选择。

道理很简单，如殷如璋不举发，则坐实了贿卖舞弊并可能被周锡恩举发；如周锡恩不举发，则为知情不报，同样罪不可逃。

不过，浙江巡抚崧骏在上奏此案时略去殷、周二人在一起聊天以致陶阿顺嚷嚷这一细节，而直接将揭发者写成殷如璋，以强调殷如璋在事发后立即举报、不徇私情的形象。之所以如此，主要是为了帮助殷如璋自证清白，撇清事前通联的嫌疑。至于周锡恩，本身与此案无关，将其撇出案外也是免得旁生枝节。

然而，让周锡恩没有想到的是，事后谣言四起，称周福清与周锡恩同宗，贿买对象是副考官并被正考官举报；而不地道的是，殷如璋为避浙人攻击，在浙江则称是周锡恩举报，到京城后又称是自己举报，以掠正直之名。结果，周锡恩反受其累，两面受过。当然，这与周福清案已经没有太大的关系了。

明清时期，科场的严肃性、严密性及严谨程度可说是世所罕见，而其中对防止舞弊的规定也极其严厉。如咸丰八年（1858）顺天乡试科场案中，主考官、文渊阁大学士柏葰即因涉案被斩立决，成为中国科举史上第一个，也是唯一一个被杀的一品大员。

作为浙江乡试的正、副考官，殷如璋、周锡恩对科场案的严峻性当然心知肚明，而在陶阿顺被移交给苏州知府王仁堪之后，周福清贿赂案事实上已经进入了公事公办的程序，即便是神仙也难救了。

案发后，周福清逃到上海避匿，陶阿顺则被苏州府看押。八月初六，陶阿顺及信函被一同解送涉案人所在地浙江。当时，因为乡试马上就要举行，浙江巡抚崧骏立即将已查明考生马家坛及周福清之子周用吉扣考并革去功名，并通令绍兴府会稽县迅速查拿周福清。

八月二十二日，崧骏就此案上了第一份奏折，其中云：

浙江主考于七月二十七日路过苏州，有名周福清者，遣人赴浙江正考官殷如璋舟次呈递信函，经殷如璋将递书之家丁陶阿顺扣留，押交苏州府收审，查知信中系嘱托关节情事，提讯该家丁，供词闪烁，由苏委员管解陶阿顺，并移案到浙。

…………

据陶阿顺供称，伊向在绍兴府陈顺泉家佣工，本年七月间，周福清向陈顺泉借伊去伺候。七月二十五日至苏州，二十七日浙江主考过境，周福清取出书信名帖，交伊送至殷主考船上，即被获解，信内何事，伊实不知等语。

据臬司钞呈所递之原信内，计纸两张，一书凭票发洋银一万元等语；一书考生五人，马官卷、顾、陈、孙、章，又小儿第八，均用"宸衷茂育"等字样。又周福清名片一纸外，年愚弟名帖一个，各等因。

奴才于闱内查得马姓官卷通省只有马家坛一名，及周福清之子周用吉，核对三代内父名相符，均会稽人，一并扣考，以免物议。其所列之顾、陈、孙、章各姓，俱无考名，殊难悬断，无凭查扣……

按崧骏的意见，已查明的马家坛及周用吉两人已做处理，至于信函中的顾、陈、孙、章四人有姓无名，因为周福清没有到案，"殊难悬断"。应该说，这一处理还算是比较妥帖的。

奏折上去后，光绪皇帝对此十分重视并颁下严旨："案关科场舞弊，亟应彻底查究。丁忧内阁中书周福清着即行革职，查拿到案，严行审办。务得确情，按律定拟具奏。该部知道。钦此。"

如此一来，周福清犯下的这个案子遂成皇帝钦点的重案、要案，"苏浙地方遍处播说，守正之士咸怀愤叹"。

这时，周福清的长子周伯宜（考名周用吉，即鲁迅的父亲）仍旧被扣，自知难以脱逃的周福清只得自行前往会稽县衙投案自首，并立即被押往省城杭州受审。

经过一个多月的审讯，浙江巡抚崧骏于十一月初十上奏此案。其中，周福清对密信内容及整个行贿过程均供认不讳，而其作案动机供述如下：

（周福清）探闻浙江正考官殷如璋与伊有年谊，一时糊涂，起意为子求通关节，并欲为亲友中马、顾、陈、孙、章五姓有子弟应试者嘱托，希图中式，如主考允许，再向各亲友告知，择其文理清通诸生列名。周福清素知各亲友家道殷实,不患无人承应,事后必有酬谢……据讯认前情不讳,诘无预谋买求中式之人,矢口不移,案无遁饰。

从供词上来看,除了自己的儿子周伯宜(即周用吉)及官卷马姓考生(即马家坛)已经暴露、逃无可逃外,周福清实际上撇清了顾、陈、孙、章四家的干系而将整件事揽在了自己一个人身上。不得不说,这种做法还是非常聪明的。毕竟,周福清是进士出身,只要他一口咬定"无预谋买求中式之人"并将责任全部担在自己身上,浙江方面也不太可能对他怎么样(用刑)。否则的话,破家的恐怕就不仅仅是周家了。

据台湾史家高阳的分析,周福清实际上是在做"为人经手贿通关节"的生意,这笔生意实际上是五户人家各出两千银子,而周福清顺便将儿子夹带在内,捡个便宜。而且,如事情办妥,额外还有二至三成的佣金可得。不过,高阳认为周福清以此为常业,就未免太高估他了。因为从过程上看,这事从一开始就弄砸了。

令人诧异的是,在未与主考官有过任何接触(默契)的情况下,周福清就贸然地提前暗订关节并将"宸忠茂育"四字形诸纸上,如此露骨地留下铁一般的书面证据未免太过匪夷所思;而为了避人耳目,周福清自己留在船上而派陶阿顺前去代送关节,这一做法固然还算谨慎,但他挑中的偏偏是个蠢仆,明明吩咐他一定要先投贴拜会,争取让主考大人接见,然后再当面递信;退一步说,如果主考大人不肯接见,此时再投密信也不迟。孰料这陶阿顺完全不明白这里面的机巧,他为了图省事竟将周福清的名帖和密函一同呈递上去,而且还因为等不耐烦就嚷嚷了起来,结果事情败露,一发而不可收拾。

就这点而言,当年两江总督沈葆桢以"办事颠顶"的评语将周福清革职,看来大体不差。由这件事也可知道,周福清虽然学问尚可,但办起事来真的十分糊涂、马虎,能力非常一般。

值得注意的一点是,周福清给殷如璋送去的只是自写的"洋银一万元"字样的一纸"空票",这在某种程度上是救了他自己的命。如果送去的是一张可兑现的钱庄银票的话,那按《钦定科场条例》,周福清无论如何都将是人头不保了。

从这个意义上说，周福清当时只是期约贿赂，五家各出两千银圆只是接头的费用，而这与其口供"素知各亲友家道殷实，不患无人承应，事后必有酬谢"在逻辑上是说得通的。换言之，周福清弄不好真是没有和买家议定就开始自说自话地操作了。

试想，清代乡试何其难考，录取率是何等之低！浙江乡试每次录取名额也不过在百人上下，而每次参考者数千乃至过万，录取率可能连百分之一都不到，由此激起的公愤先不必说，就是通关节的行情，也不至于如此之低。据说，清末革命党健将、举人出身的胡汉民曾替人代考乡试，收取的费用是六千银圆，这已经算是便宜的。而周福清以区区一万元就想买六个举人，岂不是天方夜谭！

既然周福清期约贿赂的逻辑能说得通，那么崧骏采纳其供词也就不奇怪了。此外，崧骏恐怕也不想在浙江兴此大狱，否则认真追查下去，曾与周福清有过初步接触的另外四家恐怕也要家破人亡了。

事后，崧骏将审理意见奏报朝廷，其认为：周福清暗通关节，按例应该处斩，但由于其作弊未遂，所谓万元赃款也只是口头支票，并且有投案自首情节，因而建议适当从轻处理；至于廪生马家坛、生员周用吉已分别斥革，顾、陈、孙、章四姓应免查以省株累。

光绪皇帝接奏后批示：刑部奏议。年底，刑部拟出的判决是："请于斩罪上量减一等，拟杖一百，流三千里。"通常来说，刑部拟罪一般略重，然后呈交皇帝由御笔改轻，以示"恩出自上"。但周福清这案子却有些出人意料，光绪皇帝非但没有减轻而是改为加重，其颁旨云："科场舞弊，例禁綦严，该革员辄敢遣递信函，求通关节，虽与交通贿买已成者有间，未便遽予减，周福清著改为斩监候，秋后处决，以严法纪，而儆效尤。钦此！"

值得一提的是，周福清案从案发到处理终结约半年时间。期间，光绪皇帝曾先后五次批示：第一次批给御史褚成博，第二次、第三次批给崧骏，第四次是将御史李慈铭的参劾奏折批给翰林院掌院大学士徐桐，要求就参劾之事（其中涉及周福清案）进行调查，第五次是批给刑部，为此案定罪量刑做最后决断。

从某种意义上说，清廷对周福清一案的严厉处置，也折射出当时朝廷的纲纪尚在，而清廷历经太平军、捻军、陕甘之乱及英法联军侵略等重创后而能维持五十年不倒，或许也是其制度惯性使然吧。

周福清的案子至此算是尘埃落定了，不过据周作人所说，周福清案子闹大，和本房女婿陈秋舫的报复也有莫大关系。陈秋舫是仁字派下"礼房"的女婿，曾来岳家久住，周福清曾挖苦说："踢在布裙底下的是没出息的东西，哪里会得出山？"陈听说后立即辞去，并扬言不出山不上周家门，后来正好在王仁堪那里做幕僚，由此力主法办云云。不过，周作人自己也说，陈秋舫以直报怨，也不能算错。

此外，周作人补充了一个细节，说最初苏州知府王仁堪本想捣糨糊了事的，其说周福清有神经病，但周"本人却不答应，公堂上振振有词，说他并不是神经病，历陈某科某人，都通关节中了举人，这并不算什么事，他不过是照样的来一下罢了。事情弄得不可开交，只好依法办理"。

当然，周作人的这一说法未必确切，王仁堪是清流健将，为人正直，断不会敷衍了事；而周福清毕竟也是官场中人，不至于说出这种昏话自求速亡。有论者举出薛福成《庸庵笔记》中的一条，说咸丰年间顺天乡试案（主考官柏葰、副主考程庭桂等被罢职）发作后，参与办案的兵部尚书陈孚恩问副主考程庭桂："外部喧传此科中条子甚多，有之乎？"程坦然答道："条子之风不始（于）今日，奚足为怪？"陈问："那么你收到条子没有？"程笑曰："不下百余条。"乃出而示之。这当然只是野史笔记，否则程庭桂敢出而示之，非但他自己人头不保，恐怕还得加上许多颗人头呢。

在《知堂回想录》中，周作人也说："这所谓科场案，在清朝是非常严重的。往往交通关节的，双方都处死刑，有时要杀戮十几人之多。清朝末年这种情形有改变，官场多取敷衍政策，不愿深求；因此介孚公一案也得比较从轻，定为'斩监候'罪名，一直押在杭州府内。前后经过八个年头，至辛丑年，乃由刑部尚书薛允升上奏,依照庚子年乱中出狱的犯人,事定后前来投案、悉予免罪的例,也把他放免了。"

就周福清一案而言,浙江方面对于牵连人等确实采取了敷衍政策,不过对主犯周福清而言,定罪也不算轻。只是周福清的运气还不错,本该在次年被斩决的他因为慈禧太后的万寿庆典而被再次缓刑,而之后历次秋审,或许在周家多方打点的情况下被一缓再缓,最终成了长期关押。

而在杭州坐牢期间,周福清的待遇也还算可以,不但可以看书看报写信,还有妾室和儿孙可以来陪侍。周建人也曾说,其叔父周伯升听说周福清被判斩监候,哭嚷着要替父亲去杀头;而周福清坐牢期间,周伯升及母亲一直在杭州陪侍,直到他先鲁迅一步考取南京水师学堂,才换由周作人顶替他去陪侍周福清。

如周作人所说,1901年时,刑部尚书薛允升附片奏请依照庚子年刑部在狱人犯悉予宽免的例,将周福清也一并释放了。应该说,这个结果可比刑部原拟的"杖一百,流三千里"轻多了,因为后者要是实行的话,周福清弄不好就要发配新疆,即便不死,恐怕也再没有活着还乡的机会了。而如今,周福清只是在杭州监狱坐了8年的牢就被放回家中,这无疑是十分幸运了。三年后,也就是1904年7月,周福清在家中病殁,年67岁。

周福清虽然回家了,但周家终究是不可挽回地破败了。周福清的长子,也就是鲁迅的父亲周伯宜,在其父投案自首后很快被释放,虽然再未受牵连,但因为秀才功名被革除,前途无望之下,很快便于3年后郁郁而终。而家庭生活的巨大变故,也让少年时代的鲁迅看尽了人情冷暖与世态炎凉,如周作人后来说的:"这个刺激很不轻,后来又加上本家的轻蔑与欺侮,造成他的反抗的感情,与日后离家出外求学的事情也是很有关联的。"

从这个意义上说,鲁迅最终成为著名作家,或许与曹雪芹写下不朽的名著《红楼梦》有着相通之处吧?此所谓,江山不幸诗家幸,一代文豪苦难出,是耶?非耶?

三个粤商一台戏：轮船招商局的"三大佬"

清朝咸丰年间，由于太平军兴，运河阻断，漕粮被迫改为海运。之后，随着外国轮船的大量涌入，承担漕运任务的传统沙船业因为缺乏竞争力而被逼入了绝境。为此，清廷命各大臣筹议漕运危机时，李鸿章提出：运河每年仅能运米十万石，即便修复，对漕运大局也是于事无补；传统沙船在速度、载重、安全及价格等方面都不是西洋货轮的对手，即便假以援手，救得了一时也救不了一世，如此填不满的无底洞，伊于胡底？在此背景下，清廷采纳李鸿章的意见，而轮船招商局也由此应运而生。

1872年8月，世业沙船的上海本地富商朱其昂受李鸿章之命筹备新型轮船公司，这就是后来的"轮船招商官局"。然而，招商局虽然手握20万石漕粮的专运权，但因为"官办"色彩过于浓厚，朱其昂招募商股并不成功，开局十分不利。

在此情况下，李鸿章于1873年6月对招商局进行改组，朱其昂被调管漕运业务，买办商人出身的唐廷枢、徐润接任为招商局总办、会办。

唐廷枢，字建时，号景星，1832年生人。少年时期，唐廷枢在香港马礼逊教会学堂受过6年的西式教育，由此学得一口好英文。毕业后，唐廷枢在香港某拍卖行充当助手。1851年起，他先在港英政府做了7年的翻译，之后又前往上海海关当了3年的高级翻译。

1861年后，在怡和洋行的同乡买办林钦的介绍下，唐廷枢加入怡和洋行并开始代理该行在长江一带的生意。两年后，唐廷枢正式受雇为洋行总买办。在此期间，除为怡和洋行经理库款、收购丝茶、开展航运、扩大洋行业务外，唐廷枢还为洋行老板投资当铺、经营地产、运销大米与食盐，甚至涉足内地的矿产开采等业务。用其老板的话来说就是，唐廷枢以怡和的立场代理了洋行的一切生意。

除服务于怡和洋行外，唐廷枢也有自己的生意。早在香港时期，他就曾投资于两家当铺。到上海后，他先是开设了一家棉花行，后来又与人合伙开了3家茶庄。因为收购茶叶的需要，他又陆续投资了3家钱庄，以周转其资金。

此外，唐廷枢也广泛参与了外国在华企业的附股活动。如在进入怡和洋行第5年时，他就附股于谏当保险行（又名"广州保险社"），而在怡和洋行属下的华海轮船公司中，唐廷枢不但是大股东之一，而且还担任了公司的襄理（副经理）。

事实上，唐廷枢的附股活动并不限于怡和洋行的所属企业，如1867年成立的公正轮船公司和1868年成立的北清轮船公司，还有美国琼记洋行的"苏晏拿打号"轮船及马立司洋行、美记洋行的船队，其中都有唐廷枢的股份。

至于徐润，其经历也与唐廷枢颇为接近。徐润生于1838年，与唐廷枢同为香山县人，而这里也可谓是近代中国的"买办之乡"。15岁时，徐润随叔父徐荣村前往上海学生意，最初，他先进英商宝顺洋行当学徒，因其勤奋好学，悟性又高，不久就由帮账升为主账，并在入行10年后做上了洋行副买办（副总）。

1868年，刚过而立之年的徐润脱离宝顺洋行自立门户，之后开设一家名为"宝源祥"的茶栈。在之前积累的经验与人脉帮助下，徐润的茶叶生意做得风生水起，他不但在茶叶产区做起了一个茶业网络，而且在上海与唐廷枢等人创办茶业公所，整个上海的茶叶外贸基本都在他们的控制之下。

茶叶是晚清中国的四大出口主打产品之一，而当时上海的茶叶出口量占到全国出口总量的2/3以上。其中，徐润的宝源祥茶栈又是上海最大的茶叶外贸公司。因此，说徐润是近代中国的"茶王"也不为过。

茶叶生意之外，徐润更大的财源是房地产业。19世纪70年代后，上海百业振兴，万商咸集，生意做得红红火火的徐润也加大了对房地产的投资，而其投资的窍门就在于：预先洞悉租界的拓展趋向，在具有潜在开发价值的交通要区、商业区以低价率先买进土地，待到升值后即高价售出，然后再从其他地方购置更多的土地。

在短短十余年间，徐润在南京路、河南路、福州路、四川路等向外拓展的区域买进大量地皮，而其手法和当下如出一辙，即将已有房地产在钱庄及银行做抵押后贷出资金，然后购置新产，再将新产做抵押借贷，以层层抵押的办法获得资金，滚动操作。

据徐润在其自撰年谱中的记载，当时他在上海所购的地产中，未开发2900余亩，已建房屋320余亩，其中建有洋房50多所、其他类型房屋2000多间，每年可收租银12万余两。至1883年，徐润在房地产上投入的资本超过200万两银子。因此，无论从投资总额还是物业拥有量看，徐润可以说是当时上海的"地产大王"。

此外，徐润还有包括轮船招商局、开平煤矿等公司股票约42万两白银，再加上其他典当资本的话，当时徐润的总资产大约有320万两白银，这基本可以说是"富可敌省"了。要知道，当时清廷全年的财政收入也就7000万两白银而已！

当然，如果只是成功的买办或富商，那唐廷枢、徐润的社会地位也不过如此，历史并不会记下他们的名字。1873年时，一个绝佳的机会向他们招手了，那就是李鸿章创办的轮船招商局。

唐、徐两人之所以被选中，一方面是因为两人都是成功的买办富商；另一方面，则是因为唐廷枢具有丰富的航运经验，而没有类似经验的徐润，则可能因为其资产丰厚。事后，为了吸引更多的民间投资，唐廷枢带头入股白银8万两、徐润入股白银24万两。在此号召下，各地巨商纷纷加盟，招商局100万两白银的招股任务很快完成。

朱其昂办理轮船招商局之所以招股不利，除了其不通洋务、能力有限之外，招商局官方色彩过于浓厚，加上漕粮运输被政府压价、利润不高也是部分原因。而以唐廷枢与徐润的商业地位及人脉、经验，这次的改组无疑是成功的。事实上，当时除了唐廷枢外，招商局还真没有其他更好的总办人选。

原因很简单，唐廷枢本身积累了雄厚的资本，而且是华海、公正、北清几家轮船公司的华董，多年的买办生涯让他对招商局的主要竞争对手了如指掌，占得先机。李鸿章对招商局的这一调整，正如著名实业界人士经元善说的："唐、徐声望素著，非因北洋增重。唐之坚忍卓绝，尤非后来貌为办洋务者可比。"

上任之后，唐廷枢与徐润向李鸿章提出两点：一是将招商局"承运漕粮为主，并兼揽客货"的运营方针改为"揽载为第一义，运漕为第二义"；二是招商局"局务由商任，不便由官任"。换言之，招商局内尽量淡化官办因素而按照"买卖常规"招募股份与日常经营。否则，"商人只有出钱的义务，却没有经营的权力，生意赚了还好说，赔了找谁去理论"？

对此提议，李鸿章表示同意并将"轮船招商官局"的"官"字拿掉。之后，在"商办"方针的指导下，招商局的进展立刻大有起色。在改组后的第二年，招商局净利润即高达8万两白银，效益十分可观。

随后，唐廷枢加快购船步伐以扩大经营。1876年时，招商局已拥有轮船11艘，成为当时不可小觑的航运业主力。一年后，唐廷枢又抓住机会，并以极大的魄力收购了美国旗昌轮船公司的所有产业（包括船只、码头及仓库等）。在付出222万两白银的代价后，招商局的船只也由12艘迅速增至33艘，接近国内中外轮船总吨位的1/3。

对于招商局的迅速崛起，太古、怡和两家竞争对手十分警惕并迅速展开恶性的降价竞争，企图将新生的招商局一举压垮。然而，唐廷枢对此不慌不忙，他一方面在公司内部减裁冗员，降低成本，另一方面又面向海内外招聘了一批能干的买办及外国技术人员，大大增强了招商局的竞争力。

眼见无法压垮招商局，因降价而损失惨重的太古、怡和两公司不得不在1878年与招商局达成妥协，三方签订了"齐价合同"。之后，怡和、太古公司在1882年和1890年两度展开恶性竞争，三方又重新签订了两次"齐价合同"。自此，招商局牢牢地站稳了脚跟，并与太古、怡和成"三分天下"之势，而且还成为国内航运业中最重要的一方。

对于唐廷枢的出色表现，当时的外商也不得不承认，"中国船队管理有力，指挥精明"，"（唐廷枢）在东方一家第一流的外国公司（怡和洋行）任职时获得了丰富而广泛的经验,他正在运用这一经验去击败这些外国公司"。唐廷枢听后,也不无自豪地说:"枢、润不虑资本之未充,亦不虑洋商之放价,惟盼各帮联合,共襄大举,使各口转运之利,尽归中土……此事固创千古未有之局,亦为万世可行之利。"

从1873年到1882年,也就是唐廷枢、徐润担任招商局总办、会办的十年间,招商局年均运输收入近200万两白银,其业务不仅遍及国内重要港口,同时还逐步扩展至横滨、神户、吕宋、新加坡等海外港口。

然而,正当招商局发展态势良好之时,1883年爆发的中法战争在国内引发了一场金融危机,很多商人因投资股票、房产而损失惨重乃至于破产,其中唐廷枢、徐润也在1884年底因挪用公款而被人揭发检举。次年,李鸿章将唐、徐二人调任开平煤矿,两人从招商局中黯然出局。

除唐廷枢与徐润之外,同为香山人、拥有同样经历的郑观应也是招商局早期的重要参与者。而与唐、徐二人不同的是,郑观应虽然也一度遭遇挫折,但最终却在招商局内坚守了近30年。

郑观应,字正翔,1842年生人。16岁那年,郑观应曾去应童子试,但因落榜而跟随家人前去上海学生意。到上海后,他先是寄居在任新德洋行买办的叔父郑廷江处,边听差、边学英文。一年后,粗通英语的郑观应经人介绍进英商宝顺洋行当实习生。这一时期,他白天上班,晚上则到英国传教士傅兰雅开办的英华书馆夜课中不断学习。

皇天不负有心人,只要肯学习、肯吃苦,人总是会有出息的。没多久,郑观应就转正并逐步接手洋行的丝楼和轮船揽载事务。但是,正当他打算大展宏图时,宝顺洋行却因为资金链断裂而倒闭了。

不过这倒也好,积累了十年的经验与人脉并已经小有资产的郑观应随后开始单干,他先是和朋友合伙做茶栈生意,继而出资附股公正轮船公司做起了股东。

1873年，太古轮船公司与轮船招商局在同一年发起成立。有意思的是，郑观应不但同时参与了这两家公司的招股，而且他还被聘为太古轮船公司总理并兼管账房、栈房等事务。

如果认为他仅仅是为外国人卖力，那未免太小看郑观应了。事实上，郑观应此时的商业活动十分活跃，其积极投资于国内洋务派兴办的各项实业，除了前文提到的轮船招商局外，在上海织布局、津沪电报局、开平煤矿等企业中，也都有他的投资或股份。

在此期间，郑观应还积极响应清廷号召并与上海富商经元善、谢家福、严作霖、徐润、盛宣怀等人先后捐出大笔银子赈济山西、河南、陕西等省灾荒。郑观应之前虽然没有任何功名，但他已由此捐得候补道衔，并与李鸿章等洋务派大员结交日深。

1880年，郑观应被委任为上海织布局总办，不久又被委派为上海电报局总办，由此成为李鸿章手下的洋务干将。1882年，在与太古洋行的五年合同期满之后，郑观应不再续约而接受李鸿章之命出任招商局帮办。之后，为应对太古、怡和两外资轮船公司的削价竞争，郑观应亲自出面交涉并促成三方签订"齐价合同"，这也使得轮船招商局得以继续稳步发展。

然而，就在次年，因中法战争爆发而导致的金融危机席卷上海，一些外贸企业及钱庄纷纷倒闭，就连红极一时的巨商胡雪岩也轰然倒地。这时，上海织布局也发生亏累，官方派出经元善等前来清理局务时，发现总办龚寿图有挪用公款的行为，而龚寿图又将牵扯不清的责任推给了前任郑观应。最终，郑观应不得不缴纳2万两白银了结此案。

而在这时，郑观应给老东家太古轮船公司推荐的杨桂轩因经营不善、挪用公司款项等致使公司损失惨重，郑观应因为是杨桂轩的担保人而负有连带责任，结果被太古公司人员扣在香港追索赔款，前后折腾了几个月，才得以脱身。

事后，郑观应选择退出商界，读书自娱。在此期间，郑观应将他此前刊印的《易言》加以补充修订，由此形成了后来的《盛世危言》。1891年，郑观应久静思动,后在盛宣怀举荐下出任开平煤矿粤局总办。两年后,郑观应再次被委任为招商局帮办。李鸿章的这次点将,原因也是招商局的老对手太古、怡和再度使出降价倾销手段,郑观应出马后又一次促成三方签订"齐价合同",免得各方自相残杀,得不偿失。

1901年李鸿章去世后,继任直隶总督兼北洋大臣的袁世凯将轮船招商局和电报局抓入手中,原李派人马如盛宣怀、郑观应等均告出局。之后,郑观应在广西巡抚王之春的邀请下入桂署理左江道。但是,他上任不久,即因王之春被革职而连带去职。

1909年,郑观应第三次进入招商局出任董事,并赴商部办理招商局商办注册事宜。次年,在袁世凯被摄政王载沣踢回老家后,重新复出的盛宣怀任命郑观应为招商局会办,并委托其整顿局务。

进入民国以后,年届七十的郑观应以年迈多病为由向招商局提交辞呈,但由于其在商界深孚众望,1919年招商局股东改选董事时,郑观应仍旧当选。不过,晚年的郑观应已经不再负责具体局务而主要以办教育为主,他先后兼任招商局公学住校董事、主任及上海商务中学名誉董事等职。1922年5月,郑观应病逝于上海提篮桥招商公学宿舍。

与其他买办乃至与他同时期由买办转为民族实业家的如唐廷枢、徐润等人不同的是,郑观应深思明义,其观点体系在《盛世危言》中均有述及。不过,在民国时期,由于国内形势日坏,郑观应也感到十分悲观失望,他不再从昔日的改良思想中寻找救世良方而改为求仙信道。从这个角度上说,郑观应的悲观与转变,大概也是那个时代一些人物的缩影吧。

经济战场：洋务运动较明治维新败在何处？

日本实行明治维新后，以"殖产兴业，富国强兵，文明开化"为立国三大政策。用大久保利通的话来说就是："要想在这个世界上独立建国，富国强兵之必要自不待言；而要实现富国强兵，则务必要从殖产兴业上下手，切实谋求其进步发达。"相比而言，中国的洋务运动似无如此深谋远虑，由此也决定了近代中日两国的国势消长。

1875年，三菱的竞争对手、半官半民的日本邮政轮船会社因经营不善而濒临倒闭，在大久保利通的建议下，明治政府将所属的15艘轮船无偿交给三菱，并决议在15年内每年拨给三菱25万日元的"航线补助金"。在政府的大力扶持下，拥有36艘轮船的三菱会社一跃成为日本"海运之王"。

为将外国轮船公司挤出日本，三菱会社在政府支持下大幅降低票价和运费，如横滨到长崎间的上等船票原为30日元，三菱一下降到8日元。在此拼命态势下，美国太平洋游船公司不得不退出竞争，并将4艘轮船连带往上海的航线也都转让给了三菱。之后，三菱又对大英轮船公司发动猛烈攻势，迫使后者退出从横滨到上海的航线。当然，三菱之所以敢如此不顾血本地恶性竞争，实际上都是明治政府在其背后撑腰，后者在此期间为三菱提供了81万日元的低息贷款。此外，三菱会社还在银行、造船厂、炼铁厂等方面不断拓展业务，最终成为日本实业界的领军者。

殖产兴业初期，明治政府以扶植官营企业为主，其中大藏省负责殖产兴业资金，工部省负责矿山、工厂和铁路三大部门，内务省则负责农畜牧业。1870年，日本成立工部省并接收了原属旧幕藩下的一批工厂、矿山（军工企业除外）。在此基础上，工部省开办了造船、制铁、电信等一系列官营企业。1873年岩仓具视考察团回国后，明治政府在其建议下设立内务省以统一经济政策，并将原分属大藏、司法、工部三省的劝业机构一律归并到内务省，内务卿则由大久保利通担任，大藏卿大隈重信、工部卿伊藤博文为其左右手。

1874年，大久保利通主持制定了《关于殖产兴业的建议书》，其中开宗明义地指出："大凡国之强弱，决定于人民之贫富；人民之贫富，则有赖于物产之多寡；而物产之多寡，又在于人民是否勤勉于工业。但寻其根源，无不依靠政府官员诱导鼓励之力。"

在此精神指导下，明治政府的殖产兴业政策发生了根本变化。最开始时，新旧企业均以官营为主，民间既缺乏投资能力，也没有投资信心。当然，行政力量的介入能让官营企业开个好头，打下基础，但其官僚习气同样给企业造成不可根除的弊病，正如日本邮政轮船会社的倒闭，它没有竞争力和发展前景也是显而易见的。

正因为如此，大久保利通下定决心甩掉那些成为财政负担的官营企业，并将工作重心转移到"厚殖民产，振兴民业"上去。可惜的是，1878年大久保利通被人刺死，壮志未酬，好在伊藤博文继承其遗志，将"出售官营企业、促进民间资本"的政策执行到底。1880年11月，伊藤博文与大隈重信联手整顿财政，并决定将军工、铁道、电讯以外的官营企业全部不计成本地对外出售，此即"官业下放令"。

"官业下放令"的颁布，标志着明治初期的殖产兴业由开始以官营为主转入大力扶植并保护民间资本的新阶段。1882年至1893年间，明治政府出售的官营企业主要有25处，其中金、银、铜、铁、煤矿11处，其他还有造船、纺纱、玻璃、水泥、酿造等企业；出售价格大多不到原投资额一半甚至四分之一，价款可以缓付，在之后25年至55年内不计利息，简直就是白送。

举例而言，投资62万日元的长崎造船厂连同4.4万日元的库存以9.1万日元卖给了三菱，投资59万日元的兵库造船厂打一折卖给了川崎，投资18.9万日元的品川玻璃厂以25年分期支付8万日元的方式卖给了西村，等等。换言之，日本后来的这些"巨无霸"企业，如三菱、三井、川崎、住友等，其"第一桶金"无不得益于此，这些企业都是明治时期通过政府的扶持而迅速完成资本的原始积累的，并相继成为身份暧昧不明的"政商"、财阀，之后仍与政府有着千丝万缕的关系。

同样是航运业，轮船招商局可就没这份幸运了。第二次鸦片战争结束后，中国与欧美列强处于一个相对长的和平时期，中外贸易也由此快速发展，如1864年的进出口总量即超过1亿两海关银。特别是在1869年苏伊士运河开通后，欧洲到中国航线大为缩短，更多的欧洲商品涌入中国，由此带来航运的日渐繁荣。从1861年美商在华设立旗昌轮船公司开始，一些原以远洋运输为主的外国轮船公司也逐渐涉足中国沿海及内河运输，中国权益大量流失。

在此情况下，李鸿章于1872年奏请筹建轮船招商局，此议得到清廷的批准并由户部借制钱20万串（合银10万两），"以作设局商本，而示信于众商"。轮船招商局名为"招商"，但由于官方色彩浓厚，加上漕粮运输被政府压价，利润不高，因而初期招股并不乐观。直到粤商唐廷枢和徐润受命接管招商局事务后，在他们主打"商办"的方针下，轮船招商局才渐有起色。

之后，轮船招商局重金收购老牌的美商旗昌轮船公司，所拥有的船只数量由12艘迅速增加至33艘，接近中外轮船总吨位的1/3。这时，各国在华轮船公司对招商局展开恶性竞争，其中尤以英国太古、怡和等洋商"忌之益深，极力跌价倾轧"。在此时期，轮船招商局得到了官方的大力支持与扶助，如在业务上，不但有漕运运输量的保证，而且"沿江沿海各省遇有海运官物应需轮船装运者，统归局船照章承运"，官方贷款同时宽限还本并缓缴利息。

最终，招商局不但挺过了价格战，而且成为国内最重要的航运公司。但就在招商局如日中天之际，唐廷枢被调往天津开平煤矿，盛宣怀接手招商局。这一时期，招商局再次经历大改组，新的用人及理财章程大大削弱了普通股东权利，"官督商办"体制被重新确立，官方色彩大大增强。由此，官府常向招商局安插私人，干涉局务，甚至时时伸手，仅甲午年慈禧"万寿庆典"，招商局就不得不进贡了白银5万两。

李鸿章曾说:"中国积弱,由于患贫。西洋方千里、数百里之国,岁入财赋动以数万万计,无非取资于煤铁五金之矿,铁路、电报、信局、丁口等税。酌度时势,若不早图大计,择其至要者逐渐仿行,以贫交富,以弱敌强,未有不终受其敝者。"从这一角度上说,洋务新政后期以"求富"为目标,官方除轮船招商局、开平煤矿外,还创办了漠河金矿、上海机器织布局、湖北织布局等,但由于官方求利心切,加上管理体制严重滞后,冗员靡费惊人,这些企业最终都未能有大成就。

明治时期"殖产兴业"政策的成功绝非对官营企业简单地"一卖了之"即可完成,其中又有两个因素特别值得注意,即地税改革与银行的创办。1873年,明治政府颁布《地税改革条例》,其主要内容为:向土地所有者颁发地券;由地券持有人向政府以货币形式纳税;税率为地价的3%,另附加1%的地方税。这一改革,不仅从法律上确认了土地私有权并使得土地资本化,而且解除了原土地所有制下农民对领主的人身依附关系,农民从此获得了耕种或迁居的自由。

当然,对农民来说,地税还是比较重的,和之前年贡相差无几甚至更多(地价的3%约合年产的30%至40%,即相当于十税三至四)。为此,日本农民多次拿起竹枪发动起义,仅明治前十年,万人以上的农民起义就有25次,最终迫使政府将地税降至2.5%,地方税也做出相应降低,这才将局势应付过去。但总的来说,地税改革解放了农民,并为日本工业发展提供了充足的劳动力;另外,改实物地租为货币地租降低了税收成本,明治政府由此获得了一大笔稳定的财政收入。在之后数十年间,地税既是明治政府的重要财政收入,也是各项投资乃至支持民间资本的重要资金来源,这对日本的工业化无疑起到至关重要的基础作用。

不仅是公共财政,明治政府在金融制度上也堪称目光长远。在西方经验的引导下,明治政府清理了幕府时代留下的混乱货币体制,并于1872年开始成立国立银行发行货币与公债，此举不仅促进了资金的融通，而且还通过金融工具缓解了明治维新初期的财政危机。为配合对士族的"秩禄处分"并解决士族的出路问题，明治政府还鼓励持有公债的士族创办国立银行。为此，内务卿、大藏卿联名训令地方官，要求各地保护并奖励国立银行的创建。

之后，手中握有大量禄券或国债的士族纷纷申请投资创建银行（其中尤以旧藩主为多）。到1879年，日本银行已增至153家。如此一来，近3万士族约1300万日元的金禄公债变成了银行资本（或其他实业投资），原本无所事事的士族也有了新出路而不至于心怀怨恨。当然，明治维新时期也屡屡发生通货膨胀及部分银行因经营不善而倒闭、被兼并的现象，但金融资本的壮大及其体系的完善，对日本工业化的作用无论如何都不能低估。

反观清廷，则对近代西方国家的货币金融制度缺乏足够的认知与了解，对银行及相应的金融体系所带来的好处完全处于懵懂无知的状态。直到清末新政时期，清廷及地方政府才引进西方机器铸造标准化银币、铜币（以获得相应的铸币税），至于成立银行、发行纸币与国债等运用信用工具的做法，都是清廷覆亡前几年才有的尝试。

据统计，19世纪60年代到90年代，中国的洋务派约创办了60家近代企业，总投资额约5300万两白银；而同时期日本共创办5600多家公司，总投资额达2.89亿日元（当时日元为银圆，1日元约合0.72两白银），平均每年设立225个公司。如此数字对比，自然高下立见。

郑观应曾在《商务叹》中这样评价当时的官办企业："名为保商实病商，官督商办势如虎。"事实上，中日官方几乎同时、同样扮演两国近代工业"助产婆"的角色，但日方及时退出而中方却霸住不放，以致这些官办企业死气沉沉，若不是靠垄断特权保护的话，恐怕早已破产关门。在对待民间资本的态度上，中日同样存在明显差异，日本是不惜一切代价加以扶持，而中国却是商人有钱也不敢轻易办公司；即使办了，由于资金、融资渠道等方面条件的限制，在洋商和垄断官办企业面前也力量很小，缺乏竞争力。

除此之外，日本人对商业道德的重视也不容忽视。被称为"日本近代实业界之父"的涩泽荣一就曾说过："公益与私利是同一的。公益即是私利，私利能生公益。不能带来公益的私利，不是真正的私利。"涩泽荣一曾长期担任日本第一国立银行行长、东京商法会议所和商业会议所的主要领导人，作为日本"合本会社"（即股份公司）的首创者，他一生中曾参与创办500多家企业，包括著名的大阪纺织会社、日本铁道会社等。

涩泽荣一最著名的是"《论语》加算盘"理念。用他的原话来说就是："（40余年来）自问这期间我没有违背过《论语》，也不曾拨错过算盘。不管怎么说，我的银行也有着相当高的成就，不失为东京头号大银行。因此我有资格说，《论语》和算盘完全一致。"对商业诚信的重视，由此带来对职责的担当及对技艺的精益求精，这无疑是日本经济腾飞的重要精神内涵。相比而言，作为儒家思想发源地的中国，在这一方面却未免有些相形见绌了。

从长远看，明治政府在日本经济的起步阶段将经营不善的官营企业廉价出售，并通过"补助金"等方式大力扶持民间资本，这一做法是极明智而划算的。因为此举不仅减轻了财政负担，而且为民间资本的蓬勃发展创造了条件，而这些新兴部门又逐渐成为明治政府的重要税收来源。据统计，从1895至1899年间，工商税、消费税、所得税总计已占到日本总税收的35%左右，比改革初期提高了约20个百分点。

在明治政府的大力扶植和保护之下，日本在甲午战争前已基本完成以纺织业为中心的轻工业的工业化；10年后（日俄战争前），日本再次完成了以机械、钢铁产业为中心的重工业的工业化。短短30年间，日本完成了从轻工业到重工业的产业革命，并从一个封闭落后的农业国一跃成为工业国家，其速度之快、成效之高，国人岂能不汗颜哉。

晚清和日本：睡狮旁边的豺狼先苏醒了

1840年6月，当荷兰人把鸦片战争的消息带到日本后，这一旷古奇变同样引起了幕府的高度警惕，其首席老中水野忠邦即表示，"此虽他国之事，但亦应为我国之戒也。"之后，幕府废除了实行近20年的"外国船驱逐令"而代之以"供给燃料淡水令"，其中规定：只要外国船只提出要求，日方就可供应燃料、淡水和食品，以防与列强发生冲突。

鸦片战争结束后，日本诗人梁川星岩写了一首名为《咏鸦片战史》的汉诗："赤县神州殆一空，可怜无个半英雄。台湾流鬼无人岛，切恐余波及大东。"这里说的"大东"，即日本。同一时期，兼通汉学与兰学（日本锁国时代通过荷兰传入的西方科学文化知识）的日本思想家佐久间象山在对中外大势考察一番后也认为，中国之败，败在"唯知本国之善，视外国为贱物，侮为夷狄蛮貊，而不知彼之熟练于实事，兴国利，盛兵力，妙火技，巧航海，遥出己国之上"。在他看来，"方今之世，仅以和汉之学识远为不足，非有总括五大洲之大经纶不可。全世界之形势，自哥伦布以穷理之力发现新大陆，哥白尼提出地动说（即日心说），牛顿阐引力之实理等三大发明以来，万般学术皆得其根底。及至蒸汽船、电磁体、电报机等创制，实属巧夺造化之工，情况变得惊人"。

列强东来后，中日两国同样面临"三千年未有之大变局"，但就危机应对而言，后者更为敏感。以魏源所编的《圣武记》《海国图志》为例，它们在国内默默无闻，乏人问津，而传入日本后却是热销不止，供不应求，几成洛阳纸贵之势。佐久间象山即兴奋地说："予与魏氏，各生异地，未能相见。观察时势，同于此年著书。但所见略暗合，何等奇哉。可称海外之同志也。"据统计，《海国图志》传入日本后翻刻版本达22种之多，其他如徐继畬的《瀛寰志略》、陈逢衡的《英吉利纪略》也都大受欢迎。1862年，得知《海国图志》在中国竟然绝版后,随"千岁丸"号商船来上海考察的高杉晋作不禁感慨地说:"(清国)徒然提倡僻见,因循苟且,空渡岁月……故由此而至衰微也。"

第二次鸦片战争后,土佐藩主山内容堂借《咏英法联军陷北京》一诗(谁教丑虏入燕城,八百八街膻气腥。开帙独诵淡庵集,失声欲骂小朝廷)痛斥德川幕府对外妥协之后,中国的内乱(太平军、捻军)及在英法之役中的惨败引起了日本国内的极大兴趣,各种"对清策论"扑面而来,热闹非凡。不过,总的说来只有两种:一种是主张联络中国共同对付西洋的所谓"和清论";另一种则是主张趁机侵占割取中国领土的所谓"征清论"。

日本"征清论"可谓由来已久。早在日本战国年代,一代豪强丰臣秀吉即提出假道朝鲜,直入于明,"使其四百州尽化我俗,以施王政于亿万斯年,是秀吉宿志也"。岛国之民而怀抱问鼎中原之志,这种气魄,当然不失为东亚枭杰。可惜的是,丰臣秀吉两次入侵朝鲜均被中朝联手击败,最后政权也被德川家康夺去。但不管怎么说,丰臣的"遗志"大概算是日本最早的"大陆政策"了。

两百多年过去后,幕末狂士、兰学家佐藤渊信再次提出"宇内混同论",这比丰臣秀吉的"征韩侵华"志向又膨胀了数倍,说什么日本是"大地最初生成之国,世界万国之本";"世界皆为皇国郡县,万国君长悉为臣仆";要实现如此大志,"必由吞并中国而肇始……当今世界万国之中,皇国最易攻取之地,莫过于支那国满洲……故皇国之征服满洲,迟早虽不可知,但其为皇国所有,则属无疑。满洲一得,支那全国之衰微,必由此而始。故以鞑靼之后,始可逐次而图支那"。如此,"混同世界,统一万国,何难之有哉"。说到这里,佐藤渊信也忍不住拍腿自我陶醉了一把:"噫!造物主恩宠皇大御国,真无以复加矣!"

日本开国后,亲眼见识了欧美列强坚船利炮后的岛国人总算明白,世界远不是他们想象的那样。在列强不可挑战的情况下,幕末思想家吉田松阴转而提出,"与美俄言和既成定局,我方决不毁约,以失信于夷狄。宜严守章程,敦厚信义,其间养蓄国力,割易取之朝鲜、满洲为补偿","北则割据满洲之地,南则占有台湾、吕宋诸岛(菲律宾)"。在此影响下,土佐藩士桥本左内也认为,如不兼并中国、朝鲜等国领土，日本就"难以独立"。后来，大概因为霸气外露的缘故，两人都在"安政大狱"中被处死了。

日本这个国家有个"优点"，那就是一向遵从强者并奉行"跟着强者走"的策略，且从不以此为耻，这恐怕是自尊又自大的中华帝国所做不到的。由此，只认拳头的大小软硬，不讲道理的是非曲直，日本这种所谓的"武家社会"也最易滋生军国主义。经数百年的传承因袭，日本的武士阶级虽然被消灭了，但其头脑中的"武士道"精神和"军事立国"的"武国思想"却依旧残存，即便风气开通的倒幕维新派志士也不例外。

以"征韩论"为例，最早提出这一倡议的并不是西乡隆盛，而是他的对头木户孝允、大木乔任等人。大木乔任曾撰文说，世界各国中唯有俄国最可怕、最能妨害日本的大陆发展；日本如要在大陆发展，就应该与俄国结盟，届时中国的领土可由日俄两国平分。这个意见，木户孝允极为赞成，并于1868年12月提出侵略朝鲜的建议。

1885年3月，福泽谕吉在《时事新报》上发表了著名的"脱亚论"，其中即明白宣示："与其坐等邻邦之进步而与之共同复兴东亚，不如脱离其行伍，而与西洋各文明国家共进退。对待支那、朝鲜之办法，不必因其为邻邦而稍有顾虑，只能按西洋人对待此类国家之办法对待之。"在他看来，所谓"脱亚"，即脱原亚洲之羊圈而入欧美之豺狼群也。如此，既可免为案上鱼肉，又可抢得一杯羹，岂不美哉？自己还没有强大，就打算仿效强者去欺凌弱者，日本这点倒是学得很快。

当然，以上侵略扩张思想都是日本书生们的纸上之见，真正有操作性的政策与计划还得由职业军人来制定。丰臣秀吉之后，曾赴英法德等国考察军事的山县有朋成为日本新"大陆政策"的集大成者。山县青年时参加过长州藩的军事改革并亲身经历了倒幕战争，明治维新后又先后担任兵部少辅、大辅，并一度做到内阁总理大臣的位置。也正是他，首先提出了日本"主权线"与"利益线"的新思维。

1882年8月，山县有朋在《军备意见书》中提出："欧洲各国与我国相互隔离，痛痒之感并不急迫。作为日本的假想敌国并与日本相对抗的，是中国。因此，日本要针对中国充实军备。"这是日本首次提出以中国为"假想敌"。8年后，山县有朋在《外交政略论》中明确提出"国家独立自卫之道有二"：一是防守"主权线"，即日本国土不容侵犯；二是维护"利益线"，即"与我主权线之安危紧密相关之地区"，"必须经常处于优势之地位"。

那么，如何维护"利益线"呢？山县有朋提出："各国之所为有不利于我者，我有责任排除之，不得已时则用强力以贯彻我意志。"山县有朋发表这段政论的背景是俄国计划兴修西伯利亚铁路，他担心铁路一旦修成，则俄国人自俄都出发，"十余日便可饮马黑龙江"，"吾人须知，西伯利亚铁路完工之日，即是多事之时，即是东洋发生一大变化之机"。为防止俄国势力南下东亚进而威胁日本的安全，山县有朋认为，除夺取朝鲜、满洲外，别无他策。这一观念，从明治到大正再到昭和年代，几乎贯穿了整个日本近代史。

除此外，日本陆军参谋本部第二局局长小川又次于1887年2月提出了更为详尽的《征讨清国策》。这一策论，是日本参谋本部（首任本部长即山县有朋）两次派遣谍报人员前往中国秘密侦察后形成的，几乎就是后来臭名昭彰的"田中奏折"思想的前版（欲征服世界，必先征服支那；欲征服支那，必先征服满蒙）。

《征讨清国策》中，小川又次毫不掩饰地说："若维护我帝国独立，伸张国威，进而巍屹于万国，保持安宁，则不可不分割清国，使之成为数个小邦国。清国虽老衰腐朽，仍乃一世界大国。清人虽愚蠢不决，但受此屡战屡败刺激，对需培养实力已稍有感悟，近来陆海两军已渐有讲究改良之趋势。清国优柔，显然不能一举成为强国，但只要努力不懈，理应达到此境界，以当前形势看，20年后可能完备。趁清国还幼稚，我们应断其四肢，伤其身体，使之不能动弹，我国才能保住安宁，亚洲大势才能为我掌握，由我国维持。"

小川又次还说："清国人民只知有中国，不知有外国，他们傲慢自大，对天下形势毫不知情，这帮无知愚昧的人民，大多不知爱国是何物。像清国这样缺乏忠君爱国精神的国家，再加上财政赤字严重，可谓积弊已极。对待这种国家，必须来点硬的，况且今日乃豺狼世界，完全不能以道理、信义交往。我国现在最要紧的，莫过于研究进攻清国的方略，以便在灭清国后使我国国运隆盛。"

对于中国的军事，小川又次认为："清国岁入总计一亿二千五百万元有余，……军备金额大约七千五百万元，但用于八旗、绿营者，恰如救助贫民，于军备之上则不见利益，只是养活海陆军之防勇、练军四十万之兵力而已"；倒是有一种称作"勇"的士兵（即湘淮勇营），"每当有事，则必首当其冲，几乎布于十八省之内"。此外，《征讨清国策》中还对中国旅顺口、山海关、大沽、吴淞等港口及炮台的方位、地形等情况做了详尽的描述。在日方无孔不入的情报收集中，清廷几无军事秘密可言。

作战计划中，小川又次提出，最理想的莫过于日本海军击败北洋水师，之后陆军攻取北京并擒获中国皇帝，以此肢解中国，让满人退回满洲，扶持其为傀儡；汉人则奉明朝后裔在黄河以南建立王国；西藏、青海归达赖统治；蒙古为北方各部落之长统治，新疆、甘肃裂为小国。如此，辽东半岛、山东半岛、澎湖台湾及长江两岸之地都归入日本疆土，其他则划为七八个小国，附属于日本。

从后来的历史看，小川又次说的绝不是天方夜谭般的呓语，如甲午战争中日军即企图攻取北京，战后则霸占朝鲜并割占澎湖台湾、辽东半岛（未遂）；辛亥年中，又利用革命党分裂中国，令新疆、西藏接近于半独立，各省则军阀混战，一直处于分裂半分裂的状态。此后，在中国被大大削弱的情况下，日本趁机上下其手并悍然发动侵略，"九一八事变"后扶持"伪满洲国"，之后又策动"华北自治"，"七七事变"后诱导汪精卫投日并建立"汪伪政权"，若非国际大势的逆转，小川又次的图谋几乎成功。

当然，光有扩张思想和计划还远远不够。为此，山县有朋等人不断鼓动政府增加军费、扩张军队，并迅速推进日本的军国主义化。戴季陶曾说："军国主义这个东西，不只是一个思想上的表现而已。如果它只是一个思想的表现，决不能成就一个'伟大'的势力，而一定要成为一种制度。这个制度以军事组织的力量作为政权的重心，一切政治的势力都附从在军事势力之下，一切政治的组织都附从在军国组织之下。必须这样，才能成为军国主义的国家。"

简而言之，明治时期日本军国主义的发展主要表现在三方面，即军工、军制与军队发展。先说军工。早在幕藩时期，幕府已采用西式技术制造火炮，如1853年在江户设立"大筒铸立厂"以生产小型铜炮；开国后，幕府先后向法国、美国进口了大量设备并建立关口铸铁所、火炮制造厂、长崎制铁所、神户海军造船所和江户船厂。

1864年后，"尊王攘夷"运动加上与列强冲突而惨败的缘故，幕府与各藩纷纷加强了对西方军火技术的引进，如幕府从美荷英法等国进口数百台机器，建起了横滨制铁所及横须贺制铁所两个大型船厂。与此同时，佐贺、萨摩、水户等藩也从荷兰等国进口机器并设立精炼所、机械所、造船厂等。

幕府统治被推翻后，明治政府接管了原幕府及各藩的军工企业，并在此基础上加以改造与扩并，如关口制造所被改为东京炮兵工厂，横须贺制铁所被改为横须贺海军造船厂，后者在1871年已设有炼钢、炼铁、铸造、船台、船渠等分厂，并拥有机器116种，各种熔炉、铸炉50座，工人近1000人。1880年，横须贺海军造船厂造出了本国人员自行设计的第一艘军舰"磐城"号。另外，长崎制铁所被改为大阪炮兵工厂，石川岛造船所改为海军兵工厂，并合并了原萨摩藩的鹿儿岛造船所。

明治时期提倡的三大政策，除"文明开化""殖产兴业"外，其所谓"富国强兵"最后变成了"强兵富国"。不可否认，部分军工厂也曾为民用工业服务，如横须贺海军造船厂为生野矿山研制了采矿机及生产工具、为爱知纱厂等研制了水车动力涡轮机，大阪炮兵工厂为大阪纱厂生产了机床、齿轮等。但总的说来，这一时期的日本工业特别是重工业有着明显的军事烙印，尤其在机械、造船、钢铁等行业更是如此。据统计，1884年陆军省所属军工企业的职工人数是工部省所属工厂人数的9倍,马力则是3.5倍,很多民用工业都直接或间接地依存于军事订货。

军工的发展,归根结底是为了军队的扩张。1873年1月,明治政府颁布"征兵令",取消武士的军事特权而改从平民中征集兵员以建立一支常备军,这也是日本实行义务兵役制的开始。明治维新初期,日方先采用法国、后采用德国兵制打造本国陆军,海军则采用英国军制,武器装备倒是英美德法各国都有,唯独军服是法式的(羽毛、帽缨、纽扣之类零碎很多的那种,华而不实)。之后,日本又仿效欧洲的现役、预备役、后备役制度设立常备军、第一后备军(战时补充兵力,每年回营集训一次)、第二后备军(全国总动员时的预备兵力),通过这种方式,战时可用的潜在兵力膨胀了两到三倍。

1882年朝鲜"壬午兵变"后,日本陆军计划在3年内扩至28个步兵联队、7个骑兵大队、7个野战炮兵联队、7个工兵大队、7个辎重兵大队和1个联队的屯田兵(即最早的7个常备师团)。1884年,在朝鲜"甲申政变"失利后,日军再度改革军制并建立起具备紧急应战和快速扩张能力的征兵体制,其中将全国分为7个军管区(平时为师团),各军管区置镇台,师管区置营所,与府县相对应,以维持其管区内的治安并承担守备计划、军队管理、壮丁征募等工作。1886年11月,日本制定《警备队条例》并在对马海峡设置警备队。1890年,日本军队改革完成,陆军拥有7个师团,现役兵5.3万人,后备军25.6万人,军队完全近代化。至于海军方面,也同样不甘落后,后叙。

日本军备与军队的扩张,其关键还在于财政的优先保障。正如戴季陶说的,日本统制分配的基础完全是根据军国的利害(需要)而不是国民经济的利害,"分配的实际,是把军费作为主要的目的,其他一切政费,都不过是剩余分配的地位"。从数字上看,在19世纪80年代,日本军费通常占到财政支出的1/4,其中1890年为2045万日元,1892年后因为其加速购舰、造舰,军费迅速攀升为3455万日元,接近其财政支出的30%。

军制方面,日本于1869年2月改革官制,设兵部省统辖陆海军军务。3年后,兵部省被陆军省和海军省取代。1878年12月,陆军省参谋局被改组并扩大为单独的参谋本部，统管陆军军令、侦查、参谋等事务。1893年，日本设立军令部，此为海军军令机关。同年，设教育总监，负责陆军的教育训练。以上5个军事机构（即陆军省、海军省、参谋本部、军令部、教育总监）均直属天皇，统称"日本军部"。

军部是日本天皇制国家的中心支柱，其成员主要为倒幕起家的原萨摩、长州两藩藩士所形成的"萨长派"军政官僚，而其中又有藩阀之别，大体而言，原萨摩藩士控制海军，原长州藩士控制陆军。在陆海军关系上，两者是并列的（即使设立战时大本营也是如此），不过前者起主导作用。其中，参谋总长、教育总监和陆军大臣被称为"陆军三长官"，后来又形成惯例，后继内阁的陆军大臣须由三长官推荐，否则内阁即无法成立。

日本民权主义者中江兆民曾说，明治时期（乃至二战前）的日本政治结构是"一身多头的怪物"，其多头分权、相互牵制，但又权力偏重（军事），制约失衡。总体来看，日本天皇总揽统治权，内阁为行政机构，对天皇负责，但总理大臣没有统辖各大臣的权力，各大臣也无连带责任而直接对天皇负责。内阁也不掌握军令权，但凡军队调动、作战的军令事项，内阁无权干涉而由军令机关（参谋本部和军令部）上奏天皇裁决后，直接下达内阁的陆、海军大臣，责令执行。

在此机制下，议会权力之小自不必说，内阁也是残缺不全，十分脆弱，唯独军方力量十分强大，只要陆、海军大臣辞职，内阁即告垮台；军方不推荐陆、海军大臣，新内阁就无法成立。由此，军部可以操纵内阁却不受任何约束（除了天皇），其唯一有求于内阁、议会的，只是要求拨给扩军与作战的经费，就算后者反对，军部也可以搞垮内阁相威胁（让陆、海军大臣辞职），或利用天皇权威迫使其让步。如果以上方法还办不到，军部往往通过挑起战争，以"帷幄上奏权"获得天皇批准来迫使内阁议会承认既定事实（如之后"九一八事变"等）。

由此，日本实际上成了"二重政府""二重外交"，内阁是一套，军部另搞一套，而且通常是军部牵着内阁的鼻子走。从某种意义上说，日本军部的特权地位与其军国主义传统是一致的，其有意让议会无力、内阁偏瘫，以实现其"与万国对峙"的立国目标。反观当时的清廷体制，名义上专制集权，实际上是"大社会，小政府"，不但集权有限、财力有限，行政及各方面能力都极为有限，徒有大国之名，而这也是清末新政及后来统治者极力加强中央集权以挽救国家危亡的基本政治逻辑。

军部之外，日本还有两类能左右政局的力量，一是枢密院，二是所谓"元老"。枢密院成立于1888年，其枢密顾问官均由天皇任命，通常为40岁以上、长期效力而忠心不贰的文武臣僚。按明治宪法规定，枢密院为天皇的最高顾问府，有关宪法的草拟和解释、戒严令的发布及对外条约等重大问题的咨询，均由其负责。此外，国会通过的决议，也必须交其审议同意。枢密院开会时，天皇往往会亲临听政，但只听不言，并通常按枢密院意见做出裁决。可见，枢密院名义上是咨询机构，实际上是超越于内阁、议会之上的官僚大本营。

此外，1889年后由天皇敕封的所谓"元老"，也是不容忽视的政治力量。这些人都是明治维新的元勋，如山县有朋、伊藤博文、井上馨、桂太郎、黑田清隆、西乡从道、大山岩、松方正义、西园寺公望等，他们的职责是发生内阁更迭时，负责向天皇推荐后继的总理大臣。从这个意义上说，内阁政治即为元老政治。另外，专门掌管皇室事务的宫内省，其所设内大臣作为天皇身边的亲近顾问，对政局的影响也很大。

以上分析可以看出，日本政治以军事为重心，而军部的核心与灵魂实为日本天皇。众所周知，倒幕前的日本天皇形同隐退，当权者为弥补这一缺陷而在明治维新后使用各种手段对天皇进行神化，如推行神道国教化，即把天照大神编述为日本国祖，天皇是天照大神的后裔，自开天辟地即为日本之主；一尺地，一个人民，皆为天皇之所有；再如，让天皇走出玉帘，巡幸各地；诸如此类，乐此不疲。

为了神化天皇，日本统治者还厉行"忠君爱国"的洗脑教育。曾任内阁总理大臣的山县有朋就非常热衷教育敕语，他曾赤裸裸地表示，要想在战争中取胜，"第一是军备，第二是教育"。而所谓"敕语"教育，即每逢庆祝日、大祭日等典礼，学校的全体师生都必须对天皇、皇后的御影鞠躬行礼，山呼万岁，之后由校长奉读"敕语",全体人员必须低头毕恭毕敬地加以聆听。仪式中,又奏响歌颂天皇统治千秋万代的《君之代》歌,以制造浓厚的宗教氛围。如此反复洗脑,国民无不入其彀中。此外,对军人的洗脑更加严格,他在军队中一再强调"军人以尽忠节为本分",应"不惑于舆论,不干预政治",行奴隶之忠诚,这也是日本军人在战败时拒不投降而常剖腹以谢天皇的缘故。

最后,有必要提一下1889年日本颁布的所谓《明治宪法》。明治维新之初,岩仓具视考察团即认为欧美政治制度不适合日本国情,如大久保利通说的,民主政体可在美国、瑞士等国实行,但对"习惯旧习,盲崇宿弊之国民"则不适用;木户孝允也认为,日本"未达到文明之化","故不得不暂由君主专断,求民意之合作,以逐渐步入文明"。

考察团到达德国后,认为其情况"与日本酷似",木户孝允即断言,日本立宪"尤当取者,当以普鲁士第一"。德国模式引起木户孝允等人的注意并不奇怪,因为当时的普鲁士先后击败丹麦、奥地利和法国,通过战争完成国家统一后成了欧洲首屈一指的工业强国。而且,德国宪法规定德皇拥有无上大权,只是一个"以议会粉饰门面、按官僚制度组织并以警察来保卫的军事专制国家"。此外,德国的军国主义传统与日本也颇为接近,容克贵族与武士阶层有相通之处。1882年,伊藤博文再次率考察团赴德国考察宪法,柏林大学法学专家格奈斯特献议日本尽力缩小议会权限而加强君权与行政权。最终,日本决定参照普鲁士制定日本宪法,开"立宪"制度。

1889年2月11日,明治政府颁布《大日本帝国宪法》,其中规定"天皇乃国家之元首,总揽统治权",集行政、立法、司法和军事统帅权于一身。颇值得玩味的是,日本国民当天被要求热烈庆祝,但事前没有一个人知道宪法究竟是什么内容。次年,日本成立国会,其中又分贵族院和众议院两院,贵族院由皇族、华族和"敕任议员"组成;众议院由具备一定财产资格、年满25周岁的男子选举组成。日本国会的职责为审议预算、咨询和表决内阁决定（但内阁首相对天皇而不对议会负责），其召开、休会和解散均由天皇决定。至于被称为"臣民"的日本国民，虽享有信仰、言论和集会等自由权利，但这些权利要在"法律的范围内""于不妨碍安宁秩序之义务限度内"才能享有。

《明治宪法》的颁布标志着明治维新时期的终结，而由此建立起来的近代天皇制，实际上是神权专制与立宪主义相嫁接的国家体制。和德国一样，日本的所谓"立宪"，实际上是一种"伪宪政"。或者说，日本、德国只是"有宪法的国家"，但完全不是什么"宪政国家"。宪政国家的几个基本要素，如三权分立的制衡机制、"一切以法律为准绳"的法治精神、保障民众的基本权利等，日德两国无一符合。如果把日、德这种军国主义国家也称作是"民主宪政国家"，那几乎是民主的悲剧、宪政的坟墓和自由的灾难。

当然，随着欧风美雨的东来，明治时期的日本国民也不是没有追求过民主自由，但可悲的是，这些民权主义者后来大都成了国权主义者，并加入了支持对朝鲜与中国开战的大合唱。甲午战争爆发前，贵族院、众议院的议员们全体一致地通过战争预算案，并立即表决通过"征清案"。吊诡的是，日本议会可以为其他事吵闹不休，但战争问题上却是出奇的举国一致。除幸德秋水等极少数人外，其他如舆论界乃至教育、演艺界人士都是如此狂热，并一步步将国民引入战争旋涡。至于幸德秋水这些早期的自由主义者（同时也是社会主义者），则于1910年被明治政府借"大逆事件"给处死了。从这个角度来说，30年的明治维新，其实质就是日本的军国化过程，今日尚有人认为日本是靠制度、靠宪政才战胜中国的，那可真是南辕北辙，完全哭错了坟头。

日本开国之前，随同佩里访问日本的美国传教士卫三畏即认为："和中国人比起来，日本人给人的感觉是更加理性，精力也更加充沛。但是我觉得他们的生活并没有中国人那样舒适。他们的行动很不自由，也没有中国人那样有灵性。不过，与中国人相比，他们有着更强的进取心和好胜心。当这两个民族都认识到与别国进行交流的重要性以后，很可能日本人会在世界上为自己谋取到更高一些的地位。"

日本开国后，曾在长崎海军讲习所任教两年的荷兰教官卡廷迪克在其回国前也曾感叹说，这是一片美丽的土地，但今后将遭遇不可预知的灾难。他确信，他给这个国家带去的文明胜于日本原有的文明，但这种文明是否会带来幸福，却是一个未知数。如此问题，卡廷迪克不知道，明治时期的日本国民也不知道，但历史最终给出了它应有的答案。

日本这个国家，强盛之后，就马不停蹄地向它的邻居们，特别是处于晚清统治下的中国发难了。

北洋水兵闹长崎：未经实战先斗殴

1886年7月，北洋舰队提督丁汝昌及副提督、英国人琅威理率"定远""镇远""济远""威远""超勇""扬威"六舰前往朝鲜东海岸海面巡防操演。操练结束后，"超勇""扬威"两舰前往海参崴待命，以接回当时参加中俄吉林东界勘定谈判的官员吴大澂，而余下四舰，则在李鸿章的命令下，由丁汝昌率领前往日本长崎进行修理维护。

之所以要前往长崎，主要是因为当时旅顺军港尚未完工，而当时亚洲只有长崎才有供巨舰维修的大船坞。当然，由于最近的10年中，中日间因为琉球、朝鲜乃至台湾问题多有龃龉甚至悬案未结，李鸿章此次派出"定远""镇远"两巨舰前往日本，其中也不乏"震慑吓阻"之意。

"定远""镇远"为同级姊妹舰，由德国伏尔铿船厂制造，在1885年10月交付，两舰共费银340万两，当时号称"全球第一等铁甲舰"。铁甲舰在当时海军中的地位，就像今人眼中的航空母舰，而号称"亚洲第一巨舰"的"定远""镇远"舰，也确实非同凡响。二舰长94.5米、宽18米、吃水6米，正常排水量7220吨、满载排水量7670吨、动力为2座复合平卧式蒸汽机，8座圆式燃煤锅炉，功率6200马力，航速14.5节（"镇远"舰为7200匹马力，航速15.4节），续航能力4500海里/10节，装甲总重为1461吨，煤柜载煤量700吨，编制329至363人。

两舰的主要武器为：克虏伯305毫米后膛主炮4门，克虏伯150毫米后膛副炮2门，75毫米克虏伯舢板炮4门，37毫米五管哈乞开斯机关炮8门，57毫米、47毫米哈乞开斯机关炮各2门，14吋（现称英寸，1英寸=2.54厘米）鱼雷发射管3具。按《北洋海军章程》规定，该舰管带为总兵衔（北洋舰队的职级如下：提督、总兵、副将、参将、游击、都司、守备）。这两艘主力铁甲舰回国后，北洋舰队立刻鸟枪换炮，一举成为"远东第一舰队"。在1888年正式成军后，北洋舰队的世界排名升至前八。

8月1日，北洋四舰抵达长崎港，立刻在当地引发了轰动。在两艘威风凛凛的巨舰面前，前来观看的日本人见所未见，闻所未闻，心中的震撼是无法用言语表达的。可以想象，多数人的心情是复杂的，复杂到可以用"百味杂陈"来形容，那种"羡慕、恐惧、愤懑、嫉妒、仇恨、震惊、自惭形秽、怒火中烧"等的滋味，是相当的不是滋味。

日本人对中国的感情一向复杂而矛盾，原因是他们在历史上饱受中国文化的浸染，一向有"学生对老师"的心理，但近代以来特别是明治维新后，日本走上了"脱亚入欧"的道路，相比于故步自封的大清国，他们在心理上难免有傲视之意，但这次北洋舰队的来访，对他们的心理打击太大了。

日本原本也是闭关锁国的，像中国开放广州"十三行"一样，日本也只开放长崎作为贸易的窗口，因而中国人在长崎做生意已经有一定的历史。但是，这些被限制在一定地域的中国人常被日本警察所欺凌，这次北洋舰队的到来也算是给了他们一次扬眉吐气的机会。对此，日本警察也是看在眼里，恨在心里。

常年漂在海上、数月不见大陆的水手或者水兵，按国际惯例，上岸后总是喜欢胡闹的，北洋舰队的水兵们也不例外。或许是因为听了同胞的诉苦，或者是因为枯燥的海上生活引发的放纵，一些上岸醉酒的北洋水兵，"简直是横着身子走路"（日本人语），以至于日本警察也只能给他们让路。"我已侮彼，彼亦侮我"，双方的情绪对立日益严重。

8月13日，北洋舰队放假一天，水兵们便借机上岸购物，其中有几个水兵跑到当地的妓院，结果捅下大娄子。据说，当时因为妓院宾客盈门，生意好得不得了，这几个中国小伙在排队等候的时候，有个声称是贵宾（或是会员）的日本客人不经排队便径直入内，这下惹出事端。一番争执后，水兵们与妓院老板大打出手，砸坏了人家的玻璃和家具，结果把警察给招来。但北洋水兵人多势众，赶来平息事端的日本警察反被打成重伤。

当时情形比较混乱，《长崎快报》则是这样报道的："有一群带有醉意的水兵前往长崎一家妓馆寻乐，因为发生纠纷，馆主前往警察局报告。一日警至，已顺利将纠纷平静，但由于中国水兵不服，不久乃有6人前往派出所论理。非常激动，大吵大闹，引起冲突。日警1人旋被刺伤，而肇事的水兵也被拘捕，其他水兵则皆逃逸。"

总而言之，在当日的事件中，一名日本警察重伤，一名中国水兵轻伤，事情后来都交由中国驻长崎领事处理，但日本人在自己的国土上吃了亏，断然不会轻易咽下这口气。此事发生后，提督丁汝昌严饬水兵不许滋事，不许上岸，因而14日那天彼此相安无事，事态似乎得到了平息。但就在这看似平静的气氛里，15日却发生了一场更大规模的冲突。

15日下午，北洋水兵被许可上岸购物消遣，当天上岸的人数有四五百之多。这些人当时主要集中在华人街一带的餐馆或商店里，浑然不知危险已一步步在向他们靠近。傍晚时分，早有预谋的数百名日本警察、浪人将各街道两头堵住，突然持刀追杀那些在街上游逛的北洋水兵，混乱当中，一些当地的日本人也从楼上浇沸水、掷石块，有的甚至也拿着刀棍参与混战。

由于猝不及防，加上没有携带武器，北洋水兵们这次吃了大亏。事后统计，在这次冲突中，北洋水兵当场死亡5名（事后因重伤又死亡2名），40多人受伤；日本警察也被打死1名，受伤者30名，另外当地日本人也有多名负伤。

根据日方制作的《长崎港清舰水兵喧斗事件》的验伤报告，北洋水兵受刀伤的有37名，日方为14名，而双方撞伤与打伤的数字基本接近，前者双方各为6名；后者北洋水兵7名，日方9名。北洋水兵的刀伤，大多集中在背后，可见当日被追杀的情形。毫无疑问，这是一起赤裸裸的、有预谋的报复行动。

据《申报》驻长崎访事人（即记者）的报道分析，"华兵与日人启衅之由，盖……日本巡捕向来轻视华人"，13日的事件本不是什么大事，结果酿成一死一伤的冲突。日本人吃亏后，存报复之心，14日就暗中联络并集合了包括士兵和当地浪人在内的一二千人，并由日本警察局配发武器，图谋在次日对中国水手进行报复。

8月17日，驻日公使徐承祖向日本外务省发了一份照会，称："昨日我水手登岸，八点钟有日本巡查多人，近前挑衅；又有数百名，将各街巷之两头堵塞，逢兵便砍；并有日民千余，各持兵刃乱杀……日本人预存害心，千数百人以刀砍，又于沿街楼上，泼滚水，掷石块，我兵无预防，散于各街头，购物者皆徒手，故吃大亏……"

对此，日本外务省诡辩道："本月十三日夜，支那水兵对我人民逞凶，我巡查迅速前往制止，支那水兵以刀砍伤我巡查，支那兵亦有微伤。十五日，支那水兵上岸，人数众多，至下午八时，突有一名支那兵，欲摘取巡逻于广马场巡查之制帽，此时，忽有百余名水兵纷然冲出，聚众殴打，遂打死巡查一名……近旁人民携带防身武器，冲向水兵，杀伤多名……"

日方的说法显然是不值一辩的，他们将责任推给连是谁都不知道的所谓日

"人民",用意在于掩盖那些策划并制造这场事件的日本警察,以免引起更严重的外交冲突。毕竟,警察是公职人员,而所谓"人民",这责任就不好追究了。

为防止事件升级和密谋外泄,日本外务省在22日成立了新闻检查科,命令长崎、大阪、兵库和其他府县的各家报刊在报道长崎事件时,必须事先交新闻检查科审稿,以禁止刊登辱骂中国的言辞与涉及机密的报道。

"武人好色,乃其天性,但能贪慕功名,自然就我绳尺",李鸿章在得知"长崎事件"后,一边给自己的北洋士兵护短,一边大为愤怒地召见了日本驻天津领事波多野,并不无威胁地说:"如今开启战端,并非难事。我兵船泊于贵国,舰体、枪炮坚不可摧,随时可以投入战斗"。而在之前,北洋舰队总教习琅威理也建议立刻对日本宣战,炮轰长崎作为报复。

事后,日方随即对冲绳和对马的战备情况进行调查,而冲绳县知事立刻带领几十名警察踏上归途(因中日间的"琉球案"仍旧悬而未决)。尽管一些日本好战分子大肆叫嚣,要求政府"不屈服于任何恫吓或压力",但毕竟底气是不足的。

当时的日本,虽说已经开始变法维新,但一个国家不可能在十来年间便完全改变,何况日本还是一个资源贫乏的国家。尽管日本人对"顽固保守"的中国报以蔑视,但中国毕竟是一个古老而庞大的帝国,这种历史带给他们的印象并不是那么容易抹去的。更重要的是,当时中国的国力及军力都是日本难以企及的,仅就海军而言,日本只有3艘3000吨级的铁甲舰,而北洋舰队光7000吨级的铁甲舰就有两艘,其他巡洋舰、炮舰、运输舰等,其数量和质量也远在日本之上。

但到最后,李鸿章和总理衙门还是冷静了下来,因为当时中法战争刚结束还不到一年,国家财政困难,一下也拿不出那么多钱来动员军队。如果因为"长崎事件"而向日本宣战,势必引发更大的国际冲突,而英法美德等国此时正虎视眈眈,中日两国毕竟一衣带水,当时的关系也没有后来的那样极端对立,开战于人于己都未必是一件好事。在这个前提下,中日双方最后还是决定以外交和法律的形式来解决这个问题。

在各国调停和外交折冲下,中日双方在半年后达成协议,称"争斗事件原为语言不通，彼此误解，遂致互斗死伤"；根据中日之前签订的《天津条约》，"两国司法部门根据本国法律，各自斟酌处办，互不干预"；最后，就各自的死伤者互给抚恤，日本赔付中国52500元（其中士官1名6000元，士兵7名31500元，致残6名15000元），中国赔给日本15500元（其中警部1名6000元，巡查1名4500元，致残2名500元），长崎医院的医疗救护费2700元由日方支付，这事算是和平了结，双方互让一步，彼此体面下台。

从赔款上来看，看似中国赢得了这场外交谈判，但如此重大的事件，只赔款不惩凶，也不追究背后的阴谋，显然日本占了便宜。事后，李鸿章也颇有些悻悻然地说："长崎之哄，发端甚微。初因小争，而倭遂潜谋报复，我兵不备，致陷机牙。观其未晚闭市，海岸藏艇，巡捕带刀，皆非向日所有，谓为挟嫌寻衅，彼复何辞？"

李鸿章派北洋四舰去长崎，确实有"炫耀武力"的意思，但令他没有想到的是，北洋舰队的两艘巨舰对日本人的民族心理产生了极大的刺激。经过这次事件，日本的反华仇华情绪反而进一步高涨，从军国主义分子到普通老百姓，都对北洋舰队充满了敌意。在他们看来，外国水兵喝醉了酒来本国滋事，最后竟然要本国赔款，这种愤恨和受辱感，自然很容易便被煽动了起来。

在这种情绪的感染下，"大力发展海军"成为日本国内的共识，"一定要打败'定远'"也成了日本海军的目标和口号。就连日本的小孩子，他们当时最流行的游戏，就是分成两组，一组扮成中国舰队，另一组扮成日本舰队，进行捕捉"定远""镇远"舰的战斗游戏。

日本的反华情绪在日本政府的鼓动下，很快变成了赶超北洋舰队的动力。"长崎事件"结案不过一月，明治天皇便颁发敕令："立国之务在海防，一日不可缓。"随后便以身作则，拨出内帑30万日元，作为海军的补助金。之后，明治天皇又发布敕谕，决定在其后6年中每年拨出30万日元，并从文武员的薪金中抽出1/10作为造舰费缴纳国库。首相伊藤博文也发表演说，呼吁国民捐款捐物，缩衣节食，为日本打造一支更为强大的海军。在这场献金热潮中，日本在半年之间便筹集了200多万日元，连天皇的老妈阿巴桑，也捐出了她仅有的两件首饰。

日本政府更是不顾财政困难，逐年增加海军经费并发行巨额公债，其数量几乎超过其财政收入的三成。譬如1886年，日本政府发行了1700万日元的海军公债，而在1889年，日本的海军军费已接近1000万日元。1888年后，日本开始了大规模购舰、造舰进程，6年间便添置军舰12艘，总计新添海军吨位近18000吨。到甲午战争前夕，日本海军主力舰总吨位已达到37000吨，大大超过了北洋舰队主力舰总吨位（不到30000吨）。而就在这6年间，北洋舰队未购一舰一炮，"排名前八"的辉煌，早已是明日黄花。

更要命的是，当时的世界海军军事技术日新月异，日本后来者居上，无论是订购还是自造的军舰，装备的都是最先进的设备和武器，其平均航速远超过北洋舰队，而军舰上大规模装备的速射炮，更是北洋舰队所不具备的。到甲午战争前夕，北洋舰队在总吨位、航速、火炮功能上均劣于日本舰队，这或许就是北洋舰队在这场"国运相搏"的战争中首败于丰岛、再败于黄海、三败于威海卫的原因。

清廷对北洋舰队的战略定位是"看家护院"，从来没有想过要用这支舰队去远洋作战，这种浅尝辄止的心态决定了北洋舰队最终的失败命运。正因为战略上的不重视，才有停止购舰的愚蠢短视之举，并最终酿成了割让大片国土、赔偿上亿两白银的恶果。最具讽刺的是，清廷拿得出赔偿的巨款，却拿不出继续发展海军的钱，可悲可叹。

巨金养虎终噬己：甲午赔款的来龙与去脉

甲午赔款通常认为是2亿两白银，外加赎辽费3000万两，但日方实际索赔情况远比2.3亿两要复杂得多。早在马关谈判前，日本国内就大造舆论甚至不惜造谣，说什么"据来自中国的可靠消息，中国议和大臣已接到谕旨，准备支付战争赔款5到7亿两白银，另外还准备了2000万两用以抚恤战死日军遗属"，云云。这些谣言流传之广，以致一些外国驻日使节都信以为真，如英国驻日公使楚恩迟即向外交大臣金伯利报告说，日本将向中国提出不少于5亿美元（折银6亿多两）的巨额赔款；俄国财政大臣维特也认为，日本将向中国索款20亿法郎（折银5亿两）。

这些传闻并非空穴来风，日本驻英公使青木周藏即致电外务大臣陆奥宗光，建议索款1亿英镑（折银6亿两），其中半为生金，半为银币，分10年偿清；主管日本财政的大藏大臣松方正义就更狠，他竭力主张索要赔款10亿两白银，恨不能一口将中国全部吞下。

但是，日方也得考虑清廷的承受能力，如索赔太狠，一方面会招致列强干涉，另一方面也可能会因此搞垮清廷，到时鸡飞蛋打，对日本也没什么好处。经周密的算计后，日本首相伊藤博文最终提出预案：向中国索款3亿两白银，首次交付1亿两，其后4年每年交付5000万两，年息5%。考虑到谈判过程的复杂性，日方又制定了另一个方案，即将索款降为2亿两。日本的谈判策略是，先力争第一方案；如行不通，即确保第二方案，决不再让步。

1895年4月，双方就赔款问题展开谈判，日本首先抛出第一方案，即清廷向日本赔偿军费3亿两白银；为确保到款，日军还须继续占领奉天和威海卫，"所有军队暂行占守一切需费，应由清国支办"。对此，李鸿章颇为吃惊，其在说帖中特别指出四点：第一，此次战争中国并非首先开衅之人，战端已开之后，中国亦并未侵占日本土地，论理似不当责令中国赔偿兵费，即使赔款亦只应算至光绪二十年十月二十五日中国认明朝鲜自主之日止，过此不应多索；第二，日本所拟索的军费，非中国财力所能承担，必须大加删减；第三，日本所得中国兵船、军械、军需，折价为数甚巨，自应从拟赔兵费中划出扣除；第四，限年赔费，复行计息，更属过重不公，亦难照办。

李鸿章的这一答复算是有理有节，但日方的态度却极为强蛮。4月6日，日方给李鸿章送去照会，盛气凌人地表示清国应对约案给予明确答复，不要拿国内情事来叹苦经，扯这些没用的，日方不感兴趣；"应知由于战争结果所要求之条款，自不能与在通常情况下谈判某事件相提并论。请中国全权大臣明确答复对全部或每条之诺与否"。

之后，李鸿章命李经方对日方提案提出一项修正案，其中将赔款减为1亿两白银，并不计利息。日方见后大为恼火，但考虑再三，最终还是决定抛出第二方案，即索赔2亿两。日方之所以如此，一则是要价太高会引起列强干涉；二是李鸿章的遇刺正受到国际舆论的抨击；三是通过破译中国使团与北京的来往电文，得知李鸿章不敢在第一方案上做主而可能罢议回国。为避免更多波折，尽快落袋为安，日方这才从3亿两退到了2亿两，但至此决不让步了。

19世纪是一个弱肉强食的时代，索取战争赔款也就成为国际惯例，如1871年普法战争后，法国被迫向普鲁士支付50亿法郎的战争赔偿。从这个意义上说，对外战争简直就等同于一项国际大买卖。事实上，战胜国对战败国索取高额赔款的恶习到一战后更是愈演愈烈，德国法西斯崛起并最终引发二战，与德国无法承受一战后的巨额赔款即有密切关联。当然，这是后话了。

既然是"买卖"，那就有个成本核算问题。通常来说，确定战争赔款数额的一个重要依据是战胜国在战争中的军费支出，如李鸿章指出的："日本所索赔款，既名为兵费，似即指此次用兵之费而言……其款既以兵费为名，即应查明用兵所费实数。"

那么，日本在这次战争中究竟支出了多少军费呢？根据日方的两项军事预算案（即1894年10月日本第七届临时议会通过的临时军事费1.5亿日元和募集军事公债1亿日元的决议），其军费支出大约在2.5亿日元（当时1日元约合白银0.72两，即1.8亿两白银）。

但是，如此估算并不准确，首先是1亿日元的公债并未全部售出，后据日方公布的结果，公债总共认购了7600万日元；其次，临时军费预算中的实际收入和实际支出也不能等同，按战后日本公布的临时军费决算结果，其实际收入款为2.25亿日元。如此，一些学者认为日本在甲午战争中的军费支出为2亿日元，似乎可以成立。

不过，历史学者、甲午战争研究专家戚其章先生认为，这一结论仍不准确，其理由是：日本军费收支决算包含了其对澎湖与台湾用兵的军费支出，而日本利用马关谈判之机抢先攻占澎湖，其用兵费用不应列入所应统计的军费支出之内；至于日本进攻台湾是在《马关条约》签订和换约之后，将其用兵费用作为这次战争的军费支出更是没有任何道理。由此，戚先生认为，日本从开战到马关议和时的军费支出必定要低于2亿日元这个数目。

事实上，李鸿章对日本的军费支出也有一个大体估计，他指出："查兵端未开之先，日本大藏省计存现洋三十兆元，中间计用多少作为兵费，外人虽未确知，今姑将全数作为兵费而论。迨兵端既开，日本复借国债洋一百五十兆元作为兵费……东京英字新报云：第一次国债洋一百五十兆元中，有五十兆元股票尚未销售，其八十兆元股票虽经售出而银洋究未收齐等语。此外尚有民间报效之数如大藏省存款、所借国债等项统共合算，日本与中国用兵之费迄今似必不能过一百五十兆之数。"换言之，李鸿章认为日本军费支出应在1.5亿日元以下，即折合白银1亿两，这也是清廷所能接受的赔款条件。

由于日方提出的赔款数额比中方的底线翻了一倍，李鸿章一时无法复命。经请示后，清廷一方面不允李鸿章回国，一方面又要求其勉力申说，务必在2亿两的基础上大幅削减。但正如日方所说，此时日本是战胜国，中国是战败国，一个战败国，在谈判桌上又能如何硬气？别说削减，就连李鸿章提出在第一次付款后余款不计利息的要求，也被日方严加拒绝。

4月11日，日方下最后通牒，限李鸿章在4日内做出最终答复。无奈之下，李鸿章只得电告国内请示办法，清廷对此也是束手无策，一筹莫展，最终只能答复说："前所谕各节（即要求勉力削减之令），原冀争得一分有一分之益。如竟无可商改，即遵前旨，与之定约。"谈判大局遂定。

4月15日下午，中日双方再次展开谈判，李鸿章仍做最后努力，但日方坚不松口。据陆奥宗光的回忆："李鸿章自到马关以来，从来没有像今天会晤这样不惜费尽唇舌进行辩论的……最初要求从赔款二万万两中削减五千万两，看见达不到目的，又要求减少二千万两，甚至最后竟向伊藤全权哀求，以此少许之减额，赠作回国的旅费（但是，这一切都未能感化日方）……会见的时间虽长，散会时已到上灯时间，而其结果，他唯有完全接受我方的要求。"

由于日方早已破译中方使馆的电报并对李鸿章与清廷的底牌一清二楚，由此，日方的坚不让步，几乎毫无悬念。陆奥宗光也在回忆录中得意地说，李鸿章在谈判中的举动，"如从其地位来说，不无失态，但可能是处于'争得一分有一分之益'的意思"。诚可谓"猫捉老鼠"的莫大讽刺。

按《马关条约》的规定，中国赔偿日本军费2亿两白银，分8次交清，第一次赔款交清后，其余未付之款要按年加5%的利息。另外，中国还需支付3000万两白银作为"赎辽费"；赔款交清前，日本在威海卫驻军的费用也由中国支付，每年50万两白银。

如此计算的话，从1895年到1902年，中国将向日本支付赔款及利息近2.5亿两白银。签字结束后，陆奥宗光即无比兴奋地说："在获得这个赔款以前，本国全部收入只有8000万日元，日本的财政官厅从未谈到过上亿元的大数字。现在，一想到有3.5亿日元的巨款滚滚而来，无论政府和个人，都觉得无比的富裕！国营也好，私营也好，各方面都因此实行了大大的扩张。"

根据《马关条约》的另约规定，中国若在3年内全数交清赔款的话可免付利息，已交利息也可扣除；由此，日本也将从威海卫撤兵并免去一笔驻军费。考虑到这笔赔款相当于清廷3年的财政收入，如在3年内交清赔款的话可以节省2100多万两利息及200万两威海驻军费。因此，清廷决定在1898年5月前将全部赔款还清，即分4次付清赔款而不是正约规定的8次。为此，清廷通过3次对外大借款，又蒙受了巨大的经济损失。

根据戚其章先生的研究，日方在库平银问题上大做文章，其中"库平实足"一项多得1325万两；此外，日方又要求中国在伦敦的银行用英镑支付赔款，"镑亏"一项日本又多得1494万两。加上战争期间掠夺的舰船、武器、弹药、机器及金银货币等，约为库平银8000万两。由此，日本通过这场战争共获得约3.4亿两白银（约合4.8亿日元），几乎相当于日本6年的财政收入。正因为如此，马关春帆楼（签署《马关条约》的地方）前有块石碑，上面就刻着这样一句话："今之国威之隆，实滥觞于甲午之役。"

那么，日本又是如何使用这笔巨额赔款的呢？主要有三个方面：大头是军费；小头是发展工业；剩余的2000万日元归入皇室私产，1000万日元用于备荒，1000万日元用作教育基金，1200万日元补助1898年度的一般支出。从这个意义上说，日本天皇之前的捐助可谓是一本万利，真真做了笔好"投资"！

甲午赔款对日本影响至深的是借此契机实行了金本位制。甲午战前，中日两国均实行银本位制，而欧美国家则实行的是金本位制。从1873年起，国际银价不断下跌，到1894年已经下跌了一半多，这使得日元（包括中国银两）处于不断的贬值与波动之中，对日本国内物价、国际贸易与引进外资等均产生不利影响。由于甲午赔款均用英镑支付，日本由此获得了约3800万英镑（存储于英格兰银行）。当时的英镑与黄金挂钩，是19世纪国际贸易中最为坚挺的货币，而早在1871年明治政府颁布《新货币条例》时，日本已打算采用金本位制，但一直因资金匮乏不能启动。在此契机下，日本用这笔英镑储备于1897年推行金本位制改革，由此迅速进入世界经济体系，并加速了国内的工业近代化和军事近代化进程。

以八幡制铁所为例，这是日本二战前最著名的钢铁生产基地，它在1897年开创时的1920万日元启动资金即来自甲午战争赔款。八幡制铁所1901年建成开工后，头年产出就占到日本生铁总产量的53%、钢总产量的83%，这既是日本钢铁国产化的开始，同时也大大推动了日本军事工业的飞速发展。备受诟病的日本扶桑社《新历史教科书》也承认，"与纺织等轻工业相比，重工业的发展较迟。而重工业的投资来自《下关条约》（日方对《马关条约》的称呼）的赔偿金。没有这些钢铁，就不可能有造船业的发展，日俄战争后造1万吨以上的船自然也不可能"，于是"日本也有了产业革命"。

甲午战争后，沙俄通过"三国干涉还辽"强占了中国的旅顺、大连，并将触角深入到朝鲜内部，几至于取代了原清廷在朝鲜的地位。对此，日本是恨得牙痒痒，发誓要报这一箭之仇。1896年后，日本开始了新一轮的扩军计划，其陆军由战前7个师团扩充为13个师团，平时兵力由5万人增至15万人，战时兵力由约20万人骤增至60万人；海军则在原有军舰31艘、鱼雷艇24艘的基础上，计划10年内增加舰艇92艘，其中战列舰、大巡洋舰各4艘。

事实上，日本海军在这10年中的发展比计划中还要更进一步。在海军大臣山本权兵卫的筹划下，日本舰队如变魔术般完成了"六六舰队"的配置。所谓"六六舰队"，即以6艘战列舰加6艘装甲巡洋舰为舰队核心的常备舰队，其中战列舰如"朝日"号等排水量均超过10000吨；6艘装甲巡洋舰"浅间"号等也都在9000吨级以上。这样一来，俘获的7000吨级的"镇远"号简直就不值一提而被划入了二线舰艇。

据事后统计，日本对中国甲午赔款的使用分配如下：62.8%用作军备扩张，21.9%用作临时军费，其余部分作用皇家费用和教育等基金。换言之，与军备有关的开支占到了全部赔款额的85%左右，而从1896年到1902年，日本的陆海军扩张费中陆军为5400余万日元，海军为12500余万日元，两项合计17900余万日元，基本接近于日本向中国多索取的军费。很难想象，日本如果没有这部分赔款的话，如何能在短短十年内迅速壮大其军事实力，并最终在1904年一举击败俄国。

更可怕的还不止于此。日俄战争后，日本军事工业再度飞跃式发展，制造能力成倍增长。之前，日本钢炮完全依赖进口，八幡制铁所急速发展后，日本在1910年后枪炮基本实现自给；而海军造舰方面更是取得惊人的进步，1907年海军吴工厂建成排水量13750吨的巡洋舰"筑波"号，1910年横须贺海军造船厂建成19350吨的"萨摩"号。1911年向英国订造最先进的超级无畏巡洋舰"金刚"号（27500吨）后，日本于3年后即仿造了同类型的军舰3艘。此后，日本不再向外国订造大型军舰。

从这个意义上说，日本军事工业的发展与强盛，为日本迈向军事强国奠定了坚实的基础，而要追根溯源的话，无疑与甲午战争及其赔款有着密切的关联。正是通过甲午年的这场战争，由于清廷的失败，日本军国主义才尝到了对外扩张的甜头并由此一发而不可收，最终将亚洲各国及本国拖入了漫长的战争深渊，并给各国人民及本国民众带来了无尽的灾难。如果说要反思的话，还有什么比这个更重要的呢？

第二章 思变的时刻

伤心到盖棺：变法为何先罢我翁同龢

戊戌年十月廿一日，已回常熟老家的帝师翁同龢突然收到清廷发出的一道上谕，其中谴责他在戊戌年密保康有为："前令其开缺回籍，实不足以蔽辜，翁同龢著革职，永不叙用，交地方官严加管束。"如此，变法之初即已被罢回籍的翁师傅被再次追加处罚，由"罢职"改为了"革职"，而且是"永不叙用"！

翁同龢，字叔平，号松禅，咸丰六年（1856）一甲一名状元，同治、光绪两朝帝师，官至协办大学士、户部尚书，参预机务多年。

从时间线索看，翁同龢与康有为的交往曲线并不顺滑。在其日记中，翁同龢第一次提到康有为是在光绪十四年（1884）十月十三日，其中称："南海布衣康祖诒上书于我，意欲一见，拒之。"可见其对康有为颇有戒心。

同年十月廿七日，翁同龢再次在日记中提到康有为，称国子监祭酒盛昱携康有为上书来见，欲请上递，但见其中言辞太讦直，"无益，只生衅耳，决计复谢之"。

翁同龢第一次见到康有为的著作为光绪二十年（1891），当年康有为与弟子梁启超来京会试，此科张謇高中状元而康梁双双落榜。

值得注意的是，翁同龢在当年五月二日日记中记道："看康长素《新学伪经考》，以为刘歆古文无一无伪，窜乱六经，而郑康成以下皆为所惑云云，真说经家一野狼也，惊诧不已。"

康有为的《新学伪经考》《孔子改制考》之类，在晚清学界争议颇大，为主流所不容，如张之洞斥责康说为伪学、野狐禅（禅宗对一些妄称开悟而流入邪僻者的讥刺语），而翁同龢更是将之升级为"野狼禅"，并为之惊诧不已。

然而，在甲午战败后，康有为的变法主张开始得到一定的呼应，而其发起的公车上书、反对议和、组织强学会等，均得到翁同龢的背后支持。

事实上，在戊戌年时，康有为不过是个小小的工部主事，六品小京官，可谓人微言轻。而将康有为推到光绪面前的不是别人，正是翁同龢。

当然，关于这段故事，翁同龢在日记中有意加以删削，但康有为这边的记载却清楚地证明翁同龢曾屈尊拜访，这才使本已决议出京的康有为继续留京，由此引发了变法大事。

据《新世说》中云，戊戌年时，光绪皇帝奋发自强，欲求人才。某日，他问师傅翁同龢："卿自谓何如康长素？"翁答："康之才胜臣百倍。"

由此，光绪皇帝决定召见康有为。但是，恭亲王奕䜣认为这不合祖制（召见须四品官以上）而极力反对，最后才折中为总理衙门大臣集体召见康有为，然后将谈话内容上报。

戊戌年正月初三日参与接见后，翁同龢在当天日记中记载说："传康有为到署，高谈时局，以变法为主，立制度局、新政局、练民兵、开铁路、广借洋债数大端，狂甚。"

大概看到主流派官员对康有为的反对态度，或者因为这次接见加强了对康有为的恶感，翁同龢对康有为的态度开始发生转变。

而在这一时期，光绪皇帝对康有为却越来越重视，后者呈递了第六次上皇帝书（即《应诏统筹全局折》），还送了两本变法参考书：《日本变政考》和《俄彼得变政记》。

三月上旬，光绪将这两本书转给慈禧太后"慈览"，以争取老太后的支持。同时，光绪又令翁同龢再让康有为进书。然而，翁同龢这次却拒绝了光绪的指示。

在当年四月初七日的日记中，翁同龢做如下记载："上命臣索康有为所进书，令再写一份递进，臣对与康不往来。上问何也？对以此人居心叵测。曰：'前此何以不说？'对：'臣近见其《孔子改制考》始知之'。"

再看四月初八日日记："上又问康书，臣对如昨。上发怒诘责，臣对传总署令进。上不允，必欲臣诣张荫桓传之。臣曰："张某日日进见，何不面谕。"上仍不允，退而传知张，张正在园寓也。

两则日记的大意是，翁同龢之前向光绪引介了康有为，但这时却说与康有为并不往来。光绪惊问其故，翁说康居心叵测。光绪质问其此前为何不说，翁称：近日见了康有为的《孔子改制考》才知道。托古改制，京中士人皆鄙之。

次日，光绪不依不饶，仍问翁老师要康有为的书。翁夫子的犟脾气上来，说这事让总理衙门办。光绪让翁师傅转告张荫桓，让张来转呈。而翁夫子仍旧抵制，说张荫桓天天进见，让皇帝自己跟他说，但光绪坚持要翁同龢转呈，翁无奈只好答应。

翁同龢为何会对康有为的态度发生180度大转弯？或许，在学术上、政见上和个人观感上，翁同龢都认识到康有为这个人有问题吧！

或许，在翁师傅看来，康有为引己以自重，如此汲汲于声名，不过是想借以攀爬到更高的平台上去猎获更多的荣华富贵吧！

然而，这一切都已经晚了。翁同龢与光绪皇帝这位教了二十多年的弟子顶牛的结果，是自己出局了。

当年四月二十七日（6月15日），就在光绪皇帝下《明定国是诏》、宣布变法维新的第四天，翁同龢被罢回籍，而就在之后第二天，光绪即召见康有为。

说起翁同龢人生的转折点，还得从光绪二十四年四月二十七日（6月15日）那天说起。

那一天，是光绪皇帝下诏变法的第四天；那一天，是翁师傅六十九岁的生日;那一天,久旱而初雨,"帘外雨潺潺",是个好兆头。

然而,令翁同龢没有想到的是,这一天却成为他人生轨迹发生大逆转的日子。

像往常一样,翁同龢和其他军机大臣早早地来到颐和园朝房外等候召见。没多久,中官太监即传诸大臣入见,但正当翁同龢也要起身时,奉旨太监却又交代了一句:"翁大人留步!"

此言即出,其他大臣不免面面相觑,翁同龢更是备感诧异,但也只能看着其他大臣鱼贯而入,自己仍等候在原地。

据其当晚日记:"同人入,余独坐听雨,检点官事五匣,交苏拉英海。"

独坐听雨原本是雅致休憩之事,但在宦海沉浮数十年的翁同龢已经隐隐觉得事情有些不对,天威不测,或许即将要发生什么大事。

果然,在被召见的大臣退出后,御前太监向翁同龢宣读了一份上谕:

协办大学士、户部尚书翁同龢近来办事多未允协,以至众论不服,屡经有人参奏,且每于召对时,咨询事件,任意可否,喜怒见于词色,渐露揽权狂悖情状,断难胜枢机之任。本应查明究办,予以重惩,姑念其在毓庆宫行走有年,不忍遽加严谴。翁同龢着即开缺回籍,以示保全。

上谕读罢,翁同龢有如五雷轰顶,陷于茫然失措之中。而在当天,清廷还宣布两项人事调整:

一、直隶总督兼北洋大臣王文韶迅速来京陛见,原福州将军裕禄即行来京。

二、协办大学士兼总理衙门大臣荣禄署理直隶总督兼北洋大臣。

可以看出,这两项人事调整与翁同龢开缺回籍相辅相成,其担任的军机大臣、协办大学士、总理衙门大臣、户部尚书均被开缺,由王文韶等人分别接任。

值得注意的是,就在前一天正午,翁同龢向慈禧太后请安时,后者还关心地问了一句"远来饭否",并让翁"且下去饭"。而第二天,即有"开缺"之谕。

很显然,就在这一天的下午,光绪皇帝已经和慈禧太后达成一致:将翁同龢赶出朝廷。最起码,慈禧太后并未对此表示异议。

被开缺后,因为次日还需谢恩,翁同龢当夜仍留宿颐和园。据其日记,刚毅、钱应溥、廖寿恒三位军机大臣都来与其长谈许久，大意是开导他不要太过难过吧！

从光绪二年（1876）开蒙到光绪二十三年（1897）毓庆宫书房裁撤，翁同龢做光绪的师傅一做就是22年之久。期间，除请病假和回乡修墓外，翁同龢几乎没有离开过光绪，两人感情很深，说是情同父子，亦不为过。

然而，宣布变法仅4天，翁同龢即被驱逐回籍，这又是为何呢？

关于这个问题，通常的说法是慈禧太后为阻挠变法而剪除光绪皇帝的羽翼，由此将翁同龢赶走。如梁启超在《戊戌政变记》中说的："自四月初十以后，皇上日与翁同龢谋改革之事，西太后日与荣禄谋废立之事。四月廿三日皇上下诏誓行改革，廿五日下诏命康有为等于廿八日觐见，而廿七日西后忽将出一朱谕强令皇上宣布……皇上见此诏，战栗变色，无可如何。翁同龢一去，皇上之股肱顿失也。"

再如苏继祖在《清廷戊戌朝变记》中说的："皇上奉此谕后，惊魂万里，涕泪千行，竟日不食，左右近臣告人曰：'可笑皇上必叫老翁下了镇物了。'"

类似的记载给人的印象是，是慈禧太后强迫光绪皇帝将翁师傅罢斥回籍，意在削弱光绪的力量，为之后的政变预埋伏笔。

也有人说，翁同龢被罢黜，和恭亲王奕䜣临终前的遗言有关。当年四月初十日（1898年5月29日），恭亲王奕䜣因病去世。

临终前，前去探望的光绪皇帝问："朝中人物，谁堪大用？"

恭亲王以李鸿章、张之洞、荣禄对。

光绪又问："翁同龢如何？"

听了这话，恭亲王挣扎着起身，并大声道："是所谓聚九州之铁，不能铸此错也！"

所谓"人之将死，其言也善"，奕䜣临终前说的这段话，恐怕给光绪和慈禧太后留下了极为深刻的印象，这也为翁同龢的被罢埋下了伏笔。

近年来，随着史学研究的深入，也有学者认为翁同龢的被罢黜，很可能是光绪皇帝本人的意思。

如清史学者孔祥吉即认为,是光绪皇帝罢了翁同龢,其理由是:根据中国第一历史档案馆所藏的档案,这道罢黜令系皇帝亲笔朱谕,而非有重大事件,光绪是不会亲自书写朱谕的。换言之,是翁同龢苦心孤诣教了20多年的学生,因为对老师严重不满而导致其下岗。提出类似看法的,还包括为翁同龢作传的台湾史家高阳等。

值得注意的是,在颁发开缺上谕后,光绪皇帝即有意回避与翁同龢见面,以免双方尴尬。据翁同龢在第二天的日记记载:"午正,二驾出,余急趋赴宫门,在道右叩头。上回顾无言,臣亦黯然如梦。"

回顾而无言,翁同龢与光绪皇帝都没想到的是,这竟然是这对师徒所见的最后一面。

当日傍晚,光绪皇帝命南书房王太监给翁师傅送去纱葛(端阳节例赏),此外仍"无言"。

以上种种,说明光绪皇帝并没有其他隐情须向翁师傅表白,他不想与翁同龢见面,当然也不会给翁同龢任何表白的机会。

也有人说,光绪皇帝罢黜翁同龢是因为后者多次触怒皇帝,而且翁同龢还反对光绪的变法。如当时光绪所宠幸的大臣、户部左侍郎张荫桓在与日本公使矢野文雄的谈话中即认为:翁同龢被开缺的原因很多,其中包括甲午主战而导致国家多灾多难,而他又难于应对这种变局;在朝廷内部,翁同龢被认为专横跋扈,诋毁他的人很多;在接见外国使臣等方面,翁同龢一直与光绪相左,如其反对光绪与德国亨利亲王行握手礼,不愿出席光绪接见外国使臣的仪式;等等。

此外,在甲午后举借外债问题上,翁同龢应对无策,办理昭信股票又弊端重重;再如1897年胶州湾事件中,翁同龢时而软弱,时而强硬,引起慈禧太后及相关大臣们的不满。由此,翁同龢成为众矢之的,并引起朝内外一些官员的上书弹劾。[1]

从翁同龢在戊戌年的日记来看,其触怒光绪皇帝非但确有其事,而且君臣矛盾非同一般。

---

[1] 高阳:《翁同龢传》,中国友谊出版公司,1999年版,第275、301、304、310页。

如"胶州湾事件"后，光绪皇帝指派身为总理衙门大臣的翁同龢前往德国使馆谈判而翁坚拒，说"此举无益"，又称"未敢奉诏"，其态度之固执，令同僚为之惊讶。翁亦在日记中自云："同人讶余之憨。"数日后，光绪再次催促而翁仍"顿首力辞"。无奈之下，最终改派李鸿章和张荫桓前往。

再如1898年4月德国亨利亲王访问北京时，光绪皇帝准备在毓庆宫接见并批准其乘轿进入东华门，但此举遭到翁同龢的反对，以致引得光绪皇帝"盛怒"而逐条驳斥。

同年6月12日，因为接见外国使节与保举张荫桓的问题，翁同龢再次与光绪皇帝发生冲突。如其日记记载："上欲于宫内见外使，臣以为不可，颇被诘责。又以张荫桓被劾，疑臣与彼有隙，欲臣推重力保之，臣据理力陈，不敢阿附也。语特长，不悉记，三刻退。触几有声，足益弱矣，到馆小憩。"

除了不肯保举张荫桓外，翁同龢同样反对光绪过度接近康有为，而后者正是他自己引见给光绪皇帝的。如此，在光绪的眼中，翁师傅已成为维新变法的障碍。

事实上，翁同龢此时对自己的定位也十分尴尬：在康梁等激进派眼里，他太保守（其被罢黜后，康有为及其他维新党均未做任何表示）；而在保守派眼里，他又与激进派走得太近，有引狼入室的嫌疑。

翁同龢被罢黜应不是因为他支持光绪皇帝变法而被慈禧太后剪去羽翼，这从光绪皇帝在之后的一系列举动即可看出：就在他被罢的第二天，光绪皇帝即召见康有为，并随即颁发了一系列变法上谕而没有任何的避讳。

在当时的外国公使圈中，翁同龢被罢似乎也不是一件坏事。如美国驻天津领事即在报告中写道：（翁同龢）一直身居要职且深得皇帝宠信，其人相当诚实，心地善良，但极端排外，是顽固派中的顽固派。

英国驻华公使窦纳乐也说，翁同龢是守旧派，一向以不变应万变，以此反抗革新及进步；其思想极端保守和落伍，只是在个人修养方面颇有学者风度，受人尊敬，是"一位守旧的中国政治家最优美的典型"。窦纳乐认为，翁同龢的出局为中国的改革扫除了一个坚定的保守派。

海关总税务司赫德评价说,翁同龢被开缺回籍是一件意味深长的事件,它意味着中国政府对过于守旧政策的放弃。在他看来,翁同龢的如此结局让人感到遗憾又惋惜,但值得庆幸的是,中国终于放弃了过于守旧的内外政策。

光绪二十四年五月十三日(1898年6月15日),翁同龢离开京城。这一次,他坐的是火车,而且是生平第一次坐火车。

到达马家堡车站时,前来送行的门生包括黄绍曾、于是枚、何乃莹、张謇、刘树屏等四五十人,这也还算风光了。

次日到天津,袁世凯专函厚赠,翁同龢在日记中称:"却之,恐为荣禄所使也。"

到上海后,上海道公服来见,令翁同龢颇为欣慰。到老家常熟后,地方官自然对这位两朝帝师极为尊敬,地方上的各种事务也都要一一请教,俨然一衣锦还乡的官宦大佬。

然而,这一切在当年十月廿一日后戛然而止。这一天,清廷掷下上谕,曰:

翁同龢授读以来,辅导无方,往往巧藉事端,刺探朕意。至甲午年中东之役,信口侈陈,任意怂恿。办理诸务,种种乖谬,以致不可收拾。今春力陈变法,密保康有为,谓其才胜伊十倍,意在举国以听。翁同龢滥保非人,已属罪无可逭。其余陈奏重大事件,朕间有驳诘,翁同龢辄怫然不悦,恫吓要挟,无所不至,词色甚为狂悖。其跋扈情形,事后追维,深堪痛恨!前令其开缺回籍,实不足以蔽辜,翁同龢著革职,永不叙用,交地方官严加管束。不准滋生事端,以为大臣居心险诈者戒。

翁同龢原本只是开缺,并非处罚,但这次升级为革职,而且永不叙用,这就是将甲午主战和百日维新的旧账一起算了。最末,还得"交地方官严加管束",人身自由受到了限制。

当然,和最后的那个词相比,革职、管束之类都不算什么,"居心险诈"这四个字恐怕才是最令翁同龢痛心的吧！

没想到啊没想到，自己为两代帝王辛苦授读了几十年，没有功劳也有苦劳，居然落得"居心险诈"这样的评价！

此时的翁同龢，其心情该用心如死灰来形容吧？

之后，翁同龢开始了他半隐居的庐墓生活，他平日端坐在家，通常以观帖写字消遣，不过，一般亲友持纸求书者多不应，唯与其外甥俞钟銮，知友费西蠡、吴鸿纶等时通往来。

得意时使人畏，失意时必万人捶。

据说，当时还有这样一个笑话：

常熟某朱姓县令在翁同龢初回之时求书未得，待"管束"令下后，便常至翁宅查看，每至必严讯门仆查问翁的起居行动，并谓之"公事公办，不得不然"。

翁同龢得知后，怒而书写每日情况汇报，曰："翁同龢某月某日需往后院厕所出恭，请老父台核示！"又写"翁同龢某晚需洗脚，请老父台驾临看管"云云，以泄其愤。

孰料，朱县令得此后大喜过望，他将翁同龢亲笔所书用白绫裱成条幅悬挂于花厅上，凡出入县衙者必见之。后有人将之告诉于翁，翁窘甚，只得遣人向朱县令要求收回。

见到来人后，朱县令却说："此乃当今相国所书，来之不易，碍难从命！"翁同龢没办法，只得再派人去请求，朱县令自打圆场说："中堂若必欲收回，须另书屏对十幅以易之。"

无奈之下，翁同龢只得书一屏一对交换收回原笺。

当然，以上只是逸闻，当不得真，无非"虎落平阳被犬欺"之意罢了。

翁同龢生平习儒学，也参悟禅理，遂号松禅，晚年后又自称瓶隐、瓶庐居士，亦不知是何寓意，或为"在松树下、于瓶中居"之意乎？

闭居乡里的这段日子，翁同龢在日记中反复写下两个字"闷坐"，其临终前最后一纸致其外甥俞钟銮的手札中亦云："闷坐，欲借定慧禅师碑一阅，乞付去人!"

北望朝阙,终无一语,其内心之苦闷,可想而知。

更令其郁闷的是,李鸿章本是同他做了一辈子的老对头,临了却被人写了一副流传甚广的对联,曰:

宰相合肥天下瘦;

司农常熟世间荒!

可事实上,李鸿章家族确实很"肥",可翁同龢被革职回乡后,仅余两千两白银度此余年罢了。

1904年7月4日,翁同龢在抑郁苦闷中去世,年75岁。临终前,其口占一绝:

六十年中事,伤心到盖棺。

不将两行泪,轻向汝曹弹。

短短四句话,道尽了这位两朝帝师大起大落的宦海沉浮和难以解脱的无限忧伤,而要是他地下有知的话,他还会感到更加的郁闷:他死后居然没有获得谥号!

据戊戌年大出风头的原礼部主事王照称,光绪皇帝对甲午年主战深感痛悔,并由此迁怒翁氏,"及翁之死,庆王为之请恤,上甚怒,历数翁误国之罪,首举甲午之战,次举割青岛。太后不语,庆王不敢再言,故翁无恤典"。

直到宣统朝,地方官请求为翁同龢复职,后获赠谥号"文恭"。

翁同龢生前,有刻薄的人讽其"满面忧国忧民,满口假仁假义,满腹多忌多疑,满身无才无识"。这话当然说得有些过分。

事实上,翁同龢乃一"太平宰相",其有安分守礼之才而乏应急济变之能,而究其原因,恐怕也是他一生科举、仕途太过顺利,缺乏基层工作经验而不知人情世故、民间疾苦吧。

毁誉参半康有为：想当"圣人"不容易

清人苏继祖在《清廷戊戌朝变记》中记载了这样一件事，说戊戌年四月康有为被光绪皇帝召见，当日在朝房候见的还有权臣荣禄，后者遂问康有为："以子之槃槃大才，亦将有补救时局之术否？"

康有为以非变法不可对。荣禄说："固知法当变也，但一二百年之成法，一旦能遽变乎？"康有为忿然道："杀几个一品大员，法既变矣！"

事后，荣禄深怒康有为狂悖，已有必杀之心，他请训出京时，即请太后注意，此亦变法失败之初萌。

在电视剧《走向共和》里，康有为这一惊人之语被编入剧情，这影响面应该说不小了。那么，康有为和荣禄的对话是否真的存在？康有为又是否真的说了这句话呢？

《清廷戊戌朝变记》作者苏继祖系四川江油人，拔贡出身，后选任为甘肃敦煌县教谕，其原配亡故后，续娶杨锐长女为妻，后者荐其至张之洞湖北督署幕府。杨锐遇难后，举家返乡闲居。以苏继祖在戊戌年的身份关系，这一情节究竟从何处听说，似乎亦非完全凭空杜撰，或有几分可信之处？

查戊戌年四月二十八日（6月16日）军机处档案，康有为与荣禄同日被召见确有其事，记载如下：

内务府、国子监、厢红旗值日。翁中堂开缺回籍谢恩。荣中堂谢署理直隶总督恩。山西知府崇祥谢恩。康有为、张元济预备召见。召见崇祥、康有为、张元济、荣中堂、军机。

1941年，同日被召见的张元济回忆当日情景时说："长素与荣谈，备言变法之要。荣意殊落寞，余已窥其志不在是矣。"

1949年，张元济再次回忆当时情景，称当日"荣禄架子十足，摆出很尊严的样子。康有为在朝房里和他大谈变法，历时甚久，荣禄只是唯唯诺诺，不置可否"。

张元济的两次回忆，均未提及荣禄与康有为当堂辩论之事。当然，也许有人会说，此时离戊戌变法已近四十余年，或许张元济已经遗忘了当时的情景？譬如，张元济坚称接见地点在紫禁城，实际则是在颐和园。

事实上，在接见一个月后（第41天与第50天），张元济在两封写给友人（汪康年与沈曾植）的书信中都谈及接见之事，但均未提及荣禄曾与康有为冲突。

而据考证，康有为与荣禄此前还见过一次面，那就是胶州湾事件后，经张荫桓的策划，康有为于戊戌年正月初三由总理衙门大臣接见谈话。

据康有为晚年自编年谱《我史》中的记载，他尚未发表自己的变法主张，荣禄即称"祖宗之法不能变"，两人矛盾，一触即发。

然而，康有为此人在很多记载上并不诚实，《我史》中亦有诸多不实之处，其所谓的与荣禄冲突在同时在场人的日记中均未发现。如翁同龢在当天日记中只记载康有为"高谈时局"，甚至给予"狂甚"的评价。张荫桓则在日记中称："约康长素来见。合肥、常熟、仲山见之，余与荣相续出，晤长素高论。荣相先散，余回西堂料理问答。"

由此可见，当天一同参与接见的还包括翁同龢、张荫桓，但两人均未言及康、荣二人有过争论或言语冲突之类。

事实上，荣禄身为大学士、直隶总督，其与康有为这种六品主事发生交锋的可能性极小，因为这太不符合当时官场的习惯，如果真有辩驳，同时在场的各人也不可能完全只字不提。

陈寅恪先生曾说："当时之言变法者，盖有不同之二源，未可混一论之也。"换言之，当时同样主张变法的并不止康梁诸人，其中亦有务实与空谈之分。

细言之，如荣禄、张之洞、端方、袁世凯等属于务实一派，而康有为、梁启超、谭嗣同等则多为毫无实政经验的空想一派。荣禄未与康有为争论的原因，说白了就是瞧不上老康。事实上，荣禄与同为广东官员的许应骙关系很好，而后者对康有为的各种底细十分清楚。

由此，康有为在被光绪皇帝接见的那天，因为前面接见的是外放的知府，康有为得以与荣禄接谈，并大谈特谈其变法计划，但荣禄却并不愿意答话，如张元济记载的：荣禄只是"唯唯诺诺，不置可否"，而且半途即退，其实这已经说明所有问题了。

台湾学者高阳为翁同龢作传时，研究了翁同龢与康有为的关系后，得出如下结论：

"康有为志大言夸，惯于攘夺和作伪，公然欺世，毫不惭汗。其屡屡言及翁同龢如何如何赏识他，只不过是虚构故事，谬托知己……且以康有为之言行而论，与翁同龢忠厚和平、谨守世俗礼法、不喜与人忤的本性，如水与火之不能相容，故可断言：翁同龢绝不会欣赏康有为。"

其实戊戌年中，不欣赏乃至厌恶康有为的大佬并不止荣禄、翁同龢两位。如大学士孙家鼐的门人、翰林院编修夏孙桐在《书孙文正公事》中也记载："戊戌年时，孙家鼐曾问康有为：'如君策，万端并起，无一不需经费，国家时力只有此数，何以应之？'康答：'无虑，英吉利垂涎西藏而不能遽得，朝廷果肯弃此荒远地，可得善价供新政用，不难也。'孙见其言诞妄，知无能为，嘿然不语。"

翁同龢是光绪的帝师，孙家鼐是戊戌年中最为光绪倚重的军机大臣，荣禄是慈禧太后的宠臣，以上朝中大员如此看待康有为，那地方大员又作何观呢？

李鸿章是洋务派代表人物，他在甲午后一度被冷落而旁观政局，他曾在信中说"康有为辈窃东西洋皮毛"，其大意可知。

同样热衷于洋务的另一位地方大员张之洞，他赞同变法，但反对康有为式变法。在短暂地署理两江期间，张之洞曾与康有过数度深夜长谈。事实上，张之洞最初还是颇为赏识康有为的，并曾拨款1500两白银支持康有为创办《强学报》。

然而，让张之洞大为震怒的是，康有为等人在《强学报》创刊号中竟以"孔子卒后二千三百七十三年"的方式纪年，还刊发了不能公开的光绪帝"上谕"，并用旁注文字以自重。如此擅改正朔的做法，很难美言为标新立异，因为被人攻击则是形同造反的证据。即便是按通常的报刊制度，也是不允许的。因此，《强学报》只办了3期即被张之洞叫停，而康派与张派也日渐水火不容。

1897年末，康有为进京，其势大张。据辜鸿铭的记载："在这最危急的关头……我曾经出席过张之洞总督召开的一次幕僚议事会，讨论如何对付康有为的雅各宾主义问题。这个议事会在武昌棉纺厂的顶楼召开。我至今记得老总督在月光下来回踱步的情景……"

张之洞对康派人物的警惕与担忧不是没有原因的，他认为，彼等所主张的"平等、民权"，"一万年做不到，一味呓语"，徒误国是，徒害国人也。

然而，以张之洞的地位，当然不可能向康有为"公发难端"。同年（戊戌年）春，张之洞亲自主持，与幕僚每日一句或两句地撰写《劝学篇》，其目的性十分明显，一是针对康有为的"邪说"，二是针对保守官员的"迂说"。可惜的是，因为种种原因，张之洞在戊戌年未能成为变法的大将，而在此后的清末新政中才大放异彩。

客观地说，当时康有为不招人待见，也与他本人的个性、气质有关。从康有为的自编年谱中看，其人一贯自高自大，对自己大加神化。从这些掺满水分的记述中，倒也能看出康有为是如何定位和评价自己的。

康有为曾自夸说，他6岁时因"鱼化龙"妙对"柳成絮"，获得祖辈"此子非池中物"的称赞；8岁时，什么"书经奥言"，看几遍就能背诵；12岁时，面对"州中诸生"，已经"大有霸视之气"；14岁时，已经"纵观说部集部杂史"，也就是说饱览"中学"；17岁时"知万国之故"，又是博览西学。通过这些无所不能的刻画，康有为给自己描述的"天才少年"形象，跃然纸上。

康有为曾对儒学的研修、佛道的参悟和西学的先读，使康有为俨然已是鹤立鸡群，并养成了他自许"圣人"的心态。由此，他将自身的使命自述为："其来世也，专为而已，故不居天堂而故入地狱，不投净土而故来浊世，不为帝王而故为士人，不肯自洁，不肯独乐，不愿自尊，而以与众生亲。为易于救援，故日日以救世为心，刻刻以救世为事，舍身命而为之。以诸天不能尽也，无小无大，就是所生之地，所遇之人，所亲之众，而悲哀振救之，日号于众，望众从之，以是为道术，以是为行已。"

"救众生"的圣人！康有为"圣人"心态，也可以称之为一种入世的"教主"意识，这也决定了他今后的命运，甚至一度影响到中国的发展方向。

然而，幻想归幻想，真正上了科场，康有为的表现不要说优异，简直就是惨不忍睹。比如考秀才，康有为考了3次，考举人更是考了7次、耗费20年的光阴，直到36岁那年中举。而其门生梁启超，17岁就中举了。

1890年冬，康有为在广府学宫文昌殿后的一座祠堂里办了一个"万木草堂"。此时，康有为的"圣人"意识再一次显现无遗。

在儒家传统中，"素王"是人们对孔子的尊称，意思是没有加冕的王，而康有为竟自号"长素"——不仅自视圣人，而且要比圣人还圣人。不仅如此，康有为的大弟子陈千秋号"超回"，即超越颜回之意；梁启超号"轶赐"，即超过子贡（子贡，端木赐，赐乃其名）；麦孟华，号"驾孟"，凌驾于孟子之上；曹泰，号"越伋"（孔伋，字子思）；韩文举，号"乘参"（唐德刚戏谑为"把曾参当马骑也"）。

梁启超曾极口夸赞康老师的演讲"如大海潮，如狮子吼，善能振荡学者之脑气，使之悚息感动，终身不能忘"，其实也未免言过其实了。事实上，康有为略显木讷，口才远非一流，不过他学孟子吹牛，"夫天未欲平治天下也，如欲平治天下，当今之世，舍我其谁"之类大话，倒是随口而出，并不稀奇。

对于康有为的个性，梁启超倒是看得挺准，说康是"最富于自信力之人也"，"其所执主义，无论何人不能动摇之，于学术亦然，于治事亦然。不肯迁就主义以徇事物，而镕取事物以佐其主义。常有六经皆我注脚，群山皆其仆从之概"。在弟子的眼里，康老师简直就有些偏执狂的味道了。

那么，在达官贵人与门生弟子之外，当时的士人又是怎样评价康有为的呢？

康有为的弟弟康广仁在致友人书中，曾用五个"太"形容其兄的改革纲领："伯兄（即长兄）规模太广，志气太锐，包揽太多，同志太孤，举行太大。当此排者、忌者、谤者盈衢塞巷，而上又无权，安能有成？"

康梁等人流亡日本后，原本充当保护者的东邻大佬伊藤博文和大隈重信对康有为的态度也发生了变化。据日本外务省的秘密报告："伊藤侯已看穿康有为乃是年少气盛、轻率短虑而不足以托大事之人，因而开始对其采取敷衍的态度。"

据说，梁鼎芬曾与章太炎评当世之维新人物，梁曰："康有为霸气纵横，不失为一佳士，惟深沉不可测，传其颇有做皇帝之野心，君识其人，亦谓可信否？"章太炎对曰："君误矣，皇帝人人可做，康有为如仅图为皇帝，尚不足为异，最荒谬者，则其人竟妄想欲为教主也！"

对康有为"孔子改制"的把戏，湖湘名士叶德辉曾一针见血地指出："康有为隐以改复原教之路德自命，欲删定六经，而先作《伪经考》，欲搅乱朝政，而又作《改制考》。其貌则孔也，其心则夷也。"如此，孔教中人认定康有为的所谓孔子改制、尊崇儒学，不过是打着红旗反红旗，假儒家、真叛徒也。

到了民国，同属保皇派的严复批评康有为："于道途见其一偏，而出言甚易……卤莽灭裂，轻易猖狂，驯至于幽其君而杀其友，己则逍遥海外，立名目以敛人财，恬然不以为耻。夫曰'保皇'，试问其所保今安在耶？必谓其有意误君，固为太过；而狂谬妄发，自许太过，祸人家国，而不自知其非，则虽百仪、秦，不能为南海作辩护也。"

王国维在《论近年之学术界》中评判康有为："（康）氏以元统天之说大有泛神之臭味，其崇拜孔子也，颇摹仿基督教；其以预言家自居，又居然抱穆罕默德之野心者也。其震人耳目之处在脱数千年思想之束缚，而易之以西洋已失势力之迷信，此其学问上之事业，不得不与其政治上之企图同归于失败者也。"

旅美历史学家唐德刚也在《晚清七十年》中说："康有为不自量力，引学术入政治，也就从'迂儒'逐渐蜕变成'学阀官僚'，这把支持他变法改制最热心、最有力的张之洞、翁同龢等都摈之门外。以他这个小官，来独力抵抗那红顶如云的顽固派，那就是螳臂当车了……康有为当年犯了他那教条主义的绝大错误。"

康有为晚年镌印，总结半生业绩："维新百日，出亡十四年。三周大地，游遍四洲。经三十一国，行四十万里。"

1927年初，康有为去天津为溥仪祝寿，他自作聪明地建议将清室国号改为"中华"，由此碰了一鼻子灰而回。不久，康有为即将归山，其门人徐良请求清室赐谥，竟未获许可。看来，清室对于康有为的"忠诚""保皇"是很不以为然的。

石破天惊的王照：建议光绪携慈禧巡访列国

作为戊戌年的风云人物，康有为、梁启超已经成功地把自己的名字写进了历史。现在谈维新变法，则必称康、梁。然而，这一做法与倾向，无疑在很大程度上遮蔽了更多人的努力。譬如，曾因一纸上书而掀翻礼部六堂官的王照，当年可谓是名噪一时，但对多数国人来说，如今却已经很陌生了。

王照，字小航（筱航），直隶宁河县人。若论世系与旁支，其家族堪称人才鼎盛。王照的曾祖父王锡朋，系鸦片战争中英勇殉国的"定海三总兵"之一，其父王缉为太学生出身，袭世职；其舅父华鑅，咸丰壬子年进士，工部主事；其堂舅父，同时也是其受业师华金寿，同治甲戌年进士，曾任山东、河南学政，官至吏部右侍郎；其表兄华学涑、华学澜，也都是两榜进士出身。

至于王照兄弟三人，兄长王燮系廪生出身，世袭骑都尉，官京营游击；王照于1894年中进士,其弟王焯则于次年金榜题名。短短数十年间,王家和华家一下出了六个进士,这在当时是极其少见的。

王照于甲午年中榜,系慈禧太后六旬大寿的恩科进士,之后又拨入翰林院深造。据其进士同年胡思敬记载:"王照身躯奇伟,治事有能名。甲午之役,练乡兵保境杀贼,纪律严明,虽大风雨中,队伍不乱。同时老于军事者,皆逊谢不及。"由此可以得知,王照在甲午期间曾回乡办团练,这是仿效当年曾国藩故事了。次年四月,王照入京参加翰林院散馆考试,后分发礼部为六品主事。

1898年初,王照与李石曾(清流领袖、大学士李鸿藻之子)及徐世昌等在芦台合办八旗奉直第一号小学堂,是为全国地方学校之首创。按王照的宏图,其"名为第一号者,以后尽力推广二号、三号以至十百千号,多多益善也"。

当然,也有对王照的大志不以为然的。如与王照之兄交往甚密的刑部主事唐烜,即在日记中说王照"弱冠后曾得有疯疾,数年始愈,遂是掇科第。与其兄弟皆不睦,于卓生(王照之弟)尤参商,为人乖愎自用,虽才气极大,而同人中多落落难合";唐烜还说王照办学堂时,凡事不与他人商量,人多怨之。

王照是1859年生人,比康有为小一岁。康有为是1895年中的进士,比王照晚一年,与王照之弟是同年。不过,康有为在朝考后未能入翰林院而是直接授为工部主事,因而两人几乎同时进入官场。戊戌年时,康、王二人均为六品主事,不过是两枚普通的小京官罢了。

大约在1897年冬,王照开始与康有为交接,并进而成为康党一重要分子。据王照的自述,他加入康党主要有三个原因:一是两人均主张开风气;二是均主张尊君;三是他佩服老康的活动能力。

在戊戌年变法的热潮中,前期主要由康有为在前台唱主角,王照等人不过在旁侧摇旗呐喊,但在变法正酣之时,王照却因一份奏折而惊动朝野,一时风头无二。

原来，光绪皇帝当时正热心广开言路，其下诏饬令，如有属吏具疏呈请代奏时，各衙门堂官应随时代奏，不得拘牵忌讳，稍有阻格。然而，王照依诏上折言事时，礼部堂官许应骙及怀塔布等不肯代递。之后，王照当面诘问彼等为何拒递时，双方发生言语冲突。王照表示，如果本部堂官不递，他将自行前往都察院亲递。不得已之下，许应骙等一方面答应代奏，另一方面又作折弹劾王照借端挟制、咆哮署堂，并谓其居心叵测，请加惩治。

令许应骙等没有想到的是，光绪皇帝反以其抗违谕旨、故意抑格王照条陈等为由，亲笔朱谕将许应骙、怀塔布等六堂官全部革职，同时赏给王照三品顶戴，以四品京堂（清朝对某些高级官员的称呼，如都察院、国子监等的长官）候补。

一个小小的六品主事，竟然一下扳倒了两个尚书、四个侍郎，这次可真是令朝野上下大为震惊，而王照的大名，也迅速传遍了整个京城。

不过，王照心里也清楚，他虽然暂时得到了皇帝的支持，但其以下犯上的举动，同样是犯了官场的大忌。客观地说，出现这种反转剧情其实也不是王照的本意，其本人也在后来做过多次说明："三十年来，耳食者动云王照参倒六堂，其实余本应诏陈言……及具折参余皆许应骙一人所为。怀塔布原以内务府兼礼部堂官，到部时甚稀，在他处画稿而不阅稿。陡闻革职，出涕曰：'我并未见人家的折子说的什么话，跟他们一同革职，冤不冤？'其余四侍郎亦不以抗旨为然，但不敢违许应骙之意。"

堂堂礼部六堂官，居然被王照一折而罢，这一标志性事件无疑成为新旧两派斗争的爆点。事后，光绪到颐和园请安，慈禧太后即严加训斥："九列重臣，非有大故不可弃；今以远间亲、新间旧，循一人而乱家法，祖宗其谓我何？"

人事的进退还只是表面，问题的根源其实出在王照的上书上，这却是主流叙述中有意忽略的。那么，王照在这份上书中究竟写了什么呢？说来也不算新鲜，其中提及宣示危亡、建立学堂等还算中规中矩，但其中有一条堪称石破天惊，那就是王照在上书中提出的：请皇上奉太后圣驾巡幸中外，"借以考证得失，决定从违"。王照还补充说，巡幸应自日本始。

乖乖！请光绪皇帝带慈禧太后出国访问，以广博见识，这在当时可真是个馊得不能再馊的馊主意。试想当时的环境，国不可一日无君且不说，更何况让慈禧太后出国，此何等事？！于国制如何？更何况，李鸿章、俄国太子在日本连连被刺，首访日本究竟又是何动机？

是以，许应骙等不为王照代奏并要参劾他，想来也一点都不奇怪了。其实呢，许应骙等人心里并不糊涂，如此荒唐的折子呈上去，放在平时肯定有罢官之虞；可谁料到，变法的非常时期，不代奏反而被罢官了！

后来，王照也对此建议有过多次解释："故假借游历外邦之大题目，出架空之论，语气所注，似不在两宫嫌衅之事，言者无罪，而调和之术行乎其中矣。"诚不知所云。

除了这道著名的折子外，王照在变法期间还做了两件事：一是光绪皇帝准备开懋勤殿（皇帝常在此读书，批阅奏本及鉴赏书画）时，王照与徐致靖在康有为的授意下各荐十人，其中即以康、梁二人为首。

另一件，则是具折弹劾张荫桓。张荫桓是广东南海人，有才干并通晓洋务，颇受光绪器重，而且与康有为的关系也非同一般。然而，张荫桓对维新运动虽然多有贡献，但其为官贪婪，变法期间尚且收贿保荐已革山东济南泰武临道张上达、山东候补道黄玑、降补通判临清州陶锡祺三人开复原官原衔，由此而遭到王照的弹劾。

王照的胡乱开炮让康有为等人很不满，他们曾劝告王照，说张荫桓是皇上信任的人，又同属维新阵营，此弹又是何必？但王照听后不为所动，他表示：张荫桓败坏皇上的名声，我看他未必是皇上的人而是皇上的仇人，"今设如珍妃、瑾妃卖缺，我也必参也"。

以事实论，王照的做法其实是在自作聪明，因为他清楚地知道，此前六堂官被罢引起了守旧派的极大嫉视，而他此举是想通过弹劾帝党来向后党讨好取巧，以图转圜关系。如其后来所言："两宫不和，半系此人离间……至是劾之意，仍在和两宫。"

对于帝后关系的认识，王照与康有为存在很大的分歧。在康有为看来，光绪如欲振作朝纲，即"非去太后不可"，而王照对此坚决反对，其认为："国家危如累卵，岂容两宫又生衅隙？"更何况，光绪力量有限，"何能制慈禧也"？

为此，王照曾劝康有为说："太后本是好名之人，若皇上极力尊奉，善则归亲，家庭间虽由小小嫌隙，何至不可感化？"康有为听后大不悦，说："小航兄，汝对令弟的感化之术何如（讽其兄弟不睦）？乃欲责皇上耶？"两人不欢而散。

目前的主流看法都认为，戊戌变法的失败是以慈禧太后为首的守旧派反扑所致。不过就细节而言，康有为、谭嗣同等人策划的"围园杀后"之谋或许更值得推敲一二。

对康、梁等人的"围园之谋"，即杀荣禄，兵围颐和园劫持慈禧太后，王照是坚决反对的。戊戌政变前，康有为、谭嗣同、徐致靖等曾两次请王照去拉拢武毅军统领聂士成，并答应许以后者直隶总督之职，但王照均表示不能从命。为此，徐致靖大为不满，他以老年伯的意态训斥王照："尔如此怕事，乃是为身家计也。受皇上大恩，不趁此图报，尚为身家计，于心安乎？"王照回答："我以为拉皇上去冒险，心更为不安，人之见解不能强同也。"

之后，康有为等虽然不再与王照谈动兵之事，但王照对此事仍十分关心。当年七月二十八日，在听说徐致靖请召袁世凯入都后，王照大为吃惊，他对徐致靖表示：如此做法，太后岂能不惊？三十日，王照上敬陈管见折，向光绪皇帝奏请派袁世凯前往河南归德府镇压土匪，意在掩饰召袁入京之计。查军机处档案，王照确有此折。

尽管在"围园"问题上存在着严重分歧，不过王照与康有为等人的关系并未因此而破裂。据康有为记载，八月初三日，其奉密诏当夜，王照与杨漪川、宋芝栋、李孟符等人来访，康未与王照等人谈密诏事而托他们上折请调袁世凯入京勤王。八月初六日政变前夕，王照曾访康有为，而后者又将动兵之事托付，可见二人仍属同一阵营。

八月初六日（9月21日），慈禧太后宣布训政，并下令捉拿康有为。其时，康已于前一日出京，其弟康广仁在京被逮。之后，袁世凯告密的消息传来，谭嗣同于八月初九日（9月24日）被捕，原本还算平和的政变转而向流血发展。

9月25日，在友人的极力劝说下，王照于当晚逃到日本东亚会骨干井上雅二的住处。半夜时分，在山田良政的保护下，王照秘密逃往天津。次日黎明，王照至塘沽登日本大岛兵舰，此时梁启超已在舰中藏匿两夜了。10月2日，日本驻华公使电告外务大臣，称梁启超与王照正在大岛舰上，"清国水域内无法将之转移到商船之上……宜令大岛舰驶往日本并相应尽快另派一舰至天津"。次日，日本外务大臣大隈重信回电："接防之舰抵达天津后，大岛舰即驶返日本。"15日，接防舰至大沽口，大岛舰即起行前往日本。

据王照回忆，大岛舰先至马关，待外务省派人来迎后，两人始于10月20日抵达东京。在此期间，日方对王、梁二人颇为优待，保护也很严密。期间，日本政要如文部大臣犬养毅等也都纷纷来访，礼遇甚高。10月25日，康有为也在宫崎滔天（后来成为孙中山的追随者，支持中国革命）的陪同下抵达日本神户，随后前往东京与梁启超、王照会合。

次年2月，近卫笃磨（时任贵族院议长）拟访中国，康有为与王照前去拜访并试图劝说日本政府帮助光绪摆脱困境。据近卫笃磨的记载，本次会谈以王照发言为主，其大意是：慈禧太后等守旧势力并不可靠，归政于光绪皇帝才是中国之福、中日之福。然而，游说并没有结果。

流亡日本后，王照仍主张调和帝后关系而反对过分刺激慈禧太后，康有为则更加主张武力夺权并热衷于谋划兴师勤王，两人矛盾由此变得激化，最终一拍两散，分道扬镳。

据日人宗方小太郎记载：某次他去访问康有为等人，湘中志士唐才常也在座。会谈中，康向他吹嘘南学会员有上万人，而且都是上流子弟，会长是原湖南巡抚陈宝箴，徐仁铸、黄公度为首领，一旦举事，将直取武昌，然后沿长江东下攻略南京，最终移军北上，实行武力夺权。至于官军，能战者不过袁世凯、聂士成、董福祥等，完全不在话下。

康有为采取虚张声势的策略，本意是希望日方借重并援助己党，但这种不诚实的做法引起了王照的强烈不满。不久，他就在与犬养毅的笔谈中揭发了康有为的种种作伪，最终引发他与康党的决裂。

王照首先揭发的是康有为的所谓"衣带诏"，他表示：康有为刊刻的密诏并非真诏，而是来自康的篡改伪造。光绪皇帝密谕谭嗣同等四人，谓："朕位今将不保，尔等速为计划，保全朕躬，勿违太后之意。"这表明光绪皇帝并不想与慈禧太后闹翻，但康有为等人却以此设定兵变密谋，以致事态大坏。如今，谭嗣同等人已为变法献身，死无对证，康有为得以任意篡改，而漩涡之中的光绪皇帝却无法自证清白。康之做法，表面是在尊皇，实则坑害有之。

此外，康有为向外散布谭嗣同的两封"绝笔信"，王照也直指其为伪作："任公（梁启超）创办《清议报》，大放厥词，实多巧为附会。如制造谭复生血书一事，余所居仅隔一纸扇，夜中梁与唐才常、毕永年三人谋之，余属耳闻之甚悉。"

从其思路来看，王照向日方揭发康、梁造假的目的是为了防止近卫笃麿等日本显要被康有为等蒙蔽、误导，以为帝后矛盾真的不可调和，由此做出错误的判断和举措。如其在笔谈末尾所说："今□兄（注：何人不明）在此证康、梁之为人，幸我公一详审之，以后近卫公赴北京，亦必真知皇上与太后之情，方可调和，勿专听一二人之私言为幸。"

康有为自称奉诏，无非是为了自抬身价，他对王照的"异动"自是大为不满。其后，康有为等竟凭人数上的优势而对王照实行人身限制，据后者自诉："康、梁等自同逃共居以来，陵侮压制，及令照无以度日。每朋友有信来，必先经康、梁目始令照览；如照寄家书，亦必先经康梁目始得入封。且一言不敢发，一步不敢任行，几与监狱无异矣！"

在《兴中会革命史要》一书中，陈少白也对此事做了如下记述："不久，康有为果然出来了，同时厅内还有两个人，由梁启超介绍，一个是直隶人王照，同是来避难的。我们七个人围着一张大圆桌坐下，王照他是坐在我的左边，就对我说：'请你先生评评理，我们住在这里，言语举动不能自由，甚至来往的信也要由他们检查过，这种情形实在受不惯。'话还未了，康有为觉得不妙，就愤愤地对梁铁军说：'你给我领他到外边去，不要在这里罗唣罢！'梁铁军起来强拉着王照出去，我们就彼此纵谈。"由此可见，王照的自诉并非虚言。

王照与康、梁等人屡发冲突后，日方对此也颇感头疼。此后，日本舆论界也改变了对"中国维新派"的看法，认为："中国变法过于急激，致误大事……清国亡命者康有为无以死殉事之决心，其于此次政变前已得知消息，但不与其他同志相议而率先由北京逃出，在其同党中评价不高。梁启超乃康之弟子，虽尚年轻，但其改革之意见甚有条理，在对此次政变的态度上，尚有并不卑下之好评。"

对于王照，一些报刊的评价还比较正面："王照为礼部主事，此次来日之亡命者中，以此人气品最高。王照离开北京之前，其同志虽频劝其避难逃亡，但其挂念皇帝之安危，从容不迫，大有臣子为王事而死之意。劝说王照并非易事，最后乃至强行拉扯，才使其渐渐离开京城。"

1899年，在清廷方面的压力下，加之"康、王水火，虑生事端"，日本政府给予康有为9000元旅费，令其克日离境。同年3月22日，康有为乘船离开横滨，开始其欧美之旅。在康离开日本后，王照也不自安，他于3月25日致信日本外务大臣青木周藏：

外务省诸位大人殿阁下：自客秋蒙友人拔救，入境以来，贵国怜护备至，救其三死，感戴之情，何可言喻。今康君赴他洲，照为骛下之质，坐食于此，万难自安。况照乃无志之夫，在北京时专以调和两宫为务，得罪之由，亦不过因保荐康广仁、梁启超为顾问官耳。及来贵国，照亦从来未指斥太后之短，故北京亦无刺照之意。今请贵国以后不必资给保护。照为一鱼一樵，皆天皇与诸公之德也。且照无声无臭，必不碍两国交谊，谨此上闻，伏乞察谅。高山忠照顿首。

高山忠照即当时王照在日本的化名。由于王照的态度相对温和，目标没有康有为、梁启超那么大,因而日方也没有采取进一步的措施。1900年春,王照秘密潜回烟台。此后数年,在亲友的保护下,蛰伏津、京的王照一直专注于制定一套汉字拼音方案。后来的这套方案,名"官话合声字母",它主要仿造日文假名的方式,采取汉字偏旁或字体的一部分作为声、韵母,这也是中国近代第一套汉字笔画式的拼音文字方案。不过,这套方案虽在当时引人关注,但最终未能得到推广。

值得一提的是,王照在1904年时尚有一惊人之举,即向清廷"自首"。根据其自首呈词,王照自认戊戌年弃职逃走是因为"礼部六堂官事件"影响太大(坏)所致,但与康、梁的"逆案"有着本质区别;其次,王家世受国恩、门第清白,曾祖王锡朋为国捐躯,曾获优恤,兄长、世袭骑都尉王燮亦于庚子年被污奉教而遭惨死,希图朝廷网开一面。

投案不久,王照于三月初九日奉上谕,著永远监禁。结果出来后,一些人不免窃笑,但仅过了两个月,清廷又颁布上谕,宣布除康有为、梁启超、孙文外,其他涉案人员一律开复原衔,监禁者一体开释。如此,王照实际上只坐了两个月牢便重获自由。很显然,王照如此做法,背后有高人(如叶赫那拉·那桐等)指点,因为当年是慈禧太后七十寿辰,清廷即将赦免党人的消息恐怕早有人告诉他吧!

据王照自述,在1908年慈禧太后病重之时,他曾向掌管京城警政的肃亲王善耆建议,派消防队以救火为名冲入南海子(南苑),救出光绪皇帝并拥升正殿,然后召见大臣,即此复权。对此提议,肃亲王善耆却笑而不语,未做任何表示。尽管王照再三打气,称"不冒险恐不济事",但肃亲王善耆仍拒而不纳。

当然,这件事仅出自王照之口,真假尚难分辨。不过即使是真,那也可以看出:在经历了这么多风波后,王照的骨子里,恐怕还是个不明事的书生!

民国时期,王照曾出任读音统一会副会长,后以研究经学为主。1933年,王照于寂寂无闻中去世,年74岁。

王照晚年,也曾反思当年变法之事,他在抨击守旧党的同时,也把康、梁等人的过激行为归结为变法失败的重要原因之一,用其原话来说就是:"总之敝邦之政变,荣(禄)、刚(毅)及守旧党皆误国者,康、梁等亦庸医杀人者也。"

作为局中人,王照也曾坦言:"戊戌政变内容,十有六七皆争利争权之事,假政见以济之。根不坚实,故易成恶果。"

从其一生经历看,王照实际上是主张教育救国、渐进救国的。戊戌年时,他曾劝康有为多立学堂,等风气变了再行新政,但康的回答却是:"列强瓜分就在眼前,这条道如何来得及?"30年后,王照在《小航文存》里叹气道:"来得及,来不及,都是不贴题的话。"

总体而言,王照没有康有为的政客天分,也没有谭嗣同的烈士气节,其书生意气,首鼠两端,因非常之遇而卷进政坛激流后,竟在无意中成为激化帝后矛盾的导火线,"旧党斥其党康,而康党复疑其党旧"。最后,王照闹得左右不是人而不得不亡命天涯,由此落得半生狼狈,令人唏嘘。

去留肝胆两昆仑:谭嗣同绝命诗是否被梁启超篡改

戊戌年的八月,在刑部大牢中,变法志士谭嗣同留下了一首万人传颂的绝命诗:

望门投止思张俭,忍死须臾待杜根。

我自横刀向天笑,去留肝胆两昆仑。

当然,这首诗在后来也引起了颇多争议,如台湾学者黄彰健即认为,这首诗很可能并非谭嗣同原作而是经梁启超篡改过,其理由是:康梁师徒为了掩盖自己"围园杀后"的密谋而在历史叙述中多处造假,梁启超亦未交代他是如何获知谭嗣同狱中题诗的;尔后,梁启超在《饮冰室诗话》中复引该诗时,又有将"望门投宿"改作"望门投止"之举,可见原作究竟是何,难以得知。

为此,黄彰健先生提出了另一种看法,即1908年出版的《康梁绣像演义》一书中也有另一版本:"林旭忽吟诗两首道:青蒲饮泣知无补,慷慨难酬国士恩。欲为公歌千里草,本初健者莫轻言。望门投止怜张俭,直谏陈书愧杜根。手掷欧刀仰天笑,留将公罪后人论。"

黄先生以为,后一首倒有可能是谭嗣同的原作。

有意思的是,电视剧《走向共和》也采取了这一说法:当康有为、梁启超在国外筹款时,康称"奉衣带诏",梁则背诵谭诗,但此举却遭到同行王照的当场反驳,他指出密诏是假,诗亦改篡,康梁之举不过为了防止暴露他们"围园杀后"的这一"公罪"。

这一学术公案,最终由清史学者孔祥吉在《留庵日钞》中找到了答案。《留庵日钞》的作者唐烜,当时为刑部司员,他对"戊戌六君子"的遇害前后记述颇详,对谭嗣同的绝命诗亦有记载,原文为:

望门投宿邻张俭,忍死须臾待树根。

吾自横刀仰天笑,去留肝胆两昆仑。

一首七绝28个字,从文本上看,唐烜所记与梁启超的版本还是有些区别的。

先看首句"望门投宿邻张俭",梁启超在《饮冰室诗话》中将"宿"改为"止",这用的是《后汉书·张俭传》中"望门投止"的典故,而原句"邻"同"怜",梁启超将之改为"思",这个其实是不如原诗之意。

次句"忍死须臾待树根",梁氏将"树根"改为"杜根",这个大概是字音接近以致听错误记,而"杜根"有一典故,正好符合当时的情势。

按,杜根系东汉时人,曾上书请邓太后归政于安帝,太后怒而令杀之,所幸行刑人有意虚应故事,杜根得以逃过一劫。当然,也许梁启超所记是真,而唐烜所记有误也有可能。因为"树根"似有不解之处。

第三句"吾自横刀仰天笑",梁启超将"吾"改为"我","仰"改为"向",这一改动意思基本不变,不过读起来更加抑扬顿挫,未尝不可。

末句"去留肝胆两昆仑",两个版本并无差别。

以时间线索及唐烜内部人的身份而论,他记录的谭嗣同绝命诗,或许是最接近历史真相的版本了。对比梁启超之后的那个版本就会发现,确实有些差别,但幅度不大,无伤大雅,并不影响其大意。由此可知,黄彰健先生的怀疑固然有一定道理,但说梁启超改篡谭诗却有些主观臆测,似乎站不住脚了。

此外需要补充的是,唐烜是如何记下谭嗣同这首绝命诗的。

按唐烜记载:"在署闻同司朱君云("六君子"遇害后):谭逆嗣同被逮后,诗云:'望门投宿邻张俭,忍死须臾待树根。吾自横刀仰天笑,去留肝胆两昆仑。'前二句似有所指,盖谓其同党中有惧罪逃窜,或冀望外援者而言,末句当指其奴仆中,有与之同心者。然崛强鸷忍之慨,溢于廿八字中。相传谭某与林旭最为康逆所重,预谋为亟,想非谬也。王兰亭云,杨殷存深秀,向寓闻喜庵,杨即闻喜县人,此庵即会馆也。其新年堂屋春联为:"家散千金酬士死,身留一剑报君恩"之句。过岁时,有一贾人往贺节,见而讶之,其人固不通文义,唯疑死字不祥,询其故。杨云:余素负文名,每撰联觅句,举笔即是。除岁时,方书楹联,伸纸濡毫,竟苦索不得,遂信笔用此一联,亦不解何故,盖即语谶也。阅昨日邸抄,奉皇太后懿旨:嗣后科岁考乡会试仍用八股,经济科着即停止。"

根据唐烜的日记,"戊戌六君子"系于八月十三日(9月28日)遇害,其记载这首诗为八月二十五日(10月10日),两者相距12天,这应该是最接近的日期了。

不过,唐烜并没有亲自见到这首诗,也没有交代这首诗是谁抄出的,只是说此诗是从同在刑部为官的朱君处听来的。多年后,唐烜又作《戊戌纪事八十韵》,其主要根据日钞(日记)为素材而写成,但二者内容稍有区别。譬如谭嗣同绝命诗的来源,唐诗中称"役卒呈数纸,云是狱中笔",而根据上文,日钞所记其实是"在署闻同司朱君云"。

再根据唐烜八月二十四日(10月9日)的日记:"是日在署见有狱卒由狱内

抄出杨侍御深秀诗三首，均七律。杨素工诗，其稿已刊。被逮在初九日，至十一日送部入狱后得诗一首，次日又成一首，十三日午刻后，始奉即行正法之旨，临刑已日夕矣，盖此日清晨，尚用香火划壁成诗也。观诗中词意，皆以直言敢谏，御侮破敌为言，非本事诗也。文人文过，自古已然。如范蔚宗临刑犹有"庶几夏侯色"之句，岂非大言不惭乎？狂瞽迷罔，抵死不悟，而欲强附远托，龙比近附，杨、左能取信于天下后世哉？"

唐烜说的"范蔚宗"即南朝刘宋年间的史学家、《后汉书》作者范晔，他因参与孔熙先、彭城王刘义康的政变阴谋而被处斩，其子范蔼、范遥、范叔委等皆被株连。由此可见，唐烜对康党中人成见极深。

由上可知，杨深秀的绝命诗系狱卒抄出，想必谭嗣同诗亦出自狱卒之手，然后刑部官员才有机会留下历史的记载吧。

此外，杨深秀的《狱中诗》最早由梁启超等于光绪二十四年（1898）十二月初一日出版的《清议报》中刊布，杨诗开头即谓："久拼生死一毛轻，臣罪偏由积毁成。"又谓："长鲸跋浪足凭陵，靖海奇谋愧未能。""缧绁到头真不怨，未知谁复请长缨。"

其中内容，与唐烜日记中的记述评价大体符合，这也说明其日记大体是可信的。

有意思的是，谭嗣同遗诗中各抄本完全相同的最末一句"去留肝胆两昆仑"，后来却引起了最大的争议。那就是，这里说的"两昆仑"所指究竟是何人呢？

据梁启超的说法，"两昆仑"指的是康有为与大刀王五；谭氏后人谭训聪认为是胡理臣及罗升；陶菊隐则认为是指大刀王五与通臂猿胡七。此外，其实还有唐才常、毕永年、唐遵宪等都可能是"两昆仑"的人选。

从唐烜在《留庵日钞》中的揣测，谭诗末句，"当指其奴仆中有与之同心者"。如是，所谓"两昆仑"则有"昆仑奴"、仆从辈之意，必然是等而下之的阶级。

从这个意义上说，首先可以排除的是谭训聪所谓胡理臣及罗升，因为这两人只是谭嗣同的家仆，还够不上"两昆仑"的级别。毕竟，所谓"两昆仑"，必须是能与谭嗣同同心同德，并且有能力承担后任如报仇雪恨、拯救皇上重任之人。

而以仆从意解，出身士绅且为官员的康有为也不可与大刀王五同伍，梁启超之说或难以成立。如此，"两昆仑"的候选人除了大刀王五之外，或许还有通臂猿胡七、师中吉、毕永年甚至唐才常。

所谓"大刀王五"，本名王正谊，沧州人，京师镖局从业，与维新党多有来往，据说谭嗣同从他学过剑术。此外，也有说"六君子"遇难后，系大刀王五前往收殓遗体，大侠风范，堪值钦佩。然而，根据唐烜日记的记载，这只是一个传说。在《留庵日钞》中，唐烜明确记载称，替六君子收尸的是提牢（狱官）乔树枬。

至于通臂猿胡七，他与大刀王五的身份大体接近，也属晚清武术家、侠士之流，与谭嗣同有所交往。王五、胡七之外，还有师中吉、毕永年一干会党（清末对以反清复明为宗旨的一些民间秘密团体的总称）中人，他们与谭嗣同的关系更为密切。

师中吉又名马炳，湖南浏阳人，早年跟随谭父、湖北巡抚谭继洵以军功保都司，后随谭嗣同周游各省，关系非同一般。此外，师中吉亦有哥老会头目身份，谭嗣同夜访袁世凯时，称："我顾有好汉数十人，并电湖南，招集好将多人，不日可到。去此老朽，在我而已。"

这里说的"好汉"，很可能指的就是师中吉一干会党人物。

此外，与谭嗣同关系匪浅的毕永年，同样为会党中人，并且是"围园杀后"计划的执行人。换言之，师中吉所联络之人，或即为毕永年。

至于唐才常，其虽然也算是士绅阶层，但他与谭嗣同一样，对会党一层介入很深。两年后（1900），唐才常趁庚子国变而行"自立军"起事，事败为张之洞所杀。

当然，做"昆仑奴"解只是一种可能，另外一种解释是，"两昆仑"当指能担当维新大任的人物，这就不是什么侠客、会党中人所能充当了。

从这个意义解，康有为、梁启超乃至一封上奏掀翻六堂官的礼部主事王照都可成为人选。毕竟，这些都是有官职、有身份的人，而且都在戊戌政变后受日本人保护逃往日本。

康有为、梁启超、王照三人只是"去"的"昆仑""肝胆"，"留"的相当人选则有唐遵宪、唐才常，所以"两昆仑"的人选可以从以上人中选两位。

除此外，也可以两种"肝胆"各选其一，这种可能也不是没有。不过这样一来，这种组合就太多了，最起码也有十几种，如此探讨就没有太大意义了。

以笔者的意思，谭嗣同的"去留肝胆两昆仑"指的很可能是康有为和唐才常，两者一去一留，其身份、地位、能量也大体接近，无论在朝在野，都是比较有代表性的人物。

当然，以上各种都是揣测，毕竟谭嗣同没有留下任何只言片语对此有所说明，所以这个所谓的"两昆仑"究竟是谁，也只能仁者见仁，智者见智，各自理解了。

唐烜日记：一个刑部主事眼里的戊戌年

多年前，学界对梁启超是否篡改了谭嗣同的绝命诗一事争议颇大。之后，清史学者孔祥吉通过新发现的史料《留庵日钞》，证实了谭诗并未篡改。数年前，这部《留庵日钞》以《唐烜日记》为书名出版，由此也让更多的研究者得以近距离地接触到这一珍贵史料。纵观全书，作者唐烜不仅对戊戌年事件记载详密，而其视角见解与康有为、梁启超等说法颇为不同，这也从侧面反映了戊戌变法的复杂性和曲折性。

唐烜，字照青，直隶盐山人，生于咸丰五年（1855），他于光绪十一年（1885）中举，光绪十五年（1889）中进士。戊戌年时，唐烜为刑部主事，充山东司正主稿。

当年四月二十三日（6月11日），光绪下《明定国是诏》，宣布变法维新。不过，唐烜在日记中并未提及此事，而只记载了一些人事变动如刚毅、崇礼、翁同龢的进退。五月初五日（6月23日），唐烜从邸抄上看到"停止八股，改试策论"的上谕，不禁"为之惘然"，这也是他第一次提及戊戌新政。

五月三十日（7月8日），一直对变法漠不关心的唐烜突然在日记中大发感慨："近日中朝政教，一切改用西法，力革旧制。月内恭读邸抄上谕，几于三令五申。涣汗之颁，伦綍之出，几于无月无之！"其中，唐烜颇为详细地列举了几项新政：一是成立京师大学堂；一是废武科，改试枪炮，裁冗兵，改洋操；三是停止八股，废时文，改试时务。

新政之外，唐烜对这一时期的人事争端更为关注，而其中大者，即御史宋伯鲁、杨深秀奏参礼部尚书许应骙"守旧愚谬，阻挠新政"。事后，光绪令许应骙明白回奏，许不仅力辨自己绝无阻挠新政，反而加大对宋、杨背后的康有为的打击，并请旨将康罢斥。

接着，唐烜用了近六百字的篇幅描绘对康有为的观感："此人才气极大，好议论，尤喜谈西学。在籍为孝廉时，即自命为孔子而后一人……又遍谒大僚，饵以富强之策，咸以为宣尼复出。其弟子辈，亦多以四配十哲自命者，若汉唐宋明诸大儒，视之蔑如也。"

对于康有为自命"圣人"之举，唐烜极其反感，其中称康有为"原名康祖诒，字长素，即祖述尧舜之义，长素云者，孔子为素王，而伊之神圣则又过之……都下士大夫识与不识，或目为奇士，或斥为妖人"。

对康有为在戊戌年的突然发迹，唐烜也记录颇详，称其由内阁学士徐致靖专折保荐，奉旨召见后在总理各国事务衙门章京上行走，而"康所望甚奢，私意破格超擢，比旨下，颇失望……扬言于众曰：'章京不过奔走之差，我决不为也'，竟不到任"。

对于许应骙与康有为等人的矛盾和争斗，唐烜给予了重点关注，他认为：康有为实因许应骙"素薄其无行，且因其在广东会馆立会一事，饬馆役驱逐之，衔次骨"；而许为总理衙门大臣，"必不得任所欲为，遂暗嗾宋、杨两御史，联衔参许，意在将许罢斥，或撤出总署"。

接着，唐烜又十分详细地介绍了御史文悌（文悌，字仲恭，曾假意交好康梁，实则监视）对宋伯鲁、杨深秀及康有为的弹劾案："有满洲侍御文仲恭悌者……此人向在户部有声，阎文介深重之，学问亦淹雅绝伦。上月中旬，专折纠参康有为暨宋伯鲁、杨深秀多人……洋洋数千言，语极痛切……近日折已发抄，都中人士盛传诵，以为朝阳鸣凤，虽不见听，亦足作中流之砥柱矣。"

唐烜所说的"阎文介"即晚清名臣阎敬铭，他描述的文悌和目前的叙述可谓大相径庭。据清史学者孔祥吉的评论：文悌是那种"媚若九尾狐，巧如百舌鸟"的人物，他随风转舵、巧言令色，入了维新阵营后又背而弃之，且嫁祸于人；以人品而言，文悌一无足称，他为了自己的一官半职而不惜对维新志士栽赃陷害、血口喷人，实在是两面三刀的投机者。

不过，在唐烜心目中，文悌为官有声，学问淹雅，品德亦高尚，这次虽被罢去御史之职（文悌上书弹劾康有为后被光绪罢免），但亦堪称"朝阳鸣凤、中流之砥柱"。之后日记中，唐烜再次提到文悌并称其"近况清苦殊甚，家中几于不能自给"。

唐烜对康有为的看法大概代表了一般京官的看法吧，在他们眼里，康有为等人近乎政治暴发户，其激进主张亦悖于常理；倒是文悌的看法——"伏思国家变法，原为整顿国事，非欲败坏国事。譬如屋宇年久失修，自应招工依法改造，若任三五喜事之徒曳之倾倒，而曰非此不能从速，恐梁栋毁折，且将伤人"（文悌劝康有为的话），或有可取之处。

从唐烜日记中也可以看出，当时京中官员大体保守或说稳健，多数人以文悌为"是"而以康有为等为"非"，大概也是一般的事实。当然，唐烜也在日记中承认，光绪皇帝对康有为十分重视，"自上次召见，自陈著作，面谕以进呈所著书籍，以故迭次谕旨及新法各条详细章程，皆伊所进书中语也"。

六月十一日（7月29日），唐烜特别提到了冯桂芬的《校邠庐抗议》，因此前经大学士孙家鼐奏请，清廷批准重印《校邠庐抗议》一千部颁发各衙门，敕令"悉心核看，逐条签出，各注明简论说，分别可行、不可行，限十日咨送军机处汇合进呈，以备采择"。

作为刑部主事，唐烜也拿到一部《校邠庐抗议》并与同僚"评商许久"。此外，唐烜还在日记中说："今早王湘岑游戎遣专足来，询及《校邠庐抗议》各衙门分给者尚有余书否，拟借予代借一观，盖湘岑固未见此书也。"

这里说的"王湘岑游戎"，即其日记中一再提到的王照之兄王燮。王氏兄弟系"定海三总兵"之一王锡朋的后人，王燮为长兄，世袭骑都尉，官京营游击，故称"游戎"。从唐烜的记载看，王燮在六部之外，又系武职，所以没有拿到《校邠庐抗议》。不过，王燮本是廪生出身，与唐烜关系至好，所以才有借书之举。

此外，由于清廷发布上谕，允许司员士民上书言事，唐烜也在七月初四日（8月20日）接待了同乡秀才李升甫及王瑞亭两人，其"为官民上书，求同乡官印结"而来。不过，唐烜觉得王在上书中言兵事、无甚稀奇，而李言奇门遁甲，尤其荒诞不经，"不得已填结付之"。果然，在七月初六日（8月20日）日记中，即出现"李、王二人赴督察院递禀后，前者当场掷还，后者留览"的记载。

官民上书热潮中，最耸人听闻的无疑是礼部主事王照掀翻"礼部六堂官"的事件。由于唐烜与王氏兄弟关系匪浅，其记载尤其详细：

"七月十七日（9月2日），……昨日邸抄，上谕严斥礼部诸堂官，并交部议处。缘礼部司员王小航照者，条陈事件呈堂阅看，许大宗伯筠庵以折中多有违碍，且有力请銮舆恭奉皇太后巡历外洋，及中国士民当改从泰西衣冠、以一耳目定心志之论，不愿代为陈奏。王乞请再三，堂意颇不怿，乃当面抵牾，语多胁制。许筠翁大怒，遂于奏折中参劾，乃谕旨竟将礼臣责斥，而王疏留览，举朝大骇，然以此事观之，上意可知矣。"

王照，字小航（亦作筱航），其兄弟辈三人，长兄王燮前文已述；王照于1894年中恩科进士，其弟王焯（字卓生）则于1895年乙未科金榜题名，与康有为同年。

当时，王氏兄弟颇为倾向西化，这让唐烜感到大惑不解。在他看来，王氏兄弟为王锡朋之后，"当与夷人为不共戴天之仇，即以今日时局为西学当兴，不应推崇夷俗若是"。

唐烜还特别提到："湘岑与余交最久且厚，每晤谈辄极口称泰西不置，至以中国人当如西人之尊奉耶稣，不如是不足以为治。予一笑置之，不与辩也。王小航乃竟以改衣冠，易民主为言，其情理殊不可解！"

"王照事件"半个月后，慈禧太后突然于八月初六日（9月21日）发动政变，并下令捉拿康有为等人。在当天日记中，唐烜做如下记载：

"是日在署，忽喧传步军统领衙门奉皇太后懿旨，查抄张荫桓并捕拿康有为等辈。出城后街市纷纷相告诉，及探听数四，始知系奉口诏严拿康某。及番役到城内掩捕，则康某已脱身赴津，遂将其弟康广仁搜获……"

如此可知，慈禧太后下令捉拿康有为等并非正常渠道而是直接下懿旨（口诏）给步军统领衙门，但此时康有为已经脱身赴津，其弟康广仁被抓。在当天的搜捕中，张荫桓、王照、徐致靖等人均被波及，尤其张荫桓处更是"兵围其宅，二次穷搜"，这也在某种程度上预示了张荫桓日后的命运（后流放新疆并于庚子年被杀）。此外，慈禧太后宣布训政的同时，康党的另一重要人物宋伯鲁也被革职，永不叙用。

对于康有为等人的彻底失败，唐烜不但幸灾乐祸，而且简直就是欢欣鼓舞。这种心情，在八月初八日（9月23日）的日记中得到充分展示：

"是日闻康有为已在天津获住,将解到矣。经旬天气阴晦,连日更黯惨无色,自今日始晴霁开朗,天无纤尘,盖由吉日良辰,皇太后重御万几,皇上孝思维则,故能感召天和,太阳一照,阴翳胥消,故宗社之灵,实天下臣民之福也。乱臣贼子,乌容漏网乎?"

八月初九日(9月24日),唐烜在日记中记载事变的后续发展:"在署闻步军统领衙门奉旨,查拿康有为之党,指名搜索六人:御史杨深秀、四品卿衔军机章京杨锐、谭嗣同、刘光第、林煦(旭)及户部侍郎张荫桓,均交刑部治罪。"

次日,唐烜在日记中记述了他对杨深秀、杨锐、刘光第三人的印象。

杨深秀,"先为刑部员外郎,去冬始转御史",后与宋伯鲁党附康有为,往来甚秘密,之前曾被文悌奏参,"近闻其上封事廿余首,力主变法"。

杨锐为光绪十五年(1889)己丑科同年,且同为国史馆协修、浙江张嘉禄门下,"询为山右才子,素讲汉学,著述颇多,惟性情迂执,与朋友多落落寡合,不知何以阑入康党,殊所不解"。

刘光第为光绪九年(1883)癸未科进士,同在刑部任职,主广西司,"性尤孤僻,每入署辄不上堂,谈及公事,亦颇谙悉。印稿拉之同往终不肯,自以随行逐队谒上司为耻"。

被捕仅4天后,谭嗣同等人未及程序即行处斩。事后,亲历其事的唐烜在日记中详细记载了这一过程:

"八月十三日(9月28日):晴,入署。到司堂后,闻书吏云:有军机处司员来刑部,亲送交片,未稔何事,咸以为会讯官犯事……正絮话间,忽秋审处满汉提调上堂,举止惊惶,嘱各司回公事者咸退,并厉声唤堂书吏速出。余回司向同人讥笑,秋谳诸君,有何事而致作如是举措?方谈次,闻大门呵导声,司役报:刚中堂到。则愈知为会商讯犯,别无他异也。然署门外人声喧噪,大门皂役拦阻闲杂人等,不许阑入,并向门外观者大声云:'汝等候差事出来再看可也。'予始疑讶,忽鲍荟人同年到司具言:谕旨已到,除张、徐两人另候谕旨,刘、杨、谭、林四章京及杨、康六人,均即行处斩。

始知所谓军机交片者,乃军机司员亲赍此旨来也。刚中堂派为监斩大臣,故先到。时步军统领崇公,已调京旗各营健卒,在署外巡缴,前门、顺治门一带,皆派兵防护不测。而刑部亦传齐五城司坊官,预备囚车、刽手青衣等差各到。满汉提调分班赴南、北所监视缚犯出。南所三人:为谭及二杨;北所则刘、林、康广仁也。北监犯先绑讫,候南监三犯出,至提牢厅,跪听宣读上谕毕,即饬青衣带赴法场矣。"

以上日记,清楚地记载了"六君子"是如何被匆忙处死的过程,因系唐烜本人亲历,当属真实可靠。其中,文中提到的"刚中堂"即刚毅,时为协办大学士、兵部尚书兼军机大臣,"崇公"系时任刑部尚书兼步军统领的崇礼。"张、徐"两人则分别为张荫桓与徐致靖。

数年后,唐烜又在《戊戌纪事八十韵》中复述了当时的情景:
外闻喧噪声,禁吏杂街卒。传乎丞相来,肩舆两飘忽。
入门坐堂皇,须张面凛铁。趣召主者至,束缚六人出。
…………
传诏官人来,天宪口为述。尔等皆逆党,左右皆曰杀。
跪听宣读毕,臣当伏斧钻。林君最年少,含笑口微唉。
谭子气未降,余怒冲冠发。二杨默无言,俯仰但蹙额。
刘子木讷人,忽发大声诘:何时定爰书,何人为告密,
朝无来俊臣,安得反是实。抗辩语未终,群隶竟牵掣。

诗中说的"刘子木讷人"即刘光第,因其为刑部主事,并曾大声抗辩,但最终无效。对如此违反程序的做法,唐烜也在诗中表示了不满:
未闻禁近臣,中道遭黥刖。
不待奏当成,一朝饱屠割。
举朝孰营救,到处肆媒孽。
罪状在疑似,性命快谗嫉。

此外,与坊间传闻"大刀王五冒死收殓六君子遗体"所不同的是,唐烜在纪

事诗中明确指出,替"六君子"收殓遗体为提牢乔树枏,如其诗云:

> 幸赖乔公贤,为收无家骨。
> 吏人讫事返,流涕对我说。
> 役卒呈数纸,云是狱中笔。
> 我时但悯然,反复难终阅。

此处的"乔公",即指乔树枏。乔树枏,字茂轩,四川华阳人,同治年间以拔贡分发刑部,精研刑律,折狱明允,历任主事、郎中等职。在之后日记中,唐烜也记载了乔树枏与杨锐、刘光第的交往情况:

"(乔)为乙酉同年,四川人,与杨锐、刘光第均同乡至好。闻陈右铭中丞之荐杨、刘二人,皆乔君为之怂恿而吹嘘者。刘与荐主固不识也。比刘派充军机章京后,因新政初行,事多武断,刘又非素习西学者,与同班之林旭不甚水乳,意欲具疏力辞。乔君又力阻之,并云:当此时势,能有一分补救,即有一分利益,不可自便身图云云。刘遂迟延不发,而及于难,知其事者,咸咎之。乔亦无词以解也。"

从这段记载看,刘光第与杨锐能在戊戌年脱颖而出,背后似有乔树枏的推动,而其最终被杀,乔亦难辞其咎。

八月十五日(9月30日),唐烜在日记中记载:"昨日邸抄上谕,张荫桓革职发往新疆,徐致靖永远监禁……同日谕旨宣示正法诸臣罪状,有谋为不轨,图围颐和园、劫持两宫之语,询为大逆不道,罪不容诛矣。先事发觉,天下之幸矣。"

从某种程度上说,八月初六日慈禧太后宣布训政并下令捉拿康氏兄弟,此时政变尚属平和,但八月初九日时风云突变,"六君子"等悉数被逮,政变开始走向流血化。究其原因,如上谕中指出的,恐与康有为、谭嗣同等人搞的"围园杀后"之谋有着莫大的关系。

事实上,对此惊天密谋,当时京城中即流言纷纷,唐烜即在日记中做了颇为详细的记载。

如八月十七日（10月2日）日记："……（唐烜）偕同司诸君至福隆堂公宴，邀李莹如到。渠（方言，他，指李莹如）为广东香山县人，稔康有为及保国会事甚悉。据云：伊等党羽甚众，约四百馀人，皆与康逆为死友。中外二、三品大员中，有具赞拜为门下者，倡为'保中国不保大清'之说，互相煽诱，终日若狂。而林煦小儿与谭嗣同逆子，持之尤力。林已自剪辫发，家居即为洋人衣冠，唯出门酬应，不得已始服袍褂、冠顶，盖蓄志变夏亦已久矣。"

再如八月十九日（10月4日）日记，其中对袁世凯的卷入做了详尽记述：

"入署晤王兰亭，渠谈及康逆事甚详。据云：伊等死党，已定议召外兵，劫大内。林逆意在召董星五军门，而谭逆则欲合袁慰廷廉访。时袁方来都陛见，后谭逆突于夜半叩袁寓门求见。袁延之入，匆匆寒暄毕，卒然问袁曰：君欲得侍郎否？袁大惊异。谭乃告以所谋，并云已得旨矣。袁唯唯。谭去次日，即请训召见，时上令其带新练军三千人入京。袁退下，始信谭语非妄。当日诏袁开臬司缺，以侍郎候补。"

这里说的"董星五军门"即董福祥，其于上年率甘军护卫京畿；"袁慰廷廉访"即袁世凯，因袁官衔为直隶按察使也。据考证，谭嗣同夜访袁世凯实为八月初三日（9月18日），光绪召见袁世凯在八月初一日，唐烜所记在日期上不准确，而且也没有"带新练军三千人入京"之说。不过，谭嗣同夜访袁世凯的情节却与目前的主流叙述相符合。

接着，唐烜又说："先是，都下有知其逆谋者，喧传已旬余矣，众咸弗信。唯夏间文侍御悌参杨深秀折内，有杨深秀到臣宅内二次，向臣亟称康有为之贤，且有臣所不敢出口之言。隐约其词，当即指此，故士大夫中亦间有虑及者。"

从这段记载看，杨深秀被捕遇害实因与康有为结党介入太深所致，而且他也很可能参与了"围园杀后"之谋。至于梁启超在《戊戌政变记》中说的，杨深秀在政变后"独抗疏诘问皇上被废之故，援引古义，切陈国难，请西后撤帘归政，遂就缚"，此说并无根据。

对袁世凯告密之说，唐烜的记载也是绘声绘色："自袁召对后，事益急，谋益泄，袁侍郎急驱出都，由轮车抵津，谒长白相公（国），具陈逆状。适江苏杨星伯崇伊侍御亦赴津告变，长白相国微服旋都，直至颐和园求入见。皇太后立召入，碰头泣诉。太后具悉伊等奸状，立传内侍启銮，还西苑，时初四日。既驻跸，太后尚迟回未发，佯语上以初六日卯刻还颐和园。至是日，上御中和殿看版毕，至西苑送皇太后还颐和园毕，回宫办事，召见军机。及上至，太后已御便殿，召见军机大臣，拟旨示上。上始知为康有为等所惑，力请皇太后训政，密诏拿康有为。"

按唐烜的说法，谭嗣同系于七月三十日拜访袁世凯，袁世凯八月初一被光绪皇帝召见，之后即乘火车往天津向"长白相公"即直隶总督兼北洋大臣荣禄告密，当时御史杨崇伊亦在座。之后，荣禄微服入京向慈禧太后告密，由此引发八月初六的训政之变。

从过程和内容上看，唐烜所记与目前流传的"袁世凯告密说"大体接近，但从具体时间看，唐烜所记还是有些问题，如袁世凯不可能在八月初一被接见后立刻赴天津告密，因为八月初二军机处《早事》档案所存的召见名单中，袁世凯赫然在列。按当时的交通条件，袁世凯一天往返京津几乎是不可能的。

接着，唐烜又叙述说："初八日，……长白相国二次入都，密奏宜速行正法，恐逆党众多，事有中变，贻祸不测，于是有十三日之事。"

查军机处《电寄档》，荣禄实于八月初十日（9月25日）接到电旨："著即刻来京，有面询事件。直隶总督及北洋大臣事务，著袁世凯暂时护理。"这也说明，在八月初九日"六君子"悉数被逮之前，并不存在荣禄入京之事，更无所谓什么"二度入京"了。

那么，导致慈禧太后八月初六日训政之变与八月初九日流血之变的究竟是什么？包括唐烜在内，多数人把矛头指向了袁世凯和荣禄。

但是，从时间序列上看，袁世凯于八月初一、初二两日均被光绪皇帝召见，初三日谭嗣同夜访，初五日再次请训，当晚回到天津，他应该没有赴天津告密的时机，八月初六日的训政之变与之无关。否则的话，慈禧太后绝不可能等到八月初九日才捉拿谭嗣同等人。

从这个意义上说，慈禧太后八月初六宣布训政并收回光绪权力，很可能是对光绪罢斥"礼部六堂官"、接见伊藤博文（八月初五日）可能有违常格的诸多不满有关。

至于八月初九日的流血之变，也有论者认为系袁世凯在得知训政之变后向荣禄告密，之后由荣禄微服入京向慈禧太后禀告所致。假定袁世凯在八月初六或初七得知训政消息，他为了自保并立即向荣禄告密（举报），后者随即入京，时间上是来得及的。

但问题是，从《电寄档》的电报看，即使袁世凯已经告密，荣禄也是在八月初十也就是"六君子"被抓之后才入京，这与通常说的"戊戌政变并非因袁世凯而起，但因为袁世凯的告密导致流血化"的观点仍存在较大差异。除非，这份电报是烟幕弹，在其掩护下，荣禄实际上早已入京。但话说回来，当时地方大员尤其是直隶总督擅离职守的可能性其实是很小的。

鉴于唐烜日记系于20世纪80年代才被发现，而且是离戊戌政变时间最接近的第一手资料，其真实性大体无疑。由此，唐烜日记的记载倒是提供了一个新思路，那就是：尽管其记载在日期上存在明显错误，但其过程却与目前的一些说法存在着惊人的相似。

那么，有一点务必注意，唐烜并不是历史学家，也不是侦探家，他记载的只是当时京城官员与士人圈中的流言。试想，这种"围园杀后"的密谋在当时竟可以传布如此之广，那慈禧太后想必有可能并有渠道获得这一信息吧！尤其在八月初六日的训政之变后，恐怕有个别人为了邀功或自保而将类似捕风捉影的流言加以密告，这才导致八月初九日的流血之变吧？如果真是这样，只能说，康党中人的保密工作做得也未免太差了。

政变之后，唐烜又记载了一些人事方面的处分与政策的变化，如八月二十二日（10月7日）湖南巡抚陈宝箴同其子吏部陈三立均革职，永不叙用；二十三日张百熙因曾保荐康有为而交部严加议处，工部主事李岳瑞、刑部主事张元济均革职，永不叙用；二十五日奉皇太后懿旨，嗣后科岁考、乡会试仍用八股，经济科着即停止。

如是，一切又回到了昔日之气象矣。

值得注意的是，唐烜还在日记中记载了戊戌政变后的一些后续情况。

在八月十八日（10月3日）日记中，唐烜记载了一件颇为奇怪的事：中秋节那天，"有洋人自津来者，既下火车，觅车轿入城，突有匪徒聚集无数，向之抛掷砖石，并泥垢灰土洒其头面，洋人男女各数名，皆受伤鼠窜，而所乘车轿则已砸毁矣，乃从来未有之事"。

据市面上的说法，"当时喧传以为近日变法，人情汹惧，加之剪发易衣之令已定于节前宣示，并闻先用重典，都下益恐。自正法诸人谕旨屡下，凡新法不便者立即改革，众心始安。然愚贱无知，遂妄意从此驱逐夷人出境，故为此等无赖举动"。

唐烜认为，类似说法"闻之似近理，终不为然"，原因是："向来华人之畏洋人，如鼠遇虎，往往衢市间因语触忌讳，或车马争道，辄为洋奴所鞭扑，无敢盛气相向者，积威之渐久矣，骤作蛙怒，果何为者，疑必有人暗中主使。"

事后，唐烜听同僚梁星初云："确系康逆党类扇动浮言，构不情无理之语，编处喧播，令其腹心买嘱街头无赖，先行哄闹，而恶少丐匪等相随下手，必将洋人窘辱无地，始起衅端，可召兵戎以泄私忿，其设计亦可为险而狡矣。同日闻北城北新桥亦有殴辱洋人之事，不约而同，非阴为主使而何？"

当然，唐烜记载的也可能只是一种流言，而在戊戌前后，类似的传言或谣言实在太多了。譬如，当时盛传光绪在政变后病重，而其原因，是有太监于"茶店中创一种风说，言帝设谋倾害太后，且引外人助己。士大夫皆深信之，互相传播"。

关于光绪生病的传闻也不完全是捏造，因为在政变后，光绪一度被软禁瀛台，而慈禧太后一方面宣医入宫看病，一方面又公开要求各地官员保荐名医，一时引起了众多的猜测，这个也都是历史的事实。

九月初一日（10月15日），唐烜在日记中记录了列强的异动情况："与同乡京官谈及近日朝事，云昨日袁慰亭侍郎为荣仲华相国来信，具云洋人有意启衅，六国合盟各调兵船，集大沽口，是观衅而动光景，……连日洋兵入京城者，每使馆各数十人至百人不等，皆携枪械并运来洋炮数尊，都下人情惶惑，朝士有遣眷属回里者，时局至此未知税驾之所矣。"

九月二十八日（11月11日），唐烜"有幸"目睹了列强使馆卫队入京的情况：

"……薄暮往福隆堂，至正阳门外见肩摩毂击之众均在两旁停驻不行，正疑讶间，见步军统领骑从拥簇而来，冠顶翎者约数十人，皆步行入城。少顷见二洋官乘马呼啸而至，随后见一金冠洋弁步行率洋兵百馀，皆负洋枪，跨大刀，衣仗鲜明，队伍整肃，入毕则左右翼总兵护其后。闻近月馀洋兵入城者约千馀人，皆屯于洋馆，每至则步军统领衙门三堂官均出郭相迎，提督前导，左右翼随之，京营弁兵各两旁侍立。……"

为此，唐烜在日记中大发感慨，大意是：甲午战败后，各国皆来要挟，去岁（1897）割胶州湾，以致各国效仿，开租界、修铁路，而成蚕食之势；"今春乃有为瓜分之议者，至绘图贴说，肆言无忌，中朝士大夫一唱百和，其意在乎幸灾乐祸……"。

对于使馆卫队入京之事，唐烜尤为耿耿于怀："嘉庆年间，洋人居中国者不许携眷，凡有妇人，地方立即驱逐。以后禁防渐弛，自道光末年，而中外不分矣。今日则国体已衰，王室日卑，含垢忍辱，安可胜言，然未有如近日洋兵入城之事之尤为出情理之外者也。"

唐烜特别指出："本朝官制，武臣以步军统领为最尊，……自上月初旬，洋兵进城，各先照会总署，由总署咨提督暨左右翼，令其出郭迎候，如延上宾，入门时京营弁兵两行班列，执橐鞬，听命唯谨，至伊辈入洋馆后始散归，予稔闻之而未睹也。今日薄暮，在正阳门外西月墙亲见此举，舆中张目，悲愤不胜！"

然而，身为普通官员，唐烜也只能在当天日记中无奈地承认："小臣无策，所以涕泗滂沱而不能自已也。"

作为清廷的中下级官员，唐烜日记中关于戊戌变法的看法与观点应该说具有一定的代表性。不过，一向被认为是轰轰烈烈的"百日维新"，在这位刑部主事的笔下却颇为冷淡，各项新政举措鲜有提及。从这个意义上说，唐烜日记中对新政的反应也折射了当年变法实为"剃头担子一头热"的窘状。

不过，作为历史研究而言，唐烜日记具有较大的史料价值，因为在刑部任职的他有机会从同僚处了解到戊戌政变的发动及"六君子"被关押、处决等事件的详细信息，其中也包括"六君子"绝命诗的记载，这些在日记中均有反映。尤为珍贵的是，康有为、谭嗣同等人企图发动"围园杀后"密谋的传闻与部分事实，唐烜日记应该是最早的私人记载了。

当然，由于个人认知的差异与所在立场的不同，唐烜并没有站在维新阵营的一边。虽然他对"六君子"中的刘光第、杨锐感到惋惜，但这只是私人之谊而并非出自公义。

有意思的是，在清廷覆亡后，唐烜倒和原维新人士拉近了距离，如其诗文集《虞渊集》编成时，即请王照与宋伯鲁为之作序。而在《戊戌纪事八十韵》中，唐烜亦表示："国事方艰虞，时政有愆失。……求治或太急，论事或过烈"，这也在某种程度上表示出对当年变法的同情之理解。

张元济罢官：从永不叙用到出版宗师

光绪二十四年（1898）春，趁各省举人来京会试之机，被目为"变法先锋"的工部主事康有为先后在粤东会馆、贵州会馆等处发表演说。听众当中，浙江才子、刑部主事张元济即在其列。事后，张元济对康有为的看法有所保留，他对同乡汪大燮说"（康）意在耸动人心，使其思乱，其如何发愤，如何办法，其势不能告人"；此外，说"康在桂馆刻俚言书多册分送，其中说话亦无甚奇，惟每说及则称'康子'，而'康'字必大于余字数倍"。

张元济，字筱斋，号菊生，浙江海盐人，同治六年（1867）生于一个世代书香之家。张元济的父亲张森玉系秀才出身，后因科场拥堵（即在本地捐官难以立刻上任，等待时间太久）而往广东捐官，他先后在肇庆、乐昌做过巡检之类的佐贰官（副职官员）。在积累了一定资历后，他又曾前往海南署理过会同、陵水两县的知县。也正因为如此，张元济虽然原籍浙江，但他实际生于广州，在14岁回乡应童子试之前，他也一直在广州生活。

但很不幸的是，就在张元济返乡第二年，其父因病卒于海南任所。尔后，张元济的母亲以一人之力拉扯儿子努力向学，而张元济兄弟也很争气，于光绪十年（1884）双双得中秀才。5年后，张元济再接再厉，于当年乡试中列全省第10名，同科中榜者还包括汪康年、汪大燮、蔡元培等后世名人。又3年后，26岁的张元济在光绪十八年（1892）考中壬辰科二甲第二十四名进士并拔入翰林院深造。1894年经散馆考试后，张元济被分发任刑部主事，次年又以头名成绩考取总理衙门章京。

从履历上看，张元济无论在科考还是仕途上都堪称春风得意，这等智慧与机运，在万千读书人中可谓凤毛麟角。尤为难得的是，张元济身为浸润传统文化多年的饱学之士，却并不排斥西学。在京官任上，张元济曾自学英语，并与同时在京为官且志趣相投的陈昭常、张荫棠、夏偕复等八人发起成立健社，"约为有用之学"，之后又与诸人共同发起成立通艺学堂，讲授英语、数学等西方新知识。

戊戌年变法开始后，翰林院侍读学士徐致靖于当年四月二十五日（6月13日）向光绪皇帝保荐康有为、黄遵宪、谭嗣同、张元济与梁启超等人。其中，徐致靖对张元济的保荐理由是：

"刑部主事张元济，现充总理衙门章京，熟于治法，留心学校，办事切实，劳苦不辞。在京师创设通艺学堂，集京官大员子弟讲求实学，日见精详。若使之肩任艰大，筹划新政，必能胜任愉快，有所裨益。"

张元济是如何与康有为、梁启超等人搭上关系的，目前还不是太清楚。不过，鉴于彼此都属于倾向于改革的维新阵营，立场上相互接近也属正常。此外，张元济早年在广东长大，与康、梁等人在语言交流上应没有什么大的障碍。在这段时期，张元济因为帮助办理《时务报》在京的发行等事宜而与康、梁等人多有往来，尤其当梁启超与汪康年发生矛盾时，他还充当过调停人。以上背景，大概就是张元济被徐致靖同折举荐的原因了。

对于徐致靖的保荐，光绪皇帝的反应十分迅速。四月二十八日（6月16日），张元济与康有为奉旨一同觐见。据张元济事后的回忆：

二十八日天还没有亮，我们就到西苑，坐在朝房里等候。当日在朝房的有五人：荣禄，二位放到外省去做知府的，康有为和我。……召见时，二位新知府先依次进去。出来后，太监传唤康有为进去。大约一刻钟光景，康先生出来，我第四个进去，在勤政殿旁边一个小屋子里召见，……屋子里没有第三个人，只有一君一臣相对，太监留在门外，不能进内。

当时滇越边境发生划界的争执，光绪对我说："我们如果派人到云南去，要二个月才会走到，但外国人只要十天八天就会到达。我们中国道路不通，一切落后，什么事都赶不上外国，怎么好和人家办交涉呢？"我说："皇上现在励精图治，力求改革，总希望国家能够一天比一天进步。"他听了之后，叹口气说："可是他们都不能赞成呀！"我当时听他说这句话，心里觉得这位皇帝也够可怜了，也不便再说什么。

……那天他就问到（通艺）学堂的情形，我就把学生人数及所学科目告诉他，他勉励我几句，说："要学生好好地学，将来可以替国家做点事。"他还问我一些关于总理衙门的事，问些什么事我已经忘记了。光绪就叫我"你下去吧"。问话语气极为温和，看他面貌，殊欠刚健。我退出时碰见荣禄进去。

作为刑部主事兼总理衙门章京，张元济当时仅为六品衔，而按清朝制度，非四品以上官员是没有资格见皇帝的。很显然，光绪这次的召见属于破格召见，而其中的原因，除了徐致靖的保荐之外，也是因为张元济当时负责上呈新书，光绪对他有所熟悉所致。

事后，张元济写了两首诗表达自己的感奋之情，曰：

微官幸得觐天颜，祖训常怀入告编。

温语虚怀前席意，愧无良药进忠言。

帝王末世太酸辛，洗面常留涕泪痕。

苦口丁宁宣国是，忧勤百日枉维新。

当年六月初九（7月27日），也就是被召见后的第41天，张元济在写给同乡好友汪康年的信中不无担忧地说："弟四月廿八日召见，约半钟之久。今上有心变法，但力似未足，询词约数十语。旧党之阻挠，八股试帖之无用，部议之因循扞格，大臣之不明新学（讲求西学人太少，言之三次），上皆言之，可见其胸有成竹矣。不过近来举动，毫无步骤，绝非善象。弟恐回力终不久，但不知大小若何耳？"

六月十八日（8月5日），张元济又在写给沈增植的信中说："济前者入觐，约两刻许。玉音垂问，仅三十余言。……济随事敷陈，首请坚定立志，勿淆异说；次则延见群臣，以宣抑滞；再次则设馆储才，以备咨询，而归重于学校、科举两端(外间传言非无因也)。天颜甚霁，不自觉言之冗长。当时默窥圣意，似蒙听纳，然见诸施行，乃仍空还题面，无人乎缪公之侧，岂得谓我皇之不圣明哉。……上以是施，下不以是应，可为痛哭也。"

由此可见，颇感知遇之恩的张元济很想为光绪分忧，而他所做的，就是下文所列的一纸规划。

经过长时间的深思熟虑后，张元济于七月二十日（9月5日）上奏变法总纲五条、细目四十条，分别就变法全局、满汉、用人、理财等五大问题做出阐述。

在这篇近7000字的奏折中，张元济提出了五项建议：

一是设议政局以总变法之事。张元济提议，仿懋勤殿南书房的成例，在内廷设立议政局并选择年富力强、通达时务、奋发有为的官员充当局员，由皇帝特旨简派。议政局的职责在于详细核议各种重大政务，为新设立的各种机构如学堂、报馆、交通、邮政、电报、矿务等制定统一的法规章程，并呈请皇帝裁决。

二是融满汉之见。张元济提出了五条具体办法：一是关内旗人全部划归为民，归地方官管辖，结束满汉之间的行政隔离（皇族除外）；二是废除满汉不婚与旗民不交产的规定，满人可以自由择业、自由迁徙；三是结束满汉共治，满汉官员适用同样的选拔标准；四是逐步废除旗兵的固定津贴，出缺后不再续补；五是在京师和驻防地设立劝学工坊，培训旗人就业技能。最末，张元济还特别提出：改革限于关内，东北、蒙古草原、新疆、青海可暂保留原制度。

三是通上下之情。张元济认为，旧政之痼疾，在于上下蔽塞，而要上通下达，可以有六条办法：一是皇帝随时巡视京城各部院及各省，并择机游历外洋；二是改早朝为午朝，除大典外，寻常觐见废除跪拜之礼；三是亲重老臣，赐以座位，以示优礼，遇有重大事件，可随时请旨进见；四是准许士民上书言事，并可直达皇帝；五是皇帝定期召见外省州县官，以了解下情；六是请总理衙门负责将各种新报逐日送呈御览，以助皇上了解中外之情。

四是定用人之格。张元济提出了几项建议：一是多裁旧衙门，增设新政衙门，如有军机处就不必有内阁，有大学堂就不必有国子监、翰林院、太常寺等可并入礼部；二是所有新旧衙门官制，交由议政局重新厘定；三是一人一职，不得兼差；四是对不行新政甚至阻挠新政者以违旨治罪，反对新政者均令原品休致；五是根据官吏职务大小、事务繁简等确定其禄俸，并适当超出其所需部分，免其后顾之忧；六是永远停止捐官纳官，并进而废除科举；七是各省各官，除藩臬以上可不论省籍外，以下各官均用本省人；八是提升州县官的地位，裁去道、府等官职。

五是善理财之策。张元济提出四条具体办法：一是简派官员将户部及各省出入款项数目彻底查清，通盘筹划，详议办法；二是令户部整理规划岁入、岁出款目（即后世之预决算），并向民间颁示；三是整理银钱，实行全国统一的货币制度；四是提倡保护工商业，并制定商律，颁行全国。

应该说，张元济的这份奏折提纲挈领，既有大局观念，其中也不乏具体而有操作性的建议。当然，有些只是抄撮古政，有些或许是来自康、梁等人的思想，也有很多是书生之见，纸上谈兵。其中，有些建议还引起了恐慌，如裁撤旧部门、废除科举等，如老舍在《茶馆》与《正红旗下》中反映的，旗人们对张元济的建议反响强烈，在他们看来，变法就是"旗人必须自力更生，朝廷不再发给钱粮了"，这对他们来说当然不是小事。

之后，因为听说新成立的铁路矿务总局和农工商总局将全部用来安置被裁撤官员，张元济认为此举对新政十分不利，于是在八月三日（9月18日）再次上奏，请求朝廷明降谕旨，令中外大员（即国内官员和国外使馆官员）切实保荐素习矿路农工商学之人，以充实新设立的矿路农工商总局，发展实业。

总的说来，张元济在变法期间主要是被光绪召见一次，并上了两次奏折，实务方面基本没太参与。当然，后者也不是没有机会，只是他主动放弃了。

当年五月，吏部尚书、协办大学士孙家鼐受命筹建京师大学堂后，其保荐名单中的第一名，即拟任张元济为京师大学堂总办。换言之，如果张元济接受的话,他将是京师大学堂(北京大学)的第一任校长。当然,孙家鼐提名张元济为大学堂总办也并不奇怪,因为后者在翰林院学习时,孙家鼐为教习,两人有师生之谊;更何况,张元济因办通艺学堂而声名鹊起,于新式教育颇具经验与见地。

然而,出乎人们意料的是,张元济最终婉言辞却了孙家鼐的邀请。在写给友人的信中,张元济做了如下解释:"大学堂事,寿州(即孙家鼐)派弟充总办,业已奏准。因其所用之人多非同志,极力辞退。此事亦恐变为官事,步官书局之后尘。"

张元济提到的"官书局"及对孙家鼐的看法,他在写给汪康年的信中做了更详细的阐述:"寿州闻尚有心,弟曾有书上之,后屡谒而不得一见,观其行事,亦终难扫除朝贵气习。所刊局报,多系芜词。阁抄格言,最为可笑。洋报偶有微词,译署原文咨送,均被删削。其人如此,概可知矣。"

由此可见,张元济之所以辞任京师大学堂总办,一是不愿与志趣不同的人共事,二是对孙家鼐的办事作风印象不好,由此而不愿担任此职。最终,京师大学堂总办一职改由李盛铎充任。

正如张元济隐约感觉到的,变法从一开始就不会那么顺利。在他二度上折的第三天(八月初六日),慈禧太后突然从颐和园赶回西苑,并以光绪皇帝的名义下诏由其"训政",同时下谕捉拿康有为及其弟康广仁。变法至此,已然失败。

据张元济事后的回忆,政变发生当日,他带着通艺学堂学生前去拜见来访的日本前首相伊藤博文,后者已经知道政变消息,但不好对他们明说而只能很委婉含蓄地表示:"一个国家要变法,不是一件容易的事,一定要经过许多挫折才会成功的。诸位有志爱国,望善自保重。"等他们由日本使馆出来后,这才得到慈禧太后由颐和园回宫政变的消息。

事后,张元济致信汪康年说:"康于初五日出京,初六日奉命拿问,⋯⋯仅获其弟。⋯⋯康固非平正人,然风气之开,不可谓非彼力。现闻尚未弋获,将来必有株连。事变之来,且更有不可意想者。自来变法,莫不如是,惟望新党勿为所摇夺耳。"张元济又说,他曾去见了一次李鸿章,说:"现在太后和皇上意见不合,你是国家重臣,应该出来调和调和才是。"李鸿章听后叹了一口气,瞠目道:"你们小孩子,懂得什么?"

慈禧太后宣布"训政"后,康有为、梁启超等人闻讯流亡海外,而谭嗣同、林旭、杨锐、刘光第、杨深秀、康广仁六人或因涉嫌"围园杀后"密谋,或因参与新政而喋血菜市口。对于这一事件背后的激烈斗争,张元济表示一点也不知情,"后来所传谭嗣同说袁世凯带兵围颐和园事,真相如何,我不能知悉。因为那时我只在外围,秘密我未参与"。

"六君子"被杀后,其他参与新政的官员如徐致靖、李端棻、张荫桓等人也分别被拿办、下狱、流放等。与康、梁等人尚未深交的张元济虽然没有杀身之祸,但因为同属维新阵营,因而也遭到"革职,永不叙用"的严厉处罚。

据说,在诏令下来后,张元济的岳母责备他说:"你闯大祸丢了官,连累女儿不能当诰命夫人,永无出头之日!"张之母则宽慰他说:"儿啊,有子万事足,无官一身轻。"如此,时年32岁的张元济,他的政治最高峰也就此戛然而止。

事后,张元济所办的通艺学堂也不得不宣布结束,并随之归并于京师大学堂。在将学堂所有财产开列清单并呈请管学大臣孙家鼐接收后,张元济也就此结束了他的京官生涯。

张元济仕途顿挫之时,同处人生低谷的李鸿章曾派人慰问并询及其打算,张元济表示:京城已无容身之地,自己将赴上海谋生。当年10月下旬,张元济携眷离开京城,南下上海。

1899年4月,在李鸿章亲信、时任南洋公学督办的盛宣怀的帮助下,张元济出任南洋公学译书院院长,主持翻译东西各国新书。此时,张元济或许没有想到的是,正是这一契机,让他逐步脱离官场,并由此走向了近代出版业。

多年以后，张元济回想往事，对当年的变法又有了新的看法："夫以数千年之古国，一旦欲效欧美，变易一切，诚非易事。然使无孝钦后之顽梗，又无庸劣守旧之大臣助长其焰，有君如此，上下一心，何至酿成庚子之役。即辛亥之革命，亦何尝不可避免，和平改革，勿伤元气，虽不能骤跻强盛，要决不至有今日分崩之祸。每一念及，为之悲愤！"

在张元济看来，戊戌年的失败，既与慈禧太后及一干保守大臣有关，而康有为等人不谙世事、一味激进蛮干，也难辞其咎。如其所云："时诏各省广设学堂考试并废八股，余劝长素（即康有为）乘此机会出京回籍，韬晦一时，免撄众忌。到粤专办学堂，搜罗才智，讲求种种学术。俟风气大开，新进盈廷，人才蔚起，再图出山，则变法之事不难迎刃而解，而长素不我从也。"

"南洲讲学开新派，万木森森一草堂。谁识书生能报国，晚清人物数康梁。"当然，张元济也并未因康、梁之短而抹杀其历史功绩。戊戌变法过去20年后，张元济设法搜集谭嗣同等人的遗著而编成《戊戌六君子遗集》，后者于1918年初由商务印书馆出版。

在该书序言中，张元济不无沉痛地写道："六君子者，实世之先觉，而其成仁就义，又天下后世所深哀者"；"默念当日，余追随数子辇下，几席谈论，旨归一揆。其起而惴惴谋国，盖恫于中外古今之故，有不计一之利害者，而不测之祸，果发于旋踵。余幸不死，放逐江海，始为诸君子求遗稿而刊之。生死离合，虽复刳肝沥纸，感喟有不能喻者矣！"

言下之意，似有无限感慨。

己亥建储：触发庚子国难的宫廷祸端

光绪皇帝能继任皇帝之位，事实上是因其堂兄同治皇帝过于短命，在同治皇帝去世的时候，由于没有留下子嗣，这给皇位继承问题带来极大的麻烦。

按常例，同治是"载"字辈，应当从下一辈也就是"溥"字辈中挑选继承人为同治立嗣（同治名载淳，光绪名载湉）。当时在"溥"字辈中，道光长子奕纬之孙溥伦最大，按理应当立他。但这个提议遭到很多皇族近支的反对，他们认为溥伦之父载治不是奕纬的亲生子，而是由旁支过继的，在血缘上差了很多。慈禧太后当时也反对由溥伦继位，因为一旦立了"溥"字辈，她就变成了太皇太后，按祖制就不得垂帘听政而必须退出政治舞台，这是她所不愿意看到的。

在慈禧太后的坚持下，醇亲王奕譞的长子载湉被立为皇帝，也就是后来的光绪。慈禧太后之所以要立载湉，主要原因是载湉的父亲是咸丰的亲弟弟，母亲又是自己的亲妹妹，而且皇帝年幼，便于操纵。另外，还有一个重要原因便是载湉承继的是咸丰皇帝的帝位，慈禧太后由此便可以继续以皇太后的名义垂帘听政。

但是，这样的解决办法打破了祖制并引发了"礼仪"之争。同治和光绪都是"载"字辈，同治死后无嗣，而光绪承继的是咸丰之位，那同治的位置就不好办了，因为等于到了他那里便"断了后"，而同治的皇后（状元崇绮之女）更是麻烦，她这个皇后按理本应该升为皇太后的，但如此一来没了名分，在宫中不明不白的，最后被迫在同治死后的次年吞金自殉。

在同治和皇后大葬之后，有个名叫吴可读的吏部主事在一座废庙中服毒自殉，以"尸谏"的形式抗议慈禧太后这种破坏祖制的做法，他还留下遗疏指责慈禧太后贪恋权位，不给同治皇帝立嗣，罔顾亲情。事件发生后，举朝震惊，自知理亏的慈禧太后只得拟定了另一个办法，那就是下诏称光绪承继咸丰帝入承大统为嗣皇帝后，等生有皇子即承继同治帝为嗣。也就是说，等光绪到时生了儿子，将作为同治的子嗣继位，这样才算把名分问题摆平。

光绪进宫的时候只有四岁，便由既是姨妈又是伯母的慈禧太后照管并亲自过问穿衣、吃饭、洗澡、睡觉等生活琐事。但慈禧太后在教育孩子方面并不是什么行家里手，她自己的亲生儿子同治就是一个非常失败的案例。

据宫中的太监说，光绪对慈禧太后的称呼是"皇爸爸"，不知何解。由于其至高无上的威权，慈禧太后在对待光绪的教育方法上也是十分的粗暴性急，光绪稍微不合己意，便是讥讽、呵斥甚至责打，这对后来光绪的性格影响极大。小时候的光绪胆小怕事，听到打雷或者大点儿的声音往往都会颤抖、哆嗦。慈禧太后过分的责罚，严重打击了光绪的自信心，以至于其性格懦弱，怕事，在青少年的时期又出现强烈的逆反，正如光绪在甲午战争和戊戌变法中的表现一样。

心理学理论认为，儿童每在被自己父母讥笑或者虐待的时候，往往会产生一种逆反心理，但在父母的威权下，这种逆反心理又诱发一种内疚感，从而否定自己的行为。长此以往，这种环境下长大的儿童往往患得患失，做事情犹豫不决，缺乏自信。与对同治一样，慈禧对光绪造成了巨大的阴影，以至于影响到他的一生。在自卑的同时，光绪往往会不自觉地进行消极反抗，比如见慈禧太后时总是一脸死相，让慈禧太后十分扫兴。

光绪亲政后逆反的表现，更是加重了慈禧太后对光绪的不信任，在她眼里，光绪始终是个懦弱自卑、犹豫不决、依赖性强、难以独当大任的孩子，她在光绪亲政后对朝政的不断干涉和把持，很大原因就是出于这种心态。但慈禧太后从不去想的是，光绪之所以成为一个人格心理存在严重缺陷的人，正是因为她的粗暴教育所造成的。

光绪的一生，大部分时间是作为慈禧太后的傀儡而存在。就连在后宫生活中，慈禧太后也要对光绪加以控制，比如众所周知的光绪选妃事件，结果造成光绪和隆裕皇后（慈禧太后的侄女）长期没有正常的夫妻生活，两人在一起经常是默坐无言。而光绪后来喜欢的珍妃，却一直为慈禧太后所厌恶。

甲午战败后，光绪愤而欲行变法，但维新不过百日，便遭到慈禧太后的扼杀。苏继武在《戊戌朝变纪闻》里描述了这次政变，说慈禧太后称"康有为叛逆，图谋于我"，而恽毓鼎也在《崇陵传信录》中提及此事，慈禧太后当时怒骂光绪说："我抚养你二十余年，乃听小人之言谋我乎？"光绪战栗了半天，说："我无此意。"慈禧太后唾之曰："痴儿，今日无我，明日安有汝乎？"随后，光绪便被软禁在瀛台。

瀛台本为中南海中的南海上一小岛，三面临湖，只有一桥可以进出。不仅如此，慈禧太后又派来心腹侍卫对瀛台严密看防，光绪的任何举动，都会有人向慈禧太后报告。《金銮琐记》里说，光绪有一次逃到西苑门口，被多个太监强扭发辫拉了回去；还有人就亲眼看见光绪因要上朝而出瀛台后，仰首向天而望，刚甩开身边的人走到乾清门，便有太监十余人拦住去路。

戊戌政变后，慈禧太后怕民间舆论对她不利，于是又让太监们到酒肆茶坊里去传播谣言，诋毁光绪的种种昏庸不道，无端迷信西法，甚至欲谋杀太后（此事的有无，目前尚无定论）等，这下反让人觉得都是光绪的不是，而慈禧太后训政便是理所当然。如此一来，光绪就更加孤立了。

但是，限于皇帝的名分，光绪虽然人被幽禁，但每日还得在慈禧太后的逼迫之下，像个木偶一样上朝召见臣工，这种苦处比禁锢独处恐怕更要痛苦百倍。每次临朝，光绪被置于大庭广厦之中，声音笑貌无一自然，如颠、如聋、如哑，而大臣们对光绪也是以颠聋哑视之，仿佛对待空气一般。

《崇陵传信录》里说："至戊戌训政，则太后与上并坐，如二君焉。臣公奏对，上嘿不发言，有时太后肘上使言，不过一二语止矣。迁上于南海瀛台，三面皆水，隆冬冰坚结，传闻上常携小奄踏冰出，为门者所阻，于是有传匠凿冰之举。上常至一太监屋,几有书,取视之,《三国演义》也。阅数行掷去,长叹曰:'朕不如汉献帝!'"

令慈禧太后不快的是,外国使馆常来打听光绪的境遇,颇有干涉之意。对此,慈禧太后深以为恨,便将光绪生病的消息公然诏告天下,并为之延请名医,以证明自己训政的合理性。在历史上,对天下子民公布皇帝病情的事情极为罕见,因为这往往有皇帝将不久于人世的政治含义,而各省督抚或诧异,或觉得这是废帝的前兆。

事实上,早在戊戌年(1898),坊间便盛传天津阅兵行废立阴谋之说,尽管那不过是空穴来风,但也未必就是无稽之谈。戊戌政变后,废立的传闻更是甚嚣尘上,京师即传出消息说"皇上病势沉重,恐致不起"。公使们对此的反应,一方面是出于礼节,一方面也是担心有人要谋害光绪,当时"驻京各国使臣闻圣躬不豫,均诣总署问安,并叩致病之由"。

在当时北京的外国使馆人员中到处流传着这样的谣言:"皇上被毒死了""皇上病得很重很重""皇上被囚禁了""新的皇位继承人已经选定"等,而坊间传闻慈禧太后在政变后不断地处死太监(确有其事),更是加剧了这种恐慌情绪。

在外国人中间具有强大影响力的《字林西报》不断发布消息,暗指光绪帝已经被谋害,并暗讽各国使节有权知道真相:"这些人都是被遣到中国皇帝的宫廷中充当代表的,而不是被派遣到一个窃居中国宫廷的僭篡摄政那里的。"

外国公使之所以对废立传闻如此有兴趣,主要是他们大都对维新的光绪皇帝持同情态度而不愿意看到守旧的慈禧太后再度执政。在这些人中间,英国方面表现最为积极,他们的兵舰在戊戌政变之后便开到大沽口外,以示对事件的关注。

在主管外务的庆亲王奕劻向英国公使窦纳乐辟谣并表示光绪帝情况良好时,窦纳乐则提出消除外界疑虑的有效办法,那就是"找一位外国医生为光绪看病,并签署一份光绪的健康证明书"。为了防住外国公使们的口,清廷最后只好邀请法国使馆医生德对福(Dr. Detheve)给光绪帝看病并证明病况,结论是"病势无大碍,惟患血虚之症"。

废立之说传开后,地方实力派也纷纷表示反对,两江总督刘坤一约湖广总督张之洞一起争言不可,但后来张之洞突然后悔,途中将折子追回。刘坤一得知后笑道:"香涛(张之洞号香涛)见小事勇,见大事怯,姑留其身,以待后图,吾老朽,何惮。"遂复电荣禄,曰:"君臣之义至重,中外之口难防。坤一所以报国者在此,所以报公者亦在此。"荣禄以坤一电入奏,慈禧太后因惧而止。

不仅如此,国人对此也是一片哗然,上海的候补知府经元善在众人拥戴下,征得万人签名,上书反对废立之事。慈禧太后得知后大怒,命立刻捕杀经元善,幸好他及时逃到了澳门才幸免于难。

在经历了这么多波折之后,"废立"之说也就偃旗息鼓,而突然改成了"建储"计划。事实上,在当时"皇权神圣"的情况下,废黜光绪皇帝并非易事,而慈禧太后改立"大阿哥"也是另有隐情,这往往是研究者通常所忽略的。

隐情之一,由于光绪皇帝从小就身体较差,从后来的一些病症记录来看,他患有长期肾炎等疾病并导致经常性遗精甚至早泄,其有无生育能力本身就存在很大的疑问。对于这一点,慈禧太后想必也是心知肚明,毕竟隆裕皇后是她的亲侄女。

隐情之二,由于光绪皇帝在戊戌变法时可能参与谋逆慈禧太后的"围园之谋",这让慈禧太后在感到伤心的同时,自然而然地想到自己早逝的亲生儿子同治皇帝。在之前的许诺中,光绪皇帝生下儿子后将作为同治皇帝的嗣子继承皇位,但考虑到光绪皇帝的身体状况,慈禧太后只能通过立大阿哥的方式来为同治立嗣。

另外,由于同治皇帝和光绪皇帝都是幼年继位,这种小皇帝登位后的朝政制度不仅隐患巨大,也令大臣们感到忧心忡忡,假如光绪皇帝无后,而慈禧太后已经年岁渐高,一旦两人发生意外,必然要再次立一幼年皇帝,这将对未来的朝政带来不可估量的危险。由此,以"立大阿哥"的建储方式作为备选,也有利于改进和完善候补皇帝的教育，为其将来的执政打下良好的基础。毕竟，一个合格的皇帝是需要多年培养的，并不是说上位就上位的。

对清宫内幕颇有所知的御史恽毓鼎在《崇陵传信录》里说，当时最热心"己亥建储"的有三个人，第一个是同治皇后的父亲承恩公崇绮，他在同治及皇后死后便久废在家，郁郁不得志；第二位是同治原来的师傅大学士徐桐，他当时虽然已届八旬，却常常倚老卖老，贪好弄权；第三位是礼部尚书启秀，他在戊戌政变后受徐桐举荐入了军机处，也就跟在徐桐的后面想"邀定策功"。

在恭亲王奕䜣去世后，当时军机处以礼亲王世铎为首，但世铎是个保守中庸的老官僚，当时最受慈禧太后信任和重用的是大学士荣禄，对其可谓是言听计行，大权实归。徐桐几个人商议好后，便让启秀先去见荣禄，探听下他的意思。荣禄听后大惊，赶紧将启秀打发走，并令门房将访客全部拒之门外。启秀走后，徐桐和崇绮来到荣禄府上，不得其门而入。

不过，《方家园杂咏纪事》中却描述了一个更加有趣的画面，说徐桐和崇绮将废立之奏稿密请慈禧太后阅后，慈禧太后说："你两人须先同荣禄商定。"于是两人便去见荣禄，说奉太后懿旨，将此稿给荣禄看。荣禄接稿看后，突然以手捧腹大叫道："啊呀，这肚子到底不容啊，适才我正在茅厕，泻痢未终。闻两公来有要事，提裤急出，今乃疼不可忍。"

说完，荣禄丢下他们两个跄跄奔入，良久不出。这时天正严寒，徐桐二人纳稿于袖，移座围炉。再说荣禄，他哪里是什么肚子疼，其实是偷偷出去找幕僚樊增祥商议对策，却把徐桐和崇绮两老头撂那儿了。

等荣禄回来，他又说："刚才还没看明何事，今请一看。"于是又接过奏稿看了数行，随后便突然将稿子往火炉里一塞，火焰腾起，荣禄还连声说："我不敢看哪！"（好个奸猾的荣禄！）徐桐大怒，说："此稿太后阅过，奉懿旨命尔阅看，何敢如此？"荣禄说："我知太后不愿作此事。"徐桐两人争说实出太后之意。荣禄说："我即入见，果系太后之意，我一人认罪。"

之后，荣禄便去见慈禧太后，痛哭碰头，说冒此大险，万万不值，一旦招起大变，恐怕祸及太后，慈禧太后这才惧而不敢作。

对于此事的结局，《崇陵传信录》做了一个稍微不同的描述，说荣禄去见慈禧太后说："传闻说将有废立之事，是真的吗？"慈禧太后故作敷衍："没有啊。这事行得通吗？"荣禄说："太后要做的话，谁又敢说三道四呢？只不过皇上罪行不明，要是外国公使起而干涉的话，这不可不惧啊！"慈禧太后说："事情已经泄露出去了，这可怎么办？"荣禄说："倒也无妨，皇上春秋已盛，仍无皇子，不如择宗室近支子弟建为大阿哥，为上嗣子，兼祧穆宗（同治），育之宫中，徐篡大统，这样就师出有名了。"慈禧太后沉吟良久后说："你说得很对。"

几天后，慈禧太后召集近支王公贝勒、御前大臣、内务府大臣、南上两书房、翰林部院尚书在仪鸾殿开会。当时人人都以为要行废立之事了，内廷苏拉还说："今日要换皇上了！"不过最后诏书下来，却是立溥儁为大阿哥之事，也就是历史上说的"己亥建储"。

荣禄这个人，一向喜欢在幕后操作，对于废立之事，他也不敢轻举妄动。清人笔记上还记载了他寻访李鸿章意见的事情。陈夔龙在《梦蕉亭杂记》里说，荣禄将废立之事告知李鸿章后，李鸿章起而大声道："此何等事，讵可行之今日。试问君有几许头颅，敢于尝试此事？若果举行，危险万状。各国使臣，首先抗议，各省疆臣更有仗义声讨者，无端动天下之兵，为害曷可胜言。东朝圣明，更事最久，母子天伦，岂无转圜之望？是在君造膝之际，委曲密陈成败利钝，言尽于此。"荣禄听后急忙回报慈禧太后，说以此事不可行。

《语林》中也记载了这样一个故事，说荣禄去见慈禧之前，先拜访了李鸿章。当时李鸿章因为甲午战败，声誉扫地，虽说是入阁办事，实际上无事可做（清代内阁大学士与军机大臣不可同日而语），每日只是闲居贤良寺，门可张罗。一日荣禄来访，两人深谈至晚餐，这时，荣禄屏退左右，说："太后将行大事，天位当易，惟亡命者肆意鼓吹，恐友邦为所惑，夙知公娴习外情，烦一探其向背。"李鸿章说："我办外交数十年，皆人先谒我，且此系内政，先询人，失国体。如必询，当授我以两广总督，我先于《泰晤士报》传其风说，届时外宾必来贺我，询我以国事，我可就而探之。"

荣禄大喜，回报慈禧太后不久，李鸿章便被任命为两广总督。外国公使们听说李鸿章调任两广总督，纷纷来贺，于是李鸿章便转叩其意，外国公使称他们国书是致光绪帝的，今易帝位，是否继续承认，尚须请示本国云云。李鸿章后来便说外国公使不愿承认新帝，于是内禅之议暂止，最后只是立了大阿哥。

随后，慈禧太后以光绪的名义发布诏书：

朕冲龄入承大统，仰承皇太后垂帘训政，殷勤教诲，巨细无遗。迨亲政后，正际时艰，亟思振奋图治，敬报慈恩。乃自上年以来，气体违和。惟念宗室至重，前已吁恳皇太后训政一年有余。朕躬总未康复，郊坛宗庙诸大祀，不克亲行。值兹时事艰难，仰见深宫宵干忧劳。不遑暇逸，抚躬循省，寝食难安。敬溯祖制缔造之艰难，深恐勿克负荷。且入继之初，曾奉皇太后懿旨，俟朕生有皇子，即承继穆宗毅皇帝为嗣。统系所关至为重大。忧思及此，无地自容。诸病何能望愈，用再叩恳圣慈，就近于宗室中慎简贤良，为穆宗毅皇帝立嗣，以为将来大统之畀。再四恳求，始蒙俯允。以多罗端郡王载漪之子溥儁继承穆宗毅皇帝为子。钦承懿旨欣幸莫名。谨敬仰遵慈训，封载漪之子为皇子。将此通谕知之。

在皇亲近支中，慈禧太后最终选了端王载漪的次子溥儁为大阿哥人选。载漪为道光第五子奕誴次子，咸丰十年（1860）过继给瑞亲王绵忻为孙，袭贝勒爵位；1889年加郡王衔；1894年慈禧太后六十大寿时被封"瑞郡王"，不巧诏书错写成了"端郡王"，后来便因错就错改称"端王"了。载漪的福晋，一说是慈禧太后弟弟桂祥之女（慈禧太后的内侄女），另一说是慈禧太后的养女，不过有一点可以肯定，那就是载漪的福晋经常出入宫中，颇得慈禧太后的欢心。

由于名位和才干并不突出，载漪在戊戌政变之前少有建言，不为人所注意。但"废立"之说兴起后，载漪很快被推到了前台，而他也绝不会放过这个千载难逢、稍纵即逝的机会，随后他几乎是不择手段、费尽心机培植自己的政治势力，以图把儿子溥儁扶上皇帝的宝座。

按照慈禧太后的懿旨，溥儁是按当年吴可读（前文"尸谏"之吏部主事）之议而入继穆宗同治为嗣，名号为"大阿哥"。随之，15岁的溥儁被接到皇宫内弘德殿读书，由同治帝的岳父承恩公崇绮和原同治的老师大学士徐桐为师傅。因溥儁的太子地位，在其本生父端王载漪周围很快便形成"大阿哥党"，当时有军机大臣刚毅、大学士徐桐、礼部尚书启秀、户部尚书崇绮等人，此外还有庄亲王载勋、载漪的兄弟载濂、载澜等人。

这些人当时可分为两类，一类是以刚毅、徐桐为代表的顽固守旧官僚，他们不通外务，一贯仇洋；另一类则是以载漪弟兄为首的满族亲贵，这些皇亲从小便不学无术，却有着极强的权力欲望。当他们听说外国公使试图阻挠"废立"之后，更是群情激奋，恨得牙痒痒。

由此，这两类颟顸宵小之徒凑在一起，在庚子年胡搞一气也就不奇怪了。

使馆之围："老佛爷"的难言之隐

1900年6月20日，在德国公使克林德被杀后，北京的各国公使们陷入了恐慌，他们更加坚定地认为，清廷要对他们进行有预谋的屠杀，于是立刻取消了撤出使馆的计划，并打算在北京使馆区固守待援，等待从天津出发的各国军队。

由于距离英法等主要使馆较远，比利时、荷兰、奥地利三国使馆的外交人员随后离开了他们的使馆，来到防卫较好也比较宽敞的英国使馆。当时的英国使馆是使馆区中面积最大也是房子最多的，院子里有个很大的花园，还有五口淡水井和两口咸水井。随着局势的不断恶化，在京的外国人（近900人）也都纷纷躲进了英国使馆，很多传教士也带着他们的一些中国教民来到使馆区避难。

英国使馆原本只住60余人，这些人来后让使馆完全变了样，就连马厩里都挤满了人。不过，避难者也带来了他们的私人物品，其中包括150匹马和骡子，一小群羊，还有一头奶牛。另外，英国使馆还囤积了大量的食品，有200吨的白面和大米，成箱的葡萄酒，必要时还可以屠宰马和骡子。

就在6月20日这一天，清廷发布上谕，称"近日京城内外，拳民仇教，与洋人为敌，教堂教民连日焚杀，蔓延太甚，剿抚两难。洋兵麇聚津沽，中外衅端已成，将成如何收拾，殊难逆料"。随后，清廷又将上谕以六百里加急的速度发给各省督抚，要求本省"通盘筹画于选将、练兵、筹饷三大端，如何保守疆土，不使外人逞志；如何接济京师，不使朝廷坐困"；并要求"各督抚互相劝勉，联络一气，共挽危局。时势紧迫，企盼之至"！

就在当天下午，清军向使馆区发动了进攻。长期以来，人们一直以为攻打使馆的主要力量是义和拳，而清军则在暗中保护使馆，事实上，这是一种误解。李希圣在《庚子国变记》中说，6月20日（下午），"董福祥及武卫中军围攻交民巷，荣禄自持檄督之，欲尽杀诸使臣。礮声日夜不绝，屋瓦自腾，城中皆哭，拳匪助之，巫步披发，升屋而号者数万人，击动天地"。由此可见，拳民们并没有亲临攻击第一线，他们虽然人数众多，却只能"升屋而号"，这说明他们是完全被隔离在战线之外的。

事实上，从拳民们进入北京到使馆最终解围，除了极少数拳民的零星活动外，义和拳自始至终都没有能够直接、大规模地进攻过使馆区，这远未构成对使馆的真正威胁。义和拳并不是不想去焚烧或进攻使馆区，而是他们做不到。因为早在6月16日时，荣禄的武卫中军便奉命保卫使馆，义和拳根本就靠近不了使馆区。就这点而言，英国公使窦纳乐的报告、普特南·威尔所著的《庚子使馆被围记》和中国教民鹿完天所写的《庚子北京事变记略》中均反复讲到清军的进攻，而对义和拳的进攻行动却只字不提或匆匆带过。

6月20日下午进攻开始后，首先遇到攻击的是划在主要使馆之外的比利时使馆和奥地利使馆，由于这两个使馆的人员已经基本撤退到英国使馆，因此留守的卫队士兵几乎未经抵抗便撤出。当天晚上，这两个使馆被大火烧毁。

使馆卫队紧接着放弃的是荷兰使馆和意大利使馆，因为荷兰使馆在使馆区外，而意大利使馆处于使馆区防线的突出部位，兵力薄弱，难以防守，因此清军一进攻便被使馆卫队主动放弃。为此，意大利公使萨瓦戈事后还极为恼怒，称这是一个"误解造成的极大失误"——意大利人撤出后，使馆便被焚毁。

6月21日，清廷正式发布"宣战诏书"。这个诏书是军机章京连文冲写的，使用的是离骚体，曰："我朝二百数十年，深仁厚泽，凡远人来中国者，列祖列宗，罔不待以怀柔。……讵三十年来，恃我国仁厚，一意拊循，乃益肆枭张，欺凌我国家，侵犯我土地，蹂躏我人民，勒索我财物。朝廷稍加迁就，彼等负其凶横，日甚一日，无所不至，小则欺压平民，大则侮慢神圣。我国赤子，仇怒郁结，人人欲得而甘心。此义勇焚烧教堂，屠杀教民所由来也。……昨日复公然有杜士立照会，令我退出大沽口炮台，归彼看管，否则以力袭取。危词恫喝，意在肆其猖獗，震动畿辅。……朕今涕泪以告先庙，慷慨以誓师徒，与其苟且图存，贻羞万口，孰若大张挞伐，一决雌雄。……我国忠信甲胄，礼义干橹，人人敢死，即土地广有二十余省，人民多至四百余兆，何难翦彼凶焰，张国之威！……尔普天臣庶，其各怀忠义之心，共泄神人之愤，朕有厚望焉。"

这份以光绪名义发布的诏书是耐人寻味的。首先，清廷以洋人强行索要大沽口炮台为由进行宣战，殊不知此时大沽口炮台早在6月17日便已失陷，只不过直隶总督隐瞒未报而已。换句话说，联军在6月17日攻占大沽口炮台的行为，其实是构成了事实意义上的侵略，而6月21日清廷的宣战反落在了后面，换句话说，庚子年的战争完全是列强一方挑起的。

其次，宣战诏书并没有具体对象，而只是使用了一个带有藐视的代称"彼等"，因此，这在国际公法上并不能算是对外宣战——事实上，后来没有任何国家宣布正式应战。而认为清廷不懂国际法上的宣战形式也说不过去，因为在甲午战争时，中日双方都发布过正式的宣战书。

再次，这份诏书向国民解释了朝廷为何要做出如此决策并呼吁共同御敌，这更像是一个对内的战争动员令。由此，说清廷在庚子年对十一国宣战在法理上是站不住脚的。

清廷在21日发布诏书后的一个重要举措便是将义和拳称为"义民"，并声称要将之编为民团，由端王、庄王和刚毅统率。表面上看，这似乎是清廷"由剿改抚"的根本转变，表明清廷已经与义和拳合流，但吹开历史肥皂的泡泡，其背后的事实真相并非如此。

作为一个简单的事实，义和拳被招抚后并没有完全投靠到清廷门下，他们仍旧保持了自己的独立性和无组织的特性，那种认为清廷试图依靠义和拳来保卫政权的观点显然是极为荒谬的。而且，清廷即使在公开招抚义和拳之后，也并不代表对义和拳的能力加以信任。当然，颟顸而不识时务的刚毅和载漪等人是例外，在褒奖义和拳为"义民"的过程中，他们可能在其中起到了重要作用。

就动机而言，刚毅可能因为见识短浅的原因（或者说根本就是上当受骗）相信了义和拳，而载漪等人可能是抱有利用义和拳赶走洋人并制造混乱局面以乘机夺取皇位的私心。譬如在6月25日早晨，"端庄二王（载漪和载勋）与贝勒载濂、载滢，率领义勇六十余人，胆敢闯入大内，搜拿教民……大声鼓噪，云以我等颇愿见皇上，因有紧要之事等语。言毕口出不逊，竟敢詈上以二毛子"。所幸的是，慈禧太后及时赶到，这才制止了这场试图弑君的政变。

由此看来，清廷此时对义和拳的招抚看来不过是权宜之计，目的是安抚拳民，防止拳民暴动，而其对外宣战则给了拳民一个怒气的宣泄口，同时也在失控的局面中维护了清廷的合法性地位。换句话说，在局势失控的情况下，清廷必须顺应义和拳扮演一个"爱国爱民"的朝廷，如果贸然剿杀义和拳的话，恐怕等不到外国干涉便已亡于拳民之手了。只有领悟到这点，才能体会到清廷"宣战诏书"的深刻含义，这也是这个所谓的"宣战诏书"对内而不对外的原因所在了。

事实上，有很多证据可以证明清廷的用意。就在6月20日发布的上谕中，清廷便提到"近日京城内外，拳匪仇教，与洋人为敌，教堂教民，连日焚杀，蔓延太甚"而导致的"剿抚两难"困境；6月28日，清廷又向列强表示"此种乱民，设法相机自行惩办"。

6月30日，朝廷向各省督抚解释"宣战"的原因："此次义和拳民之起，数月之间，京城蔓延已遍，其众不下十数万，自兵民以至王公府第，处处皆是，同声与洋教为仇，势不两立。剿之，则即刻祸起肘腋，生灵涂炭。只可因而用之，徐图挽救。奏称信其邪术以保国，亦不谅朝廷万不得已之苦衷矣。""祸起肘腋"的含义，读者自当察之。

吴永在《庚子西狩丛谈》中记载了慈禧对当时失控局势的描述：拳民们"势头也大了，人数也多了，宫内宫外，纷纷扰扰，满眼看去，都是一起儿头上包著红布，进的进，出的出，也认不定谁是匪，谁不是匪，一些也没有考究"，"因此更不敢轻说剿办"了。这大概就是所谓的"法不及众之忧，尾大不掉之势"，在面临危机考验时，决策只能暂时顺应民意所指，不然即会引火烧身。

太常寺卿袁昶曾奏称："现禁城有拳团三万余人，来者穰穰不止，日久必生变，既不能部勒使受约束，不如导使随往津御洋兵，少两得之。"《石涛山人见闻志》也有这样一段记载："闻各路兵及庄王、荣相、董军门、各统兵大臣，皆设密法收抚团众。有不受抚者，均遣至各处攻打前敌，少有退缩，迎以大炮，一炮休矣，升天矣。实露半抚半剿之法。"

袁昶后来因为载漪"抚拳"的政策而被杀，但他的说法是很值得玩味的。所谓的"两得之"和石涛山人说的"半抚半剿"正好是理论与实践的结合，其用意不过是在表面"招抚"的名义下将大批拳民引出京外，以减轻朝廷的危险和压力；同时，又可以通过拳民们暂时抵挡一下洋人的军队，稍微延缓其进军北京的速度；同时又可借洋人之手消灭义和拳，或者清军干脆直接上阵剿杀。很显然，慈禧太后这种"中外平衡、一石双鸟、多重功效"的阴险策略，绝非是拳民所能料到的。

这个策略在7月22日清廷给东北地区大吏的上谕中明显地透露了出来："我仍可作弹压不及之势，以明衅不自我开。各该省如有战事，仍应令拳民作为前驱，我则不必明张旗帜，方于后来筹办机宜可无窒碍。"

在解决了这个内部问题后，再看庚子年中的这个"使馆之围"就没那么复杂了。很显然，清廷对于外国公使们绝无加害之意，而他们一再要求公使们离开北京前往天津的用意，不过希望在局面失控中尽量减轻自己的压力或者试图甩掉这个包袱，而绝不是公使们认为的"有预谋的大屠杀"——这其实也证明了这些公使们对中国事务和中国人的思维方式实在是太不了解了。如果做一个大胆推测的话，假定公使们真的在6月下旬在使馆卫队和清军的保护下离开北京前往天津，庚子年的灾难可能会小得多。当然，在当时义和拳蜂起的局面下，公使们怀疑清军的保护能力甚至动机也不是没有道理，因为历史本就是由太多的偶然性构成的。

在了解了这个基本前提后，使馆之围也就有了合理的解释。当时参加围攻使馆的主要是董福祥的甘军和荣禄直接指挥的武卫中军，另外还有少量由庆亲王奕劻指挥的军队。在整个进攻过程中，荣禄和奕劻是很聪明的，他们心里十分清楚攻击外交人员会在日后带来极大的危害，想必也能体会慈禧太后的良苦用心。至于董福祥的甘军，他们仇恨洋人是发自内心的，但他们的武器装备相对落后，正如当时的一个笑话说，李鸿章得知进攻使馆的军队是董福祥的甘军后，他大笑着告诉外人："尽管放心，使馆无恙！"

董福祥当时和端王载漪等人走得很近，他在接到进攻使馆的命令后自然会尽心尽力，但问题是慈禧太后在围攻使馆的决策中也有矛盾，围攻使馆时断时续，并不是一个持续的过程。正如吴永在《庚子西狩丛谈》中记载的，慈禧太后曾说："我本来是执定不同洋人破脸的，中间一段时间，因洋人欺负得太狠了，也不免有些动气。但虽是没拦阻他们，始终总没有叫他们十分尽意地胡闹。火气一过，我也就回转头来，处处都留着余地。我若是真正由他们尽意地闹，难道一个使馆有打不下来的道理？"

慈禧太后说的"他们"，显然指的是载漪等人，尽管中间可能会存在失控的情况，慈禧太后控制不了义和拳，但对于载漪、董福祥他们终究还是能掌控的。事实上，慈禧太后的做法也很阴险，她在事后也是把围攻使馆的责任推到了载漪等人身上，殊不知她才是最后的决策者。

也许有人要问，既然不想伤及公使，慈禧太后又何必要命令围攻使馆呢？这可能有两方面因素，第一是在诏告义和拳为义民后，在义和拳反洋情绪高涨的时候，清廷必须要有所表示，那围攻使馆就具有很好的象征意义——与其让义和拳去围攻使馆最后弄得不可开交，倒不如让可控的清军来完成这个表演。当然，这个表演还不能演得太假。

慈禧太后下令围攻使馆的另外一个原因恐怕是为了给公使们制造一定的压力，类似于通常说的"以战促和"，或者干脆把公使们变成"人质"。这种策略在第二次鸦片战争的时候曾经用过，那就是将当时英法谈判代表巴夏礼等人拘捕，用以挟制英法并迫其接受停战。

林华国先生在《庚子围攻使馆事件考》一文中详细阐述了这个观点："庚子年对使馆的进攻，很像是故技重演。西太后的目的是想把租界内的洋人变成自己手中的人质。清政府的方针是：一方面想攻占肃王府使英使馆陷入'无法防守'的险境，另一方面尽力避免英使馆内的外国使节及其家属造成重大伤亡。除猛攻肃王府外，清军还力图攻占位于英使馆东南方的法使馆，这似乎也是为了对外国使节加大心理上的压力。看来，清政府的目的并不是真要'夷平使馆'，而是要通过攻打使馆使外国使节陷于'准人质'的危险境地，以此作为向外国求和的一种辅助手段。

既然如此，进攻必然兼有两方面的特点：一方面，为了对外国使节形成较大的威胁，进攻必须有一定的猛烈程度；另一方面，为了避免给使馆人员（特别是外交官员）造成重大伤亡，给议和造成新的障碍，进攻又必须留有余地而不能是摧毁性的。"

理解了这层含义后，使馆围而不克的道理便不言而喻。要不然，以使馆极度缺乏重武器的并不到500人的卫队岂能抵抗得住？从慈禧太后的话来说，倘若真有心来攻，"难道一个使馆有打不下来的道理"？事实上，当时被围困的人在后来的回忆录中，都曾提到清军当时奇怪的进攻，譬如康格夫人在《北京信札》中就曾说，"中国人的射击角度总是过高"，他们甚至还"缴获了一些来复枪"（这似乎与荣禄暗中给使馆运送军火的传闻相关）。

当然，即使是流弹，也能对使馆区里的人员造成一定的伤亡，但外国人主要聚集的英国使馆，并没有受到太多攻击，各使馆中的主要人员大都安然无恙。除了那个胆小的荷兰公使诺贝尔，他在使馆被围攻的过程中就一直躲在英国使馆的地窖里不肯出来，但在使馆解围的当天，他从地窖中出来察看联军是否到达的时候，被一颗流弹击中大腿——由此他也成为当年唯一受伤的公使。

使馆被包围的时间长达40多天，但真正受到攻击只有20多天（6月20日至7月13日，8月11日至14日），中间的局势大都以缓和为主。在最开始的时候，外围的战斗还是很激烈的，使馆防线一次次被突破，险情不断出现。到7月13日的时候，清军攻占肃王府（义和拳运动兴起后，驻京洋人和中国教徒强占肃王府为防御据点）和法使馆的意图已接近实现。英国公使窦纳乐当时估计，如果清军继续这样进攻，至迟在7月20日即可将这两处地方完全占领。但在7月14日后，清军攻势突然减弱，16日后更是基本中止了进攻。

导致清军发生如此变化的无外乎两个原因，一是逼迫公使们的目的已达到，二是天津战局的急剧恶化。与围攻使馆几乎同时进行的是，清军也一直在进攻天津的紫竹林租界，但7月13日后，增援的联军反攻天津并于14日晨攻破天津城。慈禧太后意识到洋人的军队难以抵抗，如果战争一直持续下去的话就更加难以收拾，于是便加紧进行求和活动。在这段时间，双方的信使往来不断，清廷还给使馆送去了西瓜、蔬菜、大米、面粉等。在此期间，"投掷石块代替了枪炮，双方都习惯了与敌人近距离对峙。随着号角之声发起的夜袭，实际上只是毫无意义的突然的枪声大作，然后又停下来，人们称之为'起床号'"。

8月1日后,清军又恢复了象征性的炮击,隆隆炮声虽然给了使馆人员以恐惧,但炮弹大都是在空中呼啸而过。直到8月11日,八国联军开始逼近北京,清军这才再度对使馆发动十分猛烈的进攻,但这种报复性的进攻只持续了三天,北京便宣告陷落。8月14日下午4点的时候,英属印度军团经西直门进入内城,在被围困的人们的欢呼声中进入公使馆。

颇具讽刺意味的是,那些联军部队原本以为"这些被围困的人应当是筋疲力尽、饥肠辘辘、衣裳褴褛,或者是受了伤甚至气息奄奄或者根本就已经死亡了"。但实际上,当他们进入使馆区的时候,"绅士们衣着得体地出现在眼前,许多人,如英国公使窦纳乐、意大利公使萨瓦戈和美国公使康格都新刮了胡子,虽然穿着便装,但都整整齐齐的;女士们则穿着优雅的夏装,戴着帽子、打着洋伞。联军中有人开玩笑地说,我们是不是意外地走进了一个宴会会场"。相比之下,反倒是那些联军寒酸多了,他们大都蓬头垢面,军装上沾满了泥土和汗水,皱巴巴地挂在身上。这或许部分透露了庚子年那场奇特的"使馆之围"的真相。

值得注意的是,后来《辛丑条约》的正式措辞并不是战败后所使用的"peace treaty",而是"Final Protocol for the Settlement of the Disturbances of 1900"。Protocol的意思是"议定书",之所以用"议定书",恐怕还是因为清廷当的"宣战诏书"并没有指明交战对象,而只是用了"彼等"这个含糊的用语,而列强也无一宣布应战。

事实上,在清廷发布宣战诏书之前,列强军队已经对大沽口炮台实施了军事行动,这实际上是构成了对中国的侵略战争,责任一方反在列强。因此,说慈禧太后对列强宣战不但在法理上说不过去,在事实上也不成立。对于列强来说,他们认为自己的军事行动意在解救公使和其他在华的外国人,并未与清廷构成战争关系。正如他们自己所称的,其军事行动是帮助清廷"剿除拳匪、恢复秩序",以掩盖他们侵犯中国内政、发动侵略战争的事实。

杀戮、掠夺与报复：八国联军的滔天罪行

1900年8月12日，八国联军攻下天津后进抵通州，清军宋庆等部再次战败溃散。此时，北京已是门户洞开，城中也能听到隐隐炮声。次日，董福祥率甘军迎战联军于广渠门，大败后军纪失控，竟至纵兵大掠，城内未战先乱。当晚，北京上空电闪雷鸣，风雨骤至，各国军队到达京城外围时，整个北京城狂风大作，暴雨如注。由于天气缘故，联军暂时停止了进攻。短暂休战的北京城，安静得让人害怕。

到达北京城外后，日军于东直门外五里扎营；俄军于东便门外三里扎营；法军于东城十里外扎营；英美联军驻扎在通州河南岸。当天深夜，急于抢功的俄军逼近城下，首先同清军交火。其他联军得知后也急忙赶来，但让侵略者有些意外的是，北京城墙高大坚固，攻取不易，尽管联军不断用大炮轰击城门、城楼，但清军抵抗坚决，战斗进行得非常激烈。

直到8月14日清晨，俄军率先攻破东便门冲进城内；日军也随后从东直门入城；法军听说北京城破，也急忙赶来匆匆入城；英军则从广渠门进入北京城。令人心酸的是，京城中人看见英国雇佣兵（印度兵），还有人以为是甘肃回部救兵来了（因其缠头习俗）。是日，百官无入朝者。新任工部尚书徐会澧前去宫中谢恩，到神武门时听到哭声一片，宫中人纷纷逃出，这才知道北京城破。

《联军进京记》中记载："时英国格斯利统领，恐攻城时使署或有不虞，因探悉某门水沟与使署相近，遂潜率所部由沟而进，果于下午三点钟时，直达其国使馆。"联军的首要任务是解救使馆人员，英军虽进城最晚，却最早到达使馆区，其中缘由，颇让人感叹。

当时北京城分外城（主要由汉人居住）、内城（旗人居住）和皇城（最核心即紫禁城）三个圈，每个圈都有高大的城墙。使馆区位于北京内城，要想正面进

入的话还需继续攻破内城城墙。这时,英军中的华勇营(来自威海)中有人知道一条捷径,即通过流经内城的玉河水门下水道可直接通往使馆区。8月14日下午两点,英国印度雇佣兵首先进入使馆区,被围困近两个月的使馆终于宣布解围。

据记载,美军指挥官查飞将军率部来到使馆区外,一个在城墙上守卫使馆的士兵向他喊道:"你是及时雨,我们欢迎你!"查飞问:"从哪里进去?"士兵们齐声说:"从下水道进来!"查飞失望地望了望周围,只得低头钻进了那个大洞,那是一个敞口的下水道。如前文所述,联军进去后,原以为很狼狈的被困人员,都体面地出来欢迎他们。

相比之下,联军就寒酸多了。美国二等兵哈利说:"他们看上去不像是受了苦,身体健康,实际上还胖了。反之,我们可怜的弟兄们看上去如同骷髅一般。他们顶着骄阳连续十天在不同的地形下行军,有时没有吃的东西。夜里几乎是冷得结冰,有时我们就睡在泥洼里。"

至于西什库教堂(北堂),就没那么幸运了。尽管被围攻前得到30名法国水兵和11名意大利水兵的支援,但这里完全没有清军保护而一直被义和拳包围。当时在北堂避难的人数近3500人,其中包括主教樊国梁和一些外国传教士及修女,另外还有数量众多的中国教民。近两个月时间里,这里几乎每天都遭到攻击,每天都有人死去,所幸的是,没有清朝正规军前来攻打。最困难时,北堂开始断粮,饥饿的人们哀求着,樊国梁痛哭流涕,束手无策。8月12日,一颗地雷爆炸导致200多人被炸死,其中包括6名意大利水兵。使馆围解后,神父达道西瓯迫不及待地骑了头驴子前去北堂报信,结果半路上被义和拳杀死——这大概是庚子年最后一个被杀的传教士。16日,法国公使毕盛与樊主教相见,"互庆余生,拥抱为礼",真是恍若隔世。

8月16日,也就是联军攻入北京的第三天,一位名叫麦美德的美国人登上前门城楼,他看到了如下凄惨的场景:"这是一个令人悲哀的下午,我现在明白战争会使人间变成地狱……城墙下横七竖八地躺着清兵和义和拳民的尸体,使馆区附近的建筑物都成了一片废墟。我们看到一群一群的难民,男女老少都有,正在逃离这个死寂的城市。我们看到几个城门的门楼在燃烧，还看到城中很多地方有大火。"

两个月前（6月16日），义和拳在焚烧"老德记"西药房等洋货铺时，连带北京南城最繁华的大栅栏商业地区被焚，火势之凶猛，连巍峨的正阳门城楼都被烧毁坍塌。李希圣在《庚子国变记》中说，这次大火"焚正阳门外四千馀家，京师富商所集也，数百年精华尽矣。延及城阙，火光烛天，三日不灭"。在义和拳最疯狂时，除了焚教堂、杀教民之外，他们对一切与"洋"有关的东西均深恶痛绝，如《拳事杂记》记载："拳匪起时，痛恨洋物，犯者必杀无赦。若纸烟，若小眼镜，甚至洋伞、洋袜，用者辄置极刑。曾有学生六人，仓皇避乱，因身边随带铅笔一枚，洋纸一张，途遇团匪，乱刀并下，皆死非命。"

义和拳"反洋"往往不分青红皂白，在他们眼里，洋人是大毛子，教民是二毛子，其他和洋人有关系者均冠之以三毛子、四毛子，依此类推，凡属毛子者，杀无赦。据马士在《中华帝国对外关系史》中的统计，在这场浩劫中的外国遇难者为231人，而被杀的中国教民和无辜百姓则是洋人的百倍不止。

历史总是惊人的相似而残酷。入城后，八国联军到处搜寻射杀拳民，北京城顿时陷入一片血雨腥风。与义和拳任意指认他人为教民一样，联军也任意指认无辜者为拳民，手段方法几乎如出一辙——同样野蛮，同样残忍。用一位美国指挥官的话来说就是："我敢说，从占领北京以来，每杀死一个义和拳，就有50个无辜的苦力或农民包括妇女和儿童被杀。"传教士明恩傅也记述说："许多士兵以射杀外表看上去像一名'异教中国人'的路人为乐，结果闹得通州附近的广大地区几乎不见人影！"

曾经杀人无数的庄亲王载勋（义和拳支持者之一），其王府在联军入城后成为生灵的屠宰场。为实施报复，联军将庄亲王府放火烧光的同时，上千名被指认为拳民的人在此被处死。法军在王府井大街抓获了20个中国人，由于他们拒不提供任何消息而被残忍杀害,一个下士"用刺刀一口气刺杀了14个人"。一个行抵北京的英国军官在日记中写道:"有几次,我看到美国人埋伏在街口,向出现在面前的每一个中国人开枪射击。"这样的记叙有很多,看来,英国记者辛普森关于法军用机枪把一群"拳匪、兵丁、平民相与搀杂"的中国人逼进一条死胡同连续扫射15分钟以至不留一人的记叙,具有相当的真实性。

联军入城后,麦美德在日记中写道:"俄军行为极其残暴,法军也好不了多少,日军在残酷地烧杀抢掠……数以百计的妇女和女孩自杀而死,以免落入俄军和日本兽军之手,遭受污辱和折磨……通州的一个井里有12个姑娘,在一个大水塘里,有位母亲正在把她的两个小孩往死里淹。"意大利公使萨瓦戈说,联军攻占北京后,总理衙门的一位下级官员来到使馆,告诉他们发生在哈德门大街西边令人发指的暴行,后来萨瓦戈亲自去了那里,看到小孩被劈开脑袋,妇女被脱光了衣服,被残杀,还可能先是被强奸了。萨瓦戈痛苦地说:"我真希望我能够否认这一切,但我不得不承认,这都是事实。"

此时的北京,已经如同地狱。义和拳的纷乱、残败清军的抢掠、八国联军的屠杀,北京的街道上满是尸体,有的地方甚至堆积如山,惨不忍睹。由于当时正是酷暑时节,尸体一旦腐烂,不仅臭不可闻,还很容易引起瘟疫。洋兵们到大街上强行抓人背尸出城埋掉,不管达官贵人还是平头百姓,只要抓住,就强迫背尸,稍有不顺,就用皮鞭猛抽。

因战乱而引发的灾难还远不止屠杀。日人植松良三在《北京战后记》中说:"北京城内外惨状,颇有可记者……居民四面逃遁,兄弟妻子离散,面目渗澹,财货任人掠夺者有之,妇女任人凌辱者有之。更可恨者,此次入京之联军,已非复昔日之纪律严明。将校率军士,军士约同辈,白昼公然大肆掠夺,此我等所亲见……据某华人云:北清妇女惧受凌辱,往往深窗之下自经者不少,其未受灾害者,仅于房外树一某国顺民之小旗,坚闭门户,苟延残喘,情殊可悯。不幸而遇掠夺军人来,将银钱献出,以求保性命而已。"

罗惇曧在《拳变余闻》中记载,城内外被焚者十之三四,联军大掠,鲜有免者。珍玩器物皆掠尽，不便匿藏者皆贱值出售。一些官吏和家属身穿朝衣凤冠自杀，尸体无人看管，竟至首颈断裂，惨状可知。至于洋兵闯入民居抢劫时，遇到井里填满死人乃常有之事。

据《崇陵传信录》《西巡回銮始末记》等清人笔记中的记载，北京城破后自杀的官员颇多。主张仇外的尚书崇绮，逃到保定后听说家人全部自杀身亡，随后也在保定莲池书院服毒自尽。安徽巡抚福润全家自尽，包括其90多岁的老母。祭酒王懿荣夫妇和媳妇，一起投井自杀。主事王铁珊和祭酒熙元，也都自杀身亡。宗室庶吉士寿富和两个妹妹及婢女一起服毒自杀（毒未发，而贼将破门时自缢），其弟寿蕃处理完尸首后从容自缢。

八国联军入城后曾公开准许士兵抢劫三天，但直到侵略军撤离之日，抢劫也不曾停止。洋兵通常以捕拿拳民、搜查军械为名，"在各街巷挨户踹门而入，卧房密室，无处不至，翻箱倒柜，无处不搜，凡银钱钟表细软值钱之物，劫掳一空，谓之扰城。稍有拦阻，即被戕害……此往彼来，一日数十起"；"凡是士兵所需要的，都是派出一队一队的士兵去抢劫中国人的财产而得来。如果士兵需要一些东西，而中国人稍一迟疑的话，就免不了送命"。

英国记者辛普森对这些抢掠行为做了绘声绘色的介绍，在他的笔下，野蛮的印度兵"于昏夜中走入教民妇女所居之屋，各抢女人头上所戴之首饰，即一小银簪亦抢之"；矜持的德国人从乡村"骑马而行，鞍上满系巨包，前面驱有牛、马等兽，皆于路上掠得"；凶猛的俄国人在满载颐和园中掳掠来的珍宝后，还将那些不便带走的珍贵物品施以破坏，"于是有三个美丽无价之大花瓶遂受此劫，尚有玉器数件，雕刻奇巧，亦同时粉碎"。诸如此类，不胜枚举。对此，就连同样参与劫掠活动的辛普森也有些看不下去，称各国军队虽服装面貌各异，其实都是"盛装骑马之盗贼"，"其所为之事无异，皆杀人耳，抢劫耳"。

暴行之下，城内百姓想尽一切办法来保护自己，他们挂出白旗或匆忙间制作的各国旗帜，或请洋人写些字条，大意是他们家已被掠夺或标明此处财产已被某个欧洲人保护，希望能以此避难。但是，房主即使张贴了类似标志和旗帜，"嘲笑着的抢劫者们"仍将它们扯下，并毫不手软地进行劫掠。

康格夫人在《美国信札》中记载了这样一个令人心酸的故事：有一天，两个俄国士兵闯入一个中国人家中抢劫时，还要侮辱那家的女人和孩子。作为丈夫和父亲，那人反抗了，但没有用。最后他拿出短笛，开始吹奏俄国国歌。俄兵放下抢来的东西，终止了恶劣的行径。他们在乐手面前站得笔直，安静地听着乐曲，最后一个乐符结束时，他们向乐手致敬，然后空手走到了街上。故事很有些《读者》的风格，但真实的历史往往很残酷，即使真有其事，恐怕也是偶然（也许仅仅是个故事）——据说这位乐手是赫德乐队（英国人罗伯特·赫德组建的西方管弦乐队）的成员之一。

联军统帅德国人瓦德西向德皇报告说："此次中国所受毁损及抢劫的损失，其详数将永远不能查出，但为数必极重大无疑。"瓦德西只说对了一半，民间抢掠固然无法算清，但以下数据已足够惊人：据内务府报告，皇宫失去宝物2000余件，内有碧玉弹24颗、四库藏书47506本；日军从户部银库抢走300万两银子和无数绫罗锦缎，还从内务府抢走32万石仓米和全部银两；联军洗劫了三海、颐和园等地，天坛损失祭器1148件，社稷坛损失祭器168件，嵩祝寺丢失镀金佛3000余尊、铜器4300余件等；法军从礼王府抢走银子200余万两和大量古玩珍宝，又从立山家里抢走365串朝珠和约值300万两白银的古玩。事实上，在如今欧美各国博物馆中看到任何一件中华国宝奇珍时，人们都有理由联想到1900年的北京劫掠，正如时人记载，洋兵们撤退时，"每人皆数大袋，大抵皆珍异之物……捆载而往"。

在毫无节制、持续了许多天的抢劫中，各国参与者们充分体现了他们的鲜明特点，譬如俄国人的粗野、法国人的凶蛮；相对而言，美国人要稍讲纪律，但美国官兵大都是冒险家，他们"颇具精明巧识，能破此种禁令，为其所欲"（瓦德西语）。日本人和英国人的抢劫同样无节制，但抢劫活动组织得最好。日军抢劫多为集体行动，据称他们每次行动前，指挥官怀里都揣着北京的藏宝图，按图索骥，收获最丰；而且，日本人抢得的财物全部归公，并不分给士兵个人。英国人稍有区别，他们的抢劫是自发行动，抢后由指挥官组织拍卖，拍卖所得作为"奖赏金"在军队内部分配。据称，英国人的拍卖活动进行了两个月，除星期天外，每天都有交易，最终金额达到33万美元，分配时每份27美元，分配份额如下：中将指挥官10份，将级军官8份，校级军官7份，上尉6份，中尉、少尉5份，准尉和印度军官4份，未受任命的英国军官3份，未受任命的印度军官2份，英国士兵2份，本土士兵（印度和中国雇佣军）1份。很显然，这些只是已经交公的抢掠品而已。

美国随军记者贾铂说，"北京的抢劫是与义和拳有关的最使人惊奇的最无耻行为。这一行为不限于个人或国籍，也不限于男人们。我被最权威的人士告知，抢劫是由女人们发起的。在英国公使馆大门被冲开以迎接联军才五分钟，两名在英国公使馆避难的法国妇女就冲出大门，相互比赛着跑到公使馆大街的某家商店，这是一家和平时期她们经常去的（商店），而且她们知道商店已经没有人了。十分钟后她们回来了，抱着满满的丝绸、刺绣、皮货和宝石，脸上露出了胜利的笑容，她们两人在过去的几周里所遭受的贫困得到了充分的补偿"；"据说取得最佳抢劫成果的是英国公使窦纳乐的夫人，其次是美国公使馆一等秘书司快尔先生。我亲眼看到了窦纳乐夫人的一部分成果……她那时有八十七个装满了最值钱珍宝的大木制装货箱，我亲自听到她说，'还没开始打包呢！'"。

目睹各种丑剧后，贾铂认为，"抢劫"是"一种疾病"，"我相信所有通过该城市的人无一例外都抢劫了。那些后到的人，他们到达当天最卖力地谴责这一行为，不久就不能抵御他们的朋友们每天外出带回来无价之宝甚至是更有趣的宝贝的诱惑。他们给出的借口是：'如果我不拿，别人也会拿'"。

就连传教士们也加入了抢劫的队伍。据某外国记者报道，有几个著名的传教士说："收集那些被丢弃的东西不是抢劫，而只有从所有者手中获得财物才叫抢劫。"——所以他们都得到了很好的皮货。有些报道则说传教士占据了北京王公富人的住宅，并打着为贫穷的中国教民募款的旗号，把其中的东西廉价出售。令人吃惊的是,有些传教士还参与了北京及其近郊地区的劫掠活动,他们将之称为"纳贡远征"。

摄影师詹姆斯·里卡尔顿曾提及,李鸿章谈判时对西方文明国家的所作所为感到非常的遗憾和费解,据他说,李鸿章在翻阅了"摩西十诫"后,建议"把第八条诫律('不可偷窃')修改为'不可偷窃,但可以抢劫'"。无力阻止联军暴行的李鸿章,也只能以这种拐弯抹角的方式讽刺这些所谓"文明国家"的所作所为。

8月15日清晨,慈禧太后带着光绪及皇后等从西华门逃出,此时联军仍在继续进攻紫禁城,并遭到残余清军的顽强抵抗。由于屡攻不下,美军试图用大炮轰击,但这个做法遭到其他联军指挥官的反对——他们可能意识到,这样野蛮进攻的结果将在中国人心中造成无可愈合的伤口。

当然,其他国家的军队也不愿看到美国人首先进入皇宫,因为混乱会让无数的珍宝从这个巨大的宝藏库中流失,而美国人将成为最大的获益者。美国海军陆战队二等兵奥斯卡·阿海姆记述了当日的经过:"在搜查完通往紫禁城的大门后,各国因该由谁首先进入这一荣誉而发生了争执。查飞将军生气了,命令他的人返回营地。当他和他的部队离开后,其他人似乎不那么急着进入了,都回到了位于皇城中不同地点的营地去了。"

8月16日,在慈禧太后已经逃走的消息传开后,护城清军放弃抵抗陆续散去,八国联军随后占领各大宫门。之后,各国统领决定对北京城划区占领:从朝阳门到宫城间,画一直线,俄、法占领东边,英、美占领西边,日本占领北边。8月28日,为表示对清廷的轻蔑,八国联军在紫禁城举行了一场特殊的阅兵仪式,当时各国外交官和指挥官及其2300名士兵参加了这次阅兵,这支队伍穿过天安门、午门和太和殿,然后出德胜门向北行进。尽管阅兵的时间很短,但在这一刻,耻辱已深深地烙在了所有中国人的心中。

阅兵仪式结束后，联军司令官和各国外交官决定关闭紫禁城，等待清皇室返回。事实上，仍有些人主张像1860年英法联军在圆明园干的那样，掳走皇宫珍宝，并将紫禁城夷为平地以泄其愤。但是，多数人的"正确判断"在会上占了上风，他们认为，任何对紫禁城的破坏和亵渎都可能导致清廷迁都别处，而要惩罚拳乱的肇事者、索取巨额赔偿等，这些都需要中国的"天子"返回北京，这样于人于己都算便利。

之后，联军占领紫禁城四门，其中三门由日本占据，一门由美国占据，另有俄军两中队驻扎保护。法国朱利安·韦奥上校（即后来的作家绿蒂）在其著作《在北京最后的日子》里说，紫禁城两道门都严格地禁止出入，北门由日本兵把守，南门则由美国兵把守。话虽如此，韦奥上校本人还是在日本兵的通融下进入了紫禁城，并命令太监带路参观了这个皇帝居住的禁地。在离开皇帝卧室时，上校的勤务兵故意迟迟落在后面，并趁机扑倒在那张挂着宝蓝色床帷的床上嬉闹了一番，其中一个人操着加斯科涅（法国西南地区）口音不无兴奋地对同伴说："老兄，这样至少我们能说睡过中国皇帝的龙床了！"

因为是皇宫，各国碍于情面而不便公开抢劫，但暗中偷窃则时时有之。在"入宫参观"的借口下，各国高级军官和公使包括其夫人们、随从们难免瓜田李下，顺手牵羊。意大利公使萨瓦戈就说，即使在紫禁城阅兵时，"皇宫里一些小的珍品无疑是丢失了"，因为一些外交官夫人也都进来了，而她们并不仅仅是来看阅兵的；"在北京一个美国女士家的客厅里，我看到一些雕刻得十分精致的玉器，……那是在皇帝的客厅里陈设了几个世纪的历史文物"。

至于那些无资格入内参观的下级官兵，其中的胆大者也有趁黑夜入内行盗窃之事。韦奥上校就记载说："巡逻兵捉到三个人，他们拿着菜刀，提着昏暗的信号灯，翻墙而入，想偷盗皇宫宝藏：两个中国人和一个欧洲人——联军的一个士兵。为免生是非，他们被抽了几记耳光并被敲了几棍后被赶了出去。"

英国陆军中尉勃纳德在家信中说："紫禁城还没有人进去过，它是皇帝的私人住宅，约一英里见方。是否会进入里面令人怀疑，各个军队之间猜忌太多了。

我们抢劫了一天，由二十名没有授衔的军官们和士兵们还有一个军官组成的小队进入了皇城并带回了所有抢到的东西，再把它们放进了一个大的中心仓库里然后卖掉，得款由军队共有。"当然，勃纳德中尉私下里也承认："我们自己也抢了一点儿，我得到了一些最珍贵的鞑靼丝绸衣服，如有可能我会把它们寄回家。还得到了一些古玩，但是最大的困难是运输问题。我们来这里时总共只能带四十磅的个人装具，不能带帐篷。"

"入宫参观"和"入宫窃取"，名称不同，实质无异。德军统帅瓦德西抵达北京后，他看到的皇宫情形是，宫中可移动的贵重物件多被窃去，只有难以运输之物，始获留存宫中。故宫三殿前所陈设的八大金缸，因为形巨体重，联军无法窃走，竟将外部之金刮去，刮痕宛然，今犹可见。

瓦德西认为，在慈禧太后逃出而联军未占领的空隙，或许有太监偷取宫中宝物，但为数应该不多。其他各国军队，确实未进据宫内。不过，俄国却曾允许他国一些军官参观该宫，不过随时皆有俄国军官在旁伴行而已。所有宫中一部分建筑物，曾贴有印签封锁者，每值此种参观之时，则暂行撕去。瓦德西说的"未尝进据宫内"，指的是三大殿之外的后宫，在慈禧太后逃走后，这里由瑜、瑨二妃（原同治妃子）暂时掌管，八国联军占领北京期间，后宫虽然相对平安无事，但也难免有一些不请自来的参观者不时前来骚扰。

相对而言，美、日两军在联军中还算好的，如时人记载：俄军界内，存者唯狗；法意军界，触目萧条，几无人迹；德军界内，惨况倍之；英军界内，虽有人烟，亦甚寥寥；日军界内，熙熙攘攘，往来如市；美军界内，安堵如故，市肆全开。日军的表现让人觉得有些意外，原因是日本人在甲午年后初登国际舞台，急于展现它所谓的"文明国家"形象。因此，除盗走户部近三百万两存银等大宗抢劫外，其士兵对占领区的骚扰不算突出。由此，清末新政时以日本为模仿对象（如军事及警察制度），和当时日军的表现或许有一定关系。

北京被占领期间，德国人显然是最引人注目的。

公使克林德被杀后，德皇怒不可遏，立刻派瓦德西大帅点兵七千，杀气腾腾赶往中国。为首批德军送行时，威廉二世咆哮道："德国旗帜受到了侮辱，德意志帝国遭到了嘲弄。对此，必须进行具有示范意义的惩罚和报复……我派遣你们前往征伐，是要你们对不公正进行报复，只有当德国和其余列强的旗帜一起胜利地傲视中国，高高飘扬在长城之上，强令中国人接收和平之日，我才会有平静之时。"

之后，威廉二世再度声称："你们应对不公正进行报复……你们如遇到敌人，就把他杀死，不要留情，不要留活口。谁落到了你们手里，就由你们处置。就像数千年前埃策尔国王麾下的匈奴人在流传迄今的传说中依然声威赫赫一样，德国的声威也应当广布中国，直至中国人再也不敢对德国人侧目而视。"

德军登陆后，瓦德西将之分为三个部分：第一旅队驻北京，第二旅队驻保定，第三旅队驻天津。在其他联军也参与的捣毁"义和拳据点"的行动中，德军承揽了最主要也是最血腥的行动，其在北京的劫掠及随后的远征活动中堪称肆无忌惮。意大利公使萨瓦戈就记载说，瓦德西特别醉心于死刑，要尽可能多地抓获义和拳团民，处死他们，并当众砍下他们的头，然后把他们的头颅挂在城墙上——而很多时候城墙都已经被夷为平地了。

据某士绅杨柳青记载，德军每经一地，"如疾风暴雨之骤至"，所到之处，无论官绅百姓，都不乏被抢被杀被伤者。位处京郊的永清县令高绍祥记载了德军的如下暴行：一千多德军来到永清县西门，未加警告便开枪打死清军和百姓200余人。他和某游击出城说理，被德军士兵用枪托打倒在地，并将两人辫子结在一起，长时间逼跪在雪地里。随后，德军又将城内来不及逃走的400多人困在城中，直到勒索了一大笔银子后，德军才打鼓吹号、摇着旗子回去了。文末，高县令不无沉痛地写道："余回城内，见死尸狼藉，恻裂心肝。"

最令人震惊的是，联军攻占保定后，竟将护理（清代官吏出缺，由次级官守护印信并处理事务，称"护理"）直隶总督廷雍（原总督裕禄已死）等人径直处死。庚子年义和拳鼎盛之时，保定城内教堂悉遭焚毁，"城内拳匪公杀教民，官不敢问"，当时的按察使廷雍站在义和拳一边，因此被联军指为罪魁祸首。

10月中旬，英法德意四国联军分别由京、津两处前往保定，当时的护理直隶总督廷雍亲率僚属开城迎接。联军入城后，次日即将廷雍等四名官员以"纵匪仇教"的罪名处死。荒诞的是，联军审判这些清朝大员时，引用的法律依据竟然是《大清律例》。

德军这种"惩罚性"的远征进行了很多次，每次远征前，德军总以"剿除拳匪、解救传教士和教民"为由，但事实上他们都是打听到某处有财宝才采取行动。这些纯粹的抢劫行为，却被冠以军事行动的名义并被称为"惩罚野餐"。对此，英国《泰晤士报》驻华记者莫理循评论说，德军所谓的"讨伐"不过是对北京周围地区的掳掠，"杀了许多他们认为是义和拳团民的人"，"而在官方文件中，这些纯粹为了抢劫而进行的搜捕，却被描绘成军事行动"。

德国的军事行动一直持续到12月。瓦德西在《拳乱笔记》中说，德军"直入外国军队足迹至今尚未到过之地，更加以各种惩罚之举，颇使（中国）居民得着深永印象"。对此，瓦德西还不满足，"余欲保持军队常常活动之力，以及欲向中国居民继续表示驻有外国军队在此起见，将随时派遣小批军队出发"。

不仅如此，瓦德西还企图仿造"天津临时政府"（又称都统衙门，联军在天津建立的临时统治机构），于北京策划一个"统一的中央机关"，即所谓"管理北京委员会"，其职责包括公安秩序、军队营养、居民粮食、卫生事项等问题，其组织由联军各司令派遣人员组成。可惜的是，瓦德西希望由德国人控制这一机构的企图很快被其他列强看穿，提议无疾而终。

在北京期间，法军和德军还抢去了古观象台的天文仪器。这些康熙年间监造的天文仪器，瓦德西认为其"在科学上固已无甚价值，而在美术上具有极大价值"。后来法国人以"天文仪器有一部分是法国制造"为由要求运回巴黎，瓦德西则认为，这些仪器既在德军占领区，那就应该作为德军战利品看待。最后，法德两国不顾中方抗议而将此瓜分（德多法少），德军抢走了诸如天体仪、浑仪等文物，并将它们运到柏林（一战结束后才归还中国）。

这次的抢劫事件引起了各国外交官和国际舆论的一致批评，美国查飞将军曾就此事件向瓦德西提出抗议，其中称："曾闻各项天文仪器正将从天文台取去，……余以参加八月十四日营救使馆四队司令之一的资格，兹特对此事件，向君敬谨抗议，并将此事禀达敝国政府。"但是，瓦德西对此未予理会，并立刻将来信璧还。事后，传教士明恩傅也颇有微词："这是欧洲大陆军队强盗行径的体现，他们得到最高长官的授权，他们的行为比董福祥手下野蛮人的攻击更不可原谅……"

杀死公使克林德的清兵小队长恩海最后也落到了德军手中。恩海之所以被发现，原因是他拿走了克林德身上的银质怀表，后来他将表拿到当铺里当掉时，不巧被日本记者发现表上有个"K"字，结果日本武官很快顺藤摸瓜抓到了恩海。随后，恩海被转到德国人的手中。恩海被德军处死的那一天，也是19世纪的最后一天；他的头颅，这个令人毛骨悚然的战利品，后来通过"土库曼"号轮船送到了德国。

经过长时间的骚乱、动荡和杀戮后，京津一带死尸遍野，惨不忍睹。摄影师詹姆斯·里卡尔顿在此期间拍摄了大量照片，据他所说，在当时天津的白河上，每天都要派人用长木杆到特定河段去"疏散拥堵的尸体，使之顺流而下"，"在这些漂流物中看到了不少人头和许多无头的尸身"。在沿运河从北京到天津的路上，另一外国人埃玛·马丁描述道："沿途有许多被枪打死的中国人的尸体，这些尸体在阳光下腐烂发臭，任凭狗咬蛆吃。许多尸体漂浮在水中，发出阵阵恶臭。"类似记载，还有很多。

《庚子国变记》中说："京师盛时，居人殆四百万。自拳匪暴军之乱，劫盗乘之，掳掠一空，无得免者。坊市萧条，狐狸昼出，向之摩肩击毂者，如行墟墓间矣。"韦奥上校也在日记中描述说："遍地尸骸和瓦砾，除了出没的狼群，还看得被人肉喂饱的凶残的野狗在游荡，自今年夏天以来，它们已不满足于只吃死人了。"这篇日记记于10月20日,他描述的是早已成为废墟的皇城一带。

目睹了这些劫难后,美国人麦美德曾这样反思:"人们会说中国是自取其祸——这不是战争,而是惩罚。但是,当我们能够分辨善恶时,我们为什么还要采用使欧洲文明史蒙羞的残暴行为,在19世纪的最后几页留下污点呢?"

在华工做了半个世纪的海关总税务司赫德(即前文所述"赫德乐队"的组建者),其毕生积蓄被义和拳洗劫一空,但他仍这样警告自己的同胞:军事示威能把现有及可能出现的团民都斩尽杀绝吗?能把中国的四亿人民消灭光吗?两千万或两千万以上的人武装起来,将使外国人不可能再在中国住下去。今天的这段插曲不是没有意义的,那是一个正要发生变革的世纪的序曲,是远东未来历史的主调,公元2000年的中国将大大不同于1900年的中国。

康格夫人在《北京信札》中说:"事实仍未改变,中国属于中国人,她从来就不希望外国人站在她的土地上。外国人来华后会把他的生活强加给中国人,破坏让他们的政府有序运行的车轮上的嵌齿。……在最后一搏中,她积聚了不当的力量,试图把外国人和他们造成的影响从她的土地上清除出去。……然而,他们所采用的方式却是极为可悲的。"

历史就是这样的残酷,残酷得让人扼腕叹息。经历庚子之乱后,京城中很多繁华之地已成一片废墟,有的地方甚至白天都可以看见狐狸出没。糊涂的决策和各种暴行,竟把偌大的北京城毁败到如此地步,而最终遭难的大多是那些无辜的百姓。

第三章 最后的挽歌

小报涅槃：《苏报》案的"案中案"

1903年的"《苏报》案"曾经轰动一时，这一事件通常被视为革命党对清廷的一次大胜利，但革命的光环往往遮盖了一些不为人知的细节，而正是这些细节，才会让碎片化的历史更加接近真相。

《苏报》创刊于1896年6月，创办者胡璋以日籍妻子生驹悦的名义注册，因而当时挂的是"日商"的牌子。这份诞生在上海公共租界的小报，最初的格调颇为陈腐低下，所登载的也大多是市井琐事，后来因销路不佳而不惜刊登一些黄色内容，以招徕无聊读者。但尽管如此，这份报纸最终还是因为赚少亏多而不得不于1898年转手。

接手《苏报》的人姓陈名范，字梦坡，湖南衡山人（生于江苏常州），在此之前，他曾是江西铅山县的县令，后因为处理教案不当而被巡抚德馨弹劾落职。陈范的出身并不简单，其父陈怀庭曾为浙江巡抚杨昌濬的幕僚并担任浙江富阳等地县令30年。陈家子女13人，陈范排行第三，其长兄陈鼎曾中进士并入翰林院，后因戊戌政变牵连而遭清廷"永不叙用"之处分；其弟陈韬是举人出身（生女陈衡哲，后嫁任鸿隽），也曾为官一方。另值得一提的是，陈范的两位堂兄陈嘉言（其长女陈玉凤生子夏明翰，即写"砍头不要紧，只要主义真，杀了夏明翰，还有后来人"的那位义士）与陈毓光曾是同榜进士，当时的陈家一下出了三位进士、两位举人，一时传为美谈。

陈范也是举人出身，不过他的科考路并不顺利，他虽然很早中了秀才，但之后累试不第，不得已而捐资买了个知县的头衔候补，但当时候补官员多如牛毛，最终陈范还是通过科考得中举人，这才于1891年外放为江西铅山知县，但这个县令也仅仅做了4年而已。

被罢官后，陈范一度流寓上海，后因报刊业兴起，于是将《苏报》盘了过来，"思以清议救天下"。话虽如此，但办报毕竟也是生意经，陈范接手几年，《苏报》仍未见起色。据民国名记包天笑在《钏影楼回忆录》中的描述，1900年时的《苏报》，"说来真是寒伧得很，开设在英租界棋盘街一家楼下（今福州路），统共只有一大间，用玻璃窗分隔成前后两间。前半间两张大写字台，陈梦坡与他的公子对面而坐，他自己写写论说，他的公子则发新闻，有时他的女公子也来报馆，在这写字台打横而坐。她是一位女诗家，在报上编些诗词小品之类，所以他们是合家欢，不另请什么编辑记者的。

再说那后半间呢，一边是排字房，排列几架乌黑的字架；一边是一部手摆的平板印报机。这排字房与机器房，同在一房，真有点挤了。前半间沿街是两扇玻璃门，玻璃门每扇上有'苏报馆'三个红字。推门进去，有一小柜，柜上有一块小牌，写着'广告处'"。

包天笑后来在《时报》任副刊主编，《时报》是大报，似乎有理由看不起像《苏报》这种小报，但其描述倒也大体不差。陈范接手《苏报》，很大程度上是因为妹夫汪文溥的怂恿（所以他当上了主笔）。而陈范原非报界中人，他一来经验不足，二来也算不得什么名流贤达，社会交际有限，因此也没有什么好的稿源。不得已，陈范与其子陈仲彝也编发新闻并兼写评论，其女陈撷芬也来帮忙，负责编写小品诗词之类的副刊。

搞媒体最重要的是影响力，没有好稿子就没有影响力，而没有影响力就没有销量，报纸经营当然困难。事实上，在陈范接手后的数年间，《苏报》一直惨淡经营，勉力维持，这种状况，直到后来与蔡元培、吴稚晖等人组织的"爱国学社"建立战略合作关系才有所改观。

1902年11月，南洋公学因"墨水瓶事件"而发生退学风潮，起因是某学生在师座上放置墨水瓶捉弄某守旧夫子，校方追查中与学生纠缠不清，校长汪凤藻一怒之下将该班学生全部开除，由此引发全校约二百名学生集体抗议退学。身为教员的蔡元培翰林在力争无效后愤而辞职，之后即与吴稚晖、章太炎等人在"中国教育会"（1902年4月由蔡元培、黄宗仰、叶瀚等名流创办）的基础上创办"爱国学社"，以收容那些退学的学生。

陈范也是"中国教育会"成员，而《苏报》当时又苦于稿源匮乏，销路不畅，因而极愿意与"爱国学社"合作。双方后来约定，学社名流蔡元培、吴稚晖、章太炎等人轮流为《苏报》撰写评论文章，报馆则每月资助学社100元作为报酬，双方共赢互利，倒也不失为一个好的解决办法。

也就是从那时开始，《苏报》由一份名不见经传的市井小报转型为政论性报刊。1902年年底，《苏报》开辟"学界风潮"专栏，以鼓励学生运动为能事。1903年后，《苏报》更是趋向激进并公开倡言革命，如1903年5月13日即刊发《敬告守旧诸君》一文，其中声称："居今日而欲救吾同胞，舍革命外无他术，非革命不足以破坏，非破坏不足以建设，故革命实救中国之不二法门也。"

1903年5月27日，陈范聘请章士钊任《苏报》主笔，此举在很大程度上改变了《苏报》及一批人的命运。

章士钊，字行严，1881年生于湖南善化县（今长沙），后就读于武昌两湖书院并结识黄兴，思想转而激进。1902年3月，章士钊考入南京陆师学堂学习军事，一年后因"拒俄运动"发生而与同学30余人退学赴上海，之后加入"爱国学社"。

章士钊上任主笔不到一周，即对《苏报》进行大改革，其中最重要的措施是将"学界风潮"移到头版"论说"后的显著位置。由于当时上海大报如《申报》《新闻报》等成立已久，其办报理念成熟，销量也大，要动摇它们的地位并抢夺其市场份额，相当困难，因此，章士钊的经营手段就是走激进路线，用他的话来说,就是扔出一束手榴弹轰开局面,即便封馆亦在所不惜。如此,《苏报》才能在报林中杀出一条血路,并迅速提升影响力和销量。

作为一种商业的上位手段,鼓动"学潮"当然是成功的,《苏报》发行量的迅速飙升即为证明。但是,这种做法同样蕴含着巨大的政治风险,而这也是引爆"《苏报》案"的主要原因。

说起"《苏报》案",得从邹容的《革命军》说起。

邹容,四川巴县人,1885出身富商家庭,他曾于1901年入读上海广方言馆,一年后又转赴日本东京留学,1903年留日学生闹"拒俄运动"时,他与张继、陈独秀等人将清廷所派的留学监督姚文甫强行剪辫(据说是张继抱腰,邹容捧头,陈独秀挥剪云云),由此一战成名。之后,邹容返回上海并于当年5月出版了小册子《革命军》,全书约2万余字。

1903年6月9日,章士钊以"爱读革命军者"的笔名在《苏报》上发表《读〈革命军〉》一文,并称之为"今日国民教育之第一教科书"。次日,《苏报》又发表章太炎署名的《〈革命军〉序》,加强了对该书的推介工作。

说起章太炎,也是个传奇人物,他原名绛,字枚叔,号太炎,浙江余杭县人,生于1867年。按说,他这个年纪本不该和章士钊、邹容这些小年轻厮混在一起,但章太炎偏偏是个怪人,据说还有些神经病(考秀才时突犯癔症而不得不放弃科考),不过话虽如此,人还是相当有才的。早年时,章太炎从学于浙省大儒"曲园主人"俞樾,学问功底相当深厚,但后来受甲午战败的刺激转而激进,变成了"革命理论大师",也就与邹容等人走到了一起。据说,《革命军》一书也由其出手"润色"过。

当时清廷的反对派势力有"两党",一是革命党,另一是康有为、梁启超的"保皇党"。戊戌变法失败后,康有为等人逃亡海外,但仍以光绪皇帝为念,走的是反对革命、主张改良的道路,他们所办的报纸在留日学生中影响颇大,康有为当时即写了一篇文章批评邹容的小册子,由此引发了章太炎的一篇雄文《驳康有为论革命书》，该文刊登于1903年6月20日的《苏报》显要位置，而这也是"《苏报》案"的导火线。

6月23日，署理湖广总督端方致电两江总督魏光焘，其中称"上海《苏报》系衡山陈编修鼎胞兄所开，悍谬横肆，为患非小"，望江苏方面"设法收回自开"。端方的电文显然没有搞清陈鼎与陈范的关系（陈鼎为兄，陈范为弟），但陈范之兄陈鼎曾为朝廷的翰林编修，此事非同小可，魏光焘随后即派江苏候补道俞明震前往上海查办此事。

俞明震到上海后，先到《苏报》馆找陈范，但不巧的是，陈范外出了；第二天，俞明震找到《苏报》的主要撰稿人之一吴稚晖，双方于是有了如下对话：

俞称："苏报闹得太利害了，梦坡我熟人，……先生等劝其温和些，太炎先生似乎闹得亦太凶。"吴说："二人脾气，恪士先生所知（俞明震字恪士），但朝政如此，亦难怪出言愤激。"俞称："话如此说，太利害，也叫当道受不了。"

说罢，俞明震抽出一公文给吴看，上面是魏光焘所发命令："照得逆犯蔡元培、吴敬恒，倡言革命，煽乱谋逆，着俞道会同上海道密拿，即行审实正法。"吴稚晖读至此，俞明震即将公文抽回，两人对视一笑而散。

吴稚晖，名敬恒，江苏武进人（今常州），生于1865年，举人出身。1902年吴稚晖赴日本留学时，有数名来自江苏、浙江、江西的自费学生想进入成城学校（日本士官学校的预备学校，合格者一年后升入士官学校），但因当时进入此类军事学校须经国内公费保举，因而被驻日公使蔡均所拒。学生向吴稚晖求援后，吴遂与一同赴日的孙揆均举人带着二十几名学生前去理论，但蔡均见他二位不过是个举人，接待冷淡并严词拒绝。

受辱之下，吴稚晖愤而率学生在使馆抗议，数日不去。蔡钧恼羞成怒之下，竟将日本警察招来将之强行带离，后吴稚晖、孙揆均均被日方以"妨害治安"的罪名驱逐出境。吴稚晖气得要死，走到半路上投水自尽，幸好被日本警察救起，后由同在日本的蔡元培将之护送回国。此事后，吴稚晖转而反清，并成为"爱国学社"的主要成员。

俞明震生于1860年，祖籍浙江山阴（今绍兴），但其父那代已经居官湖南，俞本人生于长沙。俞家历代官宦，时为湖南大族（与曾国藩家族、陈宝箴家族有联姻关系，其后代中更是名人辈出），俞明震于光绪十六年（1890）考中进士，后在甲午战争时协助唐景崧据守台湾，事败后回返大陆，担任过南京陆师水师学堂总办等职。

俞明震身为查办大员，但其亲访《苏报》馆、暗告吴稚晖的做法，看似暗通关节，实则为思想开通的表现。按当时的官场习气，蔡元培、吴稚晖、陈范等人都是士林中人，章太炎虽无功名，但其学问早已名声在外，而章士钊又曾为其赏识的学生，彼此都是士子一族、斯文一脉，如下手罗织未免物伤其类。他当时的做法，无非是大事化小，小事化了，并有意放过《苏报》馆一干人等。

但让俞明震感到郁闷的是，《苏报》馆在接到警告后非但不予理睬，反而变本加厉地刊出文章《论江南陆师学堂指退学生为革命党事》，其中即指名斥责俞明震。6月27日起，《苏报》连续两天发表文章悼念留日学生陈海鲲（福建福州人，自号"仇满生"，常有"杀满之声"，一月前跳海自杀）；6月29日，章士钊更是在头版显著位置刊出章太炎的《康有为与觉罗君之关系》（节选自《驳康有为论革命书》），其中直呼光绪之名："载湉小丑，未辨菽麦！"此文一出，清廷震怒，也就在这一天，《苏报》馆的厄运来了。

1903年6月29日，租界工部局在清廷地方当局的强烈抗议下发出对陈范、陈吉甫、陈叔畴、章太炎、邹容、龙积之、钱允生等七人的拘票。但奇怪的是，拘捕名单上没有主笔章士钊与吴稚晖的名字，而陈范与陈叔畴实为一人（陈范别号"叔畴"），陈吉甫为报馆司账员，无关轻重，钱允生、龙积之根本与《苏报》无关。如此名单，看似吊诡，实则意味深长。

巡捕们前往报馆抓捕时，陈吉甫率先被捕，陈范趁乱逃脱，之后让儿子去通知章太炎逃避，但章却慢条斯理地说："诸教员方整理学社未竟，不能去，坐待捕耳。"旁人劝他暂避一时,章太炎却对之嗤之以鼻。次日,章太炎听说巡捕前来捉他了,他一时疯劲上来,非但不躲避,反而迎上前去大喊:"章炳麟是我!"

进了巡捕房后,大概是寂寞的原因,章太炎又写信给邹容,让他前来自行投案。邹容本来在虹口某外国传教士处藏得好好的,他接到章太炎的信后,左思右想,不能负了这份义气,于是于7月1日前往租界四马路巡捕房投案,曰:"我邹容。"

更令人叫绝的是,馆主陈范逃走后,在章士钊主持下,《苏报》仍得以继续出版了一周,而且还在7月6日发表了章太炎的《狱中答新闻报记者书》。文中,章太炎坦然表示:"吾辈书生,未有寸刃尺匕足与抗衡,相延入狱,志在流血。"直到第二天下午,《苏报》才最终被查封。

有意思的是,在这场中外瞩目的"《苏报》案"庭审中,控辩双方均聘请外国律师,而主审方也是中外合办的会审公廨(由外方陪审官如领事等与上海道台委派的中方谳员会同审理租界内与华人有关的诉讼案件,系列强行使领事裁判权并侵犯中国司法主权的特殊司法机关)。对"《苏报》案",清廷态度明确,一是引渡,二是严惩,两江总督魏光焘为此致信上海美领事古纳,要求租界当局将章太炎、邹容等交给中方,称"此为中国主权,他国不得侵夺"。

"《苏报》案"共开庭6次,其间中外各方反复争驳,清廷控告《苏报》馆、章太炎、邹容等"大逆不道,煽惑乱党,谋为不轨",而"主犯"章太炎与邹容则在律师的点拨下为自己作无罪辩护。最令清廷恼火的是章太炎的那句"载湉小丑,未辨菽麦",其"诋毁圣上,呼为小丑,立心犯上,罪无可逭"。对此指控,章太炎半戏弄地回应:"'小丑'两字,本作'类'字或'小孩子'解,并不毁谤。至今上圣讳,以西律不避,故而直书。"他还直言:"不认野蛮政府。"至于邹容,除承认《革命军》是自己所作外,其他一概否认。

更可逗的是,第一次庭审完毕,章太炎半途作诗,并诵"风吹枷锁满城香,街市争看员外郎"而返,后与之闹矛盾的吴稚晖即不无揶揄地说:"他以坐牢为荣,亦很好……可谓求仁得仁矣。"

1903年12月7日，代表清廷参加会审的上海县令汪瑶庭单方面拟定判决：章太炎、邹容应予"永远监禁"，但英美领事对此很不满，因为他们不能开此先例，否则在之后的华人案件中，领事裁判权或将不保。在与清廷僵持近半年后，双方最终妥协，会审公廨于1904年5月21日做出判决：章太炎监禁3年，邹容监禁2年，均罚做苦工，"期满驱逐出境，不准逗留租界"。

事实上，清廷注定要成为这场诉讼中的失败者和被嘲讽对象，原因很简单，在传统专制年代，君主拥有无上神威，倘若被随意辱及乃至腾笑各方，即便将章太炎、邹容永远监禁也无可挽回。正如梁启超在袁世凯称帝时说的，神像一旦打破，即不再具有神圣性，而对于那些正值叛逆期的年轻学生来说，这无疑是最刺激的。

章太炎与邹容的轻判与当时的另一起案件也有密切关系。1904年7月31日，《天津日日新闻》职员沈荩因揭发中俄交涉秘密事项而遭逮捕（也有说沈荩系原唐才常"自立会"成员，因被通缉而死），因逢慈禧寿庆而不宜公开杀人，遂改判"立毙杖下"，行刑时，"特造一大木板，而行杖之法又素不谙习，故不至二百条下，血肉飞裂，犹未至死，后不得已始用绳紧系其颈，勒之而死"。

上海的英文报纸《字林西报》更是对沈荩被杖毙的细节做了绘声绘色的描写："可怕的刑罚在4点钟开始执行，在此后的两个小时里，钝竹条像雨点一样落在可怜的犯人的四肢和背上，直至鲜血淋漓，但是犯人还没有死。他痛苦万分，请求行刑者速将其勒死，最终采取了类似的办法。直到夜幕降临，血肉模糊的身体才停止了颤动。"事情被披露后，舆论一片大哗，英国首相还为此向驻华公使直接发出训令："现在《苏报》馆之人，不能交与华官审判。"

沈荩的案例或许说明，在租界里尽可以乱骂，但出了租界的地面，恐怕就死罪难逃了。从某种意义上说，租界是近代中国的自由滋生地，特别是对报刊舆论的培育更是作用匪浅。清末民初时，租界内的舆论堪称自由乃至放纵，多数报馆开了封，封了再开，换个名字即可。如章太炎等人被抓后，章士钊不仅没有逃离上海，反而在一个月后又创办了号称"《苏报》第二"的《国民日日报》。再如民初影响颇大的《民立报》（于右任等人创办），其原名《民呼报》，被封后改名《民吁报》，再封后才改名《民立报》的。

师徒反目：俞樾与章太炎之间究竟发生了什么？

苏州马医科巷有俞樾故居曲园，曲园原为晚清"四朝元老"潘世恩旧宅的一部分，1874年俞樾将其买下后兴建成园，如今曾国藩题写的"春在堂"匾额犹在（或非原物），但原园多处为外单位或民宅所占，逼仄异常不说，转角居然摆放着赛金花的钢琴，昔日清雅之气，颇有些荡然无存之憾。

遇上赛金花的钢琴当然是个意外，来曲园一游也主要是因为当年在此发生的一段公案。1901年春，章太炎往苏州东吴大学执教，特前去拜望恩师俞樾，并谒先生于春在堂。孰料俞樾对其来访火冒三丈，并声色俱厉地斥责章太炎："背父母陵墓，讼言索虏之祸，不忠不孝，非人类也！曲园无是弟子，小子鸣鼓而攻之，可也！"

俞樾是晚清著名的朴学大师，以其学识、人品、修养乃至八旬之身，而对昔日寄予厚望的弟子如此毫不留情面地诟责，不但当事人章太炎为之惊诧莫名，在旁人看来，也着实有些大跌眼镜。

前面已经讲过，俞樾是一代大儒，其门下弟子数以千计，与学生的关系一向融洽，西湖孤山下由弟子们集资修筑的"俞楼"（号"小曲园"），即为明证。

《论语》中载，诸侯卿季氏比周朝公侯还要富有，而弟子冉求还要帮他聚敛财富，孔夫子大为恼火，曰："非吾徒也。小子鸣鼓而攻之，可也。"公开声明"非吾徒也"，那就是将学生逐出门下，即所谓"破门"。被厉责之后，章太炎也是气愤难平，当晚写下《谢本师》一文，自我宣布师徒关系一刀两断。类似案例，在当时绝不是小事，因为传统的师生关系并不亚于父子，学生之于老师，除求学外尚有尊亲之意，即使在新旧交替的时代，徒弟宣布断绝师徒关系这样的事，同样为社会伦理所不容。

那读者或许要问，俞樾与章太炎之间究竟发生了什么？是什么让俞樾如此大光其火？这恐怕要从章太炎的性格与经历说起。

章太炎，浙江余杭人，自幼受过系统的儒家教育（其父章浚曾任县学训导），孰料初次参加县试时突发癫痫而弃考（后不再考）。1890年，21岁的章太炎奉父命入杭州诂经精舍，拜在俞樾门下学习七年，其间学问大进，很受俞樾的赏识。

但是，章太炎平静的读书生活很快被甲午战争的惨败打破了。1896年，章太炎不顾俞樾的劝阻而赴上海任《时务报》主笔。《时务报》是康有为、梁启超等人创办的维新报刊，康、梁当时更是炙手可热，俞樾有什么理由要反对章太炎前去帮忙呢？原来，就在当年，刚中进士不久的康有为路过杭州前来拜见俞樾，后者请了几个得意弟子作陪，其中就有章太炎。康有为的名作《新学伪经考》指"刘歆古文无一不伪"，一时惊动士林，帝师翁同龢阅后认为康"窜乱六经"，"真说经家一野狐也"。在俞樾看来，章太炎最崇尚刘歆，而康有为最排斥刘歆，今文古文，两者水火难容，针锋相对，若彼此共事，必生事端。果不其然，章太炎次年即与康门子弟冲突，章被殴受辱而退出《时务报》。

1898年后，章太炎又受张之洞之邀赴武汉筹办《正学报》，但未及一月即离去。当年七月，章太炎回到上海担任《昌言报》主笔，其间言行乖张，被人戏称"章疯子"，让俞樾很是难堪，师生之间开始出现矛盾。据说，另一弟子宋恕每次给俞樾写信都要替章太炎申辩,说他"明于理而昧于势","才高丛忌,谤满区中",宋也常将"师谕"向章太炎"先后袖示",但后者仍旧我行我素。

戊戌政变后,维新运动中崭露头角的章太炎也上了通缉名单,最后慌不择路,避祸台湾,不久又转赴日本。庚子年后,章太炎对清廷彻底绝望,由此走上了激进之路。1900年7月,章太炎回到上海并参与唐才常组织的"中国议会",但制定章程时,章不满于唐才常否定清廷合法地位的同时而又请光绪皇帝复位的矛盾做法,竟愤而当众剪辫脱衣,声明退会。

章太炎的种种荒唐事通过各种渠道传到了俞樾的耳中,最终酿成了前文所说的曲园"破门"公案。在俞樾看来,章太炎既然无心科举,无妨做个学术中人,以其偏激性格,本不适合从事政治,其投康门,一错;投革命党,一错再错。

事实上,俞樾并不算是顽固的人,如其遗言所说:"国家既崇尚西学,则我子孙读书之外,自宜习西人语言文字,苟有能精通声光化电之学者,亦佳子弟也。"但是,俞樾反对民族主义,忠君爱国的底线不能破。如辜鸿铭所言,曾国藩最英明的地方在"不反满",反则群雄并起,天下荼毒。以梁启超之才、章太炎之学,为革命添柴加火,功不可没;然革命之后,遍地鸡毛,其责亦不可逃也。

以笔者的揣测,俞樾的发火或与其自身的遭遇有关。1855年,俞樾经差放考试后外放为河南学政。按说这是优差,常例三年所得即可供一生之需,但这差最后被俞樾自己搞砸了。两年时间不到,御史曹泽弹劾俞樾在科考命题时割裂经义,有戏君、反君之意。由于当时正是太平军造反的敏感时期,身为学政的俞樾不免犯了大忌讳,最终被革职为民,永不叙用(详情请参考前文)。

此前,俞樾在科考与仕途上都是顺风顺水,这次的打击来得极为沉重而彻底。古代读书人以修身、齐家、治国、平天下为己任,"革职永不叙用"的惩罚让这种人生理想成为绝望,其打击之大,及由此带来的生计困窘,可想而知。痛定思痛后,俞樾或许明白一个道理,那就是,才学过人而自负轻佻,恐终遭大祸。他的暴怒,恐怕也是担心章太炎也会遭遇自己的不幸,甚至更坏。

不过,事情过去后,俞、章两人并未真正断绝师生关系。对于章太炎,俞樾仍以门生看待，1901年8月，还以《秋怀》四首索和，章太炎也"如命和之"，并表示将以前的不快"相忘于江湖"。但令人奇怪的是，1906年章太炎在日本主持《民报》时，却在其九号刊上公开发表了《谢本师》一文，其中对俞樾忠于清廷的做法大加批判。其发稿动机究竟是《民报》缺稿还是想起旧怨或是表明革命态度，不得而知。不过，未闻其同门弟子因此文而责问章太炎，或许其传播不广。文章发表后，大概章太炎自己也觉得不妥，其文集有意不收入此文。

1907年，俞樾去世。章太炎哀悼之余，在《国粹学报》上发表一篇《俞先生传》，对老师的学术与人品都给予很高的评价。对发表《谢本师》一文的荒唐事，章太炎自己也有些悔意，他在写给孙诒让的信中说："今见夏报，知俞先生不禄。向以戆恩，几削门籍，行藏道隔，无山筑场，悬斯心丧，师在天之灵知我耳。"

章太炎的一生都很矛盾，他既要革命，又想保留国粹；既要共和，又反对代议制政府；既是儒者，又向往佛教……据其弟子陈存仁说，章太炎疾恶如仇，凡人有不善，必面加呵斥，不稍留余地。到了晚年，只要是他不喜欢看见的人，绝不接见；即使见了，也不多说话，不再做灌夫骂座那样激愤的事。暮年的章太炎，志趣与早年迥然相异，日趋平实，其涵养功力日渐深邃，他曾给人写条幅，自嘲曰："少年气盛，立说好异人，由今观之，多穿凿失本意，大抵十可得五耳。假我数年，或可以无大过。"

从突破传统到最后回归传统，章太炎最终从斗争中得到心灵的解脱。但不幸的是，他生活的那个年代，思潮越来越偏激、越来越激烈，他最终跟不上时代的潮流而被"革命"所抛弃，而他晚年在著作中表现出来的"疯"，何尝不是一种返璞归真的"孤愤"。所幸的是，在闭门不出，专心学术后，章太炎并没有辜负他的才华与早年的学术训练，终成一代国学大师；而与他同时代的一些才子佳人，在百年"革命潮"过去之后，早已湮没无闻矣！

末代状元刘春霖："第一人"中最后人

自隋唐实行科举开始，到清朝光绪三十一年（1905）废除科举制为止，在一千三百多年的中国科考史上，大约产生了近六百名状元。其中，有一位状元注定要载入史册，他就是最后一位状元刘春霖。

坊间传闻，刘春霖得中状元，主要是他的名字立了大功。据说，当时考官推荐了十份答卷，第一位是广东举人朱汝珍，孰料慈禧太后一看到这个"珍"字，就想起了和她作对而在庚子年被推进井里淹死的珍妃，再一看朱汝珍是广东人，她又想起戊戌年企图"围园杀后"的康有为、梁启超等乱党都是来自广东，于是朱汝珍的答卷便被扔在了一边。

接着打开的第二卷是直隶举人刘春霖的，因为当时久旱无雨，老太后一看"春霖"二字便十分欢喜，因为"春霖"意味着"春风化雨、甘霖普降"，多吉利的名字！于是乎，刘春霖便由原来的第二名改成了头名状元，原本第一名的朱汝珍只得屈居其后成为榜眼了。

当然，以上只是刘春霖中状元的一个传闻，未必就是真相。类似的传闻，也不仅仅发生在刘春霖身上，上一届状元王寿彭也是一个，大意是他的名字"寿彭"意味着"寿比彭祖"，而慈禧太后的七十大寿马上就到了，因为名字吉利，所以才被挑中状元云云。

对此，王寿彭倒是十分大度，其当即就写了一首打油诗：

有人说我是偶然，我说偶然亦甚难。

世上纵有偶然事，岂能偶然再偶然。

作为状元郎，王寿彭完全有资格、有底气说这样的话，因为王寿彭不但书法水平高，而且他在县试、府试中都是头名，一路过关斩将，成绩不俗，靠的就是真才实学。

康熙晚年时，曾与身边侍卫及大臣们说："朕常讲论天文、地理及算法、声律之学，尔等闻之，辄奏曰：'皇上由天授，非人力可及。'如此称誉朕躬，转掩却朕之虚心勤学处矣。尔等试思，虽古圣人，岂有生来即无所不能者？凡事俱由学习而成，务学必以敬慎为本。朕之学业，皆从敬慎中得来，何得谓天授非人力也。"

康熙的意思很明白，众臣奉承其"天纵聪明"，其结果是让人忽略了"虚心勤学"的重要性，而康熙也不认为世界上真的有什么"生来无所不能者"。以此而论，说刘春霖中状元是因为名字起得好未免有些揶揄人了。事实上，所谓把朱汝珍放在第一名推荐的情况本身就不存在，因为每次殿试，考官只能将最优秀的十人推荐给皇帝做参考，至于决定一甲三名（即状元、榜眼、探花）的名次，这是皇帝的特权，非考官所能擅自决定，所以刘春霖是被改为状元郎的说法站不住脚。

当然，民众津津乐道于这些传闻，也折射出科考状元在大众心目中的崇高地位，只是有些传闻还需要历史的甄别，否则以讹传讹，就失去了历史的本来要义了。

说起刘春霖，其实他也是个苦出身，既无家世也无家财，能中状元真是十分的难得。刘春霖生于同治十一年（1872），直隶河间府肃宁县人，其家世代为农，家道贫寒，其父先后在济南、保定府衙当差，其母亦在知府家中做女仆。

幼年时，刘春霖随父母在济南，后因生活困难被送回老家交哥嫂抚养。8岁时，刘春霖入私塾读书，因天资聪颖、学习刻苦而深受老师喜爱。然而，在初应童子试时，刘春霖的报考资格却成了问题。原来，刘春霖的父亲做过衙役皂隶，按当时规定，皂隶属"下九流"，"例不准为官，其子孙亦不准应试"，需"下逮四世，清白自守，方准报捐应试"。为此，当刘家找到当地廪生胡光签担保时，被后者断然拒绝。

通过走其他的门径，刘春霖及兄刘春堂最终还是参加了科考并双双考中秀才。之后，刘春霖入读保定莲池书院，师从著名学者吴汝纶。莲池书院创办于雍正年间，是李卫任直隶总督时的业绩之一，后经乾隆皇帝三次驾临，多处题匾，清中期后号称"全国书院之冠，京南第一学府"，院中硕学名儒，高徒辈出。刘春霖入书院时，院中山长为桐城派大师吴汝纶，后者系"曾（国藩）门四弟子"之一，声名远播。

尤其值得一提的是，莲池书院虽然主要为科考服务，但吴汝纶本人十分开明，其曾为严复《天演论》作序，院中亦大量引入西学课程，如刘春霖在就读时就学习了《西国哲学史》《欧洲外交史》《世界文明史》等著作。

在此期间，由于父母相继去世，刘春霖因丁忧而不能参加科考。直到1902年，首次参加乡试的刘春霖一举夺魁，迈过了科考路上最难的举人关（通过率仅3%左右）。次年会试中，刘春霖却没有这么好的运气了，他首次尝到了落第的滋味。

顺便说一句，历来会试均应由礼部主持，在北京贡院举行，但因为1900年庚子之变，北京贡院被毁，加上部分省份因支持拳乱（如山西）而被禁考，这次的会试最终改在河南开封举行。而且，这次考试内容也有重大改革，"均不准用八股文程式，策论均应切实敷陈，不得仍前空衍剽窃"。在这一科中，其兄长刘春堂考中进士，刘春霖却名落孙山。

按常例，科考一般为三年一科，光绪二十九年（1903）癸卯科结束后，下科应于光绪三十二年（1906）举行。但赶巧了，第二年赶上慈禧太后的七十大寿即所谓"万寿节"，所以特别加了一次，即甲辰年"恩科"（1904）。也就在这次的会试中，刘春霖拔得头筹，成为万众瞩目、为千万士子艳羡的状元郎。

清廷于次年（1905）宣布废除科举，由此甲辰恩科刘春霖榜即成为中国科举史上最后一次会试。除一甲刘春霖、朱汝珍、商衍鎏三人外，其他出名的进士还包括谭延闿、沈钧儒、蒲殿俊、汤化龙等，一时人才济济，群星闪耀。

会试的最后一次考试为殿试，殿试共4道策论题，限一个白天内完成。据刘春霖回忆，当时书写的时间就要半天以上，真正构思文章的时间很短，否则就完不成卷。而从刘春霖的答卷内容看，其第一卷纵论历史颇得考官好感，而其他几卷则大多是老生常谈，无非"整顿吏治、倡明教化、加强军备、振兴实业"等等，谈不上特别高明。

不过有一点需要特别指出，科考到殿试这一关时，书法就显得十分重要了。因为此前考试的答卷都要由书手（古代担任书写、抄写工作的人员）重新誊写，答题者的书法如何无从得知，但到了殿试则是原卷呈上，谁的书法好（譬如擅长工整清丽的"馆阁体"），那优势就大了。从某种程度上说，刘春霖这次的胜出，很可能与书法水平高有关。据说，在殿试结束后，考官陆润庠即认为，刘春霖的答卷"书法工整，为通场冠，廷试可望大魁"。再者，慈禧太后本人的文化水平不高，文章的优劣她未必能明辨，但书法的好坏，可谓是一目了然。

殿试发榜后，慈禧太后与光绪皇帝接见过刘春霖等人一次，据刘春霖回忆，他们"跪在下面，又不敢抬头，只是趁退出的时候，偷偷地看了一眼，皇帝是一个瘦瘦的脸型"。当时，光绪皇帝的身体已经很差了，朝政基本由慈禧太后主持。从这个意义上说，刘春霖系慈禧太后钦点也说得过去。

这里再插一个小花絮。按定例，新科进士应由礼部制作题名碑置于太庙，但由于庚子赔款、举办新政等原因，清廷国库空虚而无力为之。无奈之下，这科进士们只好自己出钱，制作了中国科考史上最后一块进士题名碑。

刘春霖中状元那年，年方32岁。按规定，一甲三名在及第后，不需再次参加朝考，状元直接授为翰林院修撰，榜眼、探花直接授为编修。其他进士则需参加朝考，优秀者选拔为翰林院庶吉士，再经三年的学习并经散馆考试后留为翰林院翰林或外放为官。相比那些排名靠后的同年，一甲三名在仕途上就要顺利多了。

当然，由于处于新旧变革的非常时期，刘春霖与其同年们没有像之前那样重走旧路，而是与同科进士沈钧儒、王揖唐等一起被派到日本法政大学留学。在日本期间，刘春霖学习刻苦，常与老师辩论。据其自述，"讲师为创学说，余与问难推理至极，讲师嘉叹，卒不能答"。1907年，刘春霖学成回国，其先后担任直隶法政学校提调、北洋师范学校监督、资政院议员等职。相比于早期的留日生，刘春霖的仕途并不算显山露水，这与他的状元身份似乎有些不相符合。为此，刘春霖也曾自嘲说："人有巧拙，拙者我之短，亦即我之长。倘随俗俯仰，恐用力愈多，见功愈寡。"

刘春霖在仕途不显贵，一方面是他主要从事文教事业，另一方面也与其个性有关。刘一向性格自负，据说京城有家染坊请他写招牌，他不慎将"染"字中的"九"写成"丸"，一旁伺候的仆人帮他指出笔误，刘春霖大概觉得很没面子而将仆人狠狠训斥了一顿，并称自己刻意如此，"以示不俗"。而刘春霖在资政院当议员时，也同样以好批评而著称，时与"台谏三霖"（广西全州御史赵炳麟、福建莆田御史江春霖和湖南湘潭御史赵启霖）相呼应而为清末言官最后的风骨。当时，也有人劝刘春霖不要过分得罪像庆亲王奕劻这样的权贵大臣，但刘春霖则认为自己"语虽激切，实发于忠爱之至诚"，"在上可以对皇上，在下可以对国民，就是本议员见了监国摄政王，也是这样说，不敢作谄谀之词"。

刘春霖的官运也实在是糟，武昌起义一声炮响，清廷不到半年的时间就轰然倒塌，即便刘春霖想做个小官、言官也不可得。由于时局的剧变，刘春霖在辛亥年后辞去一切官职，隐居在北京宣武门内前王公厂西口寓所，"终日以诗、书、棋为消遣"。这种甘做前朝遗老的做法，在当时的官僚士绅中并不罕见，如徐世昌、陈夔龙、王士珍等，都是如此。作为前朝状元的刘春霖，也不得不有这一份气节。

也同徐世昌一样，在"守节"三年后，刘春霖最终还是耐不住寂寞而重新出山。1914年，其应袁世凯之招进入总统府出任内史，每日一抄"君日览"（历代皇帝的言行录）供袁赏读（有些类似于封建朝的侍读学士）。因为这一职位只相当于顾问官而并无实务，刘春霖亦自嘲为"站廊官"。1915年，复辟帝制兴起时，刘春霖曾作为直隶"请愿团"代表"劝进"。1917年张勋复辟时，刘春霖也曾以旧冠袍朝拜逊帝溥仪，不失遗老本色。

此后，刘春霖先后出任总统府秘书帮办兼代秘书厅厅长，后又任直隶省教育厅厅长、直隶自治筹备处处长等职。在此期间，他也曾兼任"中央农业试验场"（万生园内，今北京动物园）场长并主办过农业、气象讲习班，不过成效不大。

徐世昌做总统时，刘春霖于1920年、1921年两次作为总统府代表前往山东曲阜主持大成节祭孔典礼，一时名声大噪，这也是他一生中自认最风光的时候。当然，当时军阀混战，政局动荡，像徐世昌这样的文官总统尚且无所作为，更不要说刘春霖了。

1928年后，随着北洋势力的消退，刘春霖与官场新贵的隔膜日渐增加，此后亦辞官赋闲在家，每日研习书画，以诗书聊以自慰。据说，刘春霖退出政坛后，每日到中央公园（今中山公园）遛弯，以读书静坐为乐。

1931年，在其六十寿辰之际，刘春霖自撰《六十自述诗》：

第一人中最后人，抵今四海剩孤身。

平生竟屈沂公志，忠直难稽宋代臣。

望气黄明通上德，出神暗夕证前因。

不崇高位崇高行，闺内观型藻鉴真。

1905年科举被废除后，尤其民国"五四"及新文化运动后，传统的儒学道义受到巨大的冲击，所谓八德"孝悌忠信、礼义廉耻"成了被攻击的靶子。当然，传统的东西也未必就没价值，比如气节，仍旧是刘春霖等传统士绅的闪光点所在。

1931年"九一八"事变后，原逊帝溥仪在日本的扶持下成立"伪满洲国"。之后，已任傀儡政权总理大臣的郑孝胥奉命来找刘春霖，想请这位前朝状元出任教育部长，撑撑门面。然而，在时代沧桑巨变后，刘春霖对此毫无兴趣。不甘心之余，郑孝胥多次上门恳请，刘春霖不客气地指出："君非昔日之君，臣亦非昔日之臣，岂能随汝而毁我之誉！"

之后，出于对刘春霖的敬仰，时任河北省省长的原西北军将领宋哲元郑重拜这位前朝状元为师，二人交往密切，刘按期给宋哲元讲授经史知识，这些内容后以《刘春霖之言过》为题登载在当时的报纸上。

1937年"七七事变"后，北平沦陷，刘春霖的同科进士、日本留学时的同学王揖唐做了汉奸，他几次请刘春霖出山并许以北平市市长之职，但后者不为所动并骂王是"筋骨软的东西"。王揖唐一怒之下，随后让日本兵抄了刘春霖的家，并用刺刀将其家人赶出家门。刘春霖半生蹉跎，独好藏书，历经此劫后，他不得不四处托人说情，这才得以返还。此后，刘春霖更加深入简出，不问政事。1942年1月18日，刘春霖因病去世，时年71岁。

作为末代状元，刘春霖学问甚佳，他对古文学、史学和金石学造诣颇深，并对小学（训诂学、文字学、音韵学）素有研究，颇多见解。刘春霖好读书，其"群玉山房"收藏各类书籍一万余册，古籍以明清刻本居多，其藏书印有"刘春霖印""石云鉴藏之章""石云收藏""润琴刘春霖"等（刘春霖字润琴，号石云）。此外，刘春霖也曾在保定等地开设"直隶书局"，为传播文化贡献匪浅。作为肃宁县人，刘春霖曾捐资修撰民国《肃宁县志》，并曾给予具体指导及审阅(此稿惜因战乱而丢失)。

刘春霖的书法一向为人称道，据说其尚未及第之前，帝师翁同龢见其笔墨而为之惊叹不已，并预言他将大魁天下。此后，慈禧太后对刘春霖的书法大为赞赏，并让刘春霖为其抄写《文昌帝君阴骘文》《大唐三藏圣教序》等。

刘春霖擅馆阁体，尤以小楷著名，其字清秀刚劲、端庄平正，时有"大楷学颜（真卿），小楷学刘（春霖）"的说法。自1928年辞官隐居后，刘春霖常以写字卖文维持生计。因他是前朝状元，书法又好，所以润笔生意也算是应接不暇。从传世的作品来看，隶、真、行、楷皆为其所长，而在其生前，刘春霖已出版《大唐三藏圣教序》《文昌帝君阴骘文》《闲邪公家传》《兰亭序》《灵飞经》等多种小楷字帖。

此外值得一提的是，刘春霖除了卖文之外，还有另外一桩生意，那就是"点主"。旧时大户办丧事时，须为逝者造牌位送入家庙，牌位上写明"×××之神主"，主字上面一点不写，而由大人物用朱砂点画完成，这就是所谓"点主"。因为刘春霖是状元出身，又是书法大家，因而重金请他去"点主"的大户人家也是络绎不绝。据说，时在上海的犹太富豪哈同去世后，在王揖唐的牵线搭桥下，哈同遗孀罗迦陵特请刘春霖为哈同"点主"，同时又请了榜眼和探花担任副"点主"，是为"三甲点主",轰动一时。事后,刘春霖获酬一万银圆,其余两人各拿五千。

身为状元郎,刘春霖一直是肃宁乡里的骄傲。据说,当年不肯为刘春霖担保的廪生胡光签晚年困顿,刘春霖听说后托人予以资助,胡称:"润公不记前嫌,我已敬佩不已,今尚惦记我的生活,助以重金,更为不安。过去之事,悔恨不及。"刘春霖答曰:"以前之事,我从未记恨胡老廪生。"

刘春霖出名后,曾在乡里屡次捐资兴学,他在老家村里兴建小学一所,学校房屋及相应设备均由他一手资助。学校落成时,刘春霖特赠匾额一方,上题"铸才炉",悬于门庭。对其家族子弟的教育,刘春霖也十分重视,但凡考入中学或大学者,刘春霖均给予资助。在京城,由河北知名人士倡办的北京燕冀中学(分男女校,主要收河北籍子弟),刘春霖也曾捐资赠书,并长期任该校董事。

最后值得一提的是,刘春霖对民间疾苦多有关注,他多次参与赈灾,救助灾民。1933年黄河泛滥,冀鲁豫三省受灾严重,在华北政要于学忠的支持下,刘春霖等人发起"河北移民协会",并在内蒙古建立"河北新村",先后移民数次,计330户、1100多人,费用均由发起人捐献、募集。作为传统士绅,刘春霖的一生所为,也算不愧对"状元"二字了。

"老佛爷"的珍宝:从风光大葬到身后凄凉

1908年11月15日下午1点40分左右,执掌中国大权近半个世纪的慈禧太后撒手人寰,年74岁。由于光绪皇帝驾崩于慈禧太后之前(两者相差不到一天),后者的丧仪由隆裕太后及瑾妃主持。当天下午,掌仪司首领太监用鹅黄吉祥轿将慈禧遗体从西苑仪銮殿抬至皇极殿;次日上午,慈禧遗体被殓入棺中。

停灵17天后,慈禧太后于12月2日出殡。为了让灵柩更安稳顺利地通过,前往清东陵的道路甚至还动用了蒸汽压路机,目的是让路面更加平整。当日清晨,天气阴冷,寒风刺骨,城内所有交通都已中断,凡送葬行列经过的地方,整条大街上都站满了旗兵和配枪的新军士兵,所有门窗都得关闭,大街两旁的所有岔道也都用蓝布遮挡了起来。按说,送葬仪式不允许老百姓围观,但因为路途太过遥远,围观的人都涌出了城外。

据记载,当日葬礼极为隆重而豪华,友邦人士也叹为观止。荷兰阿姆斯特丹《电讯报》驻华记者即报道说:"送葬队伍中,打头的是一队穿着现代军装的长矛轻骑兵,装束齐整,举止得体;……紧接着又是另一队长矛轻骑兵,在他们的长矛上飘扬着红色长条旗,后面跟着马枪骑兵,他们属于皇家禁卫军,身穿有红镶边的灰色军衣。后面又有一排排穿着红衣服的仆役,举着绿、红、紫、黄等各种颜色的旌旗和低垂的绸缎条幅。那些举着鲜艳旌旗的仆役行列没完没了,似乎他们把皇宫里的旌旗全都搬出来给已故太后送葬了。"

这些还只是开路的仪仗队。接着,"更多的黄色轿子自上而下地过来,在这些轿子的后面,闪烁着一团耀眼的金黄色火焰,体积大得吓人,而且离地面很高。慈禧太后的灵柩非常缓慢地向前挪动着,方形的灵柩上顶着一个偌大的金球,而且是用一块边幅很宽的织锦罩起来了。它被一百多个轿夫用长长的竹杠抬着,高高地耸立在他们的头顶上,以威严而庄重的方式向前移动"。

灵柩前面,有数百面黄色旌旗作为先导,"到处都是一片黄色的海洋,有无数方形或圆形、上面绣满了龙凤的各色旌旗。在其他浩瀚如云的轿子、小矮马、旌旗和丧旗的后面还跟着一大批身穿深黄色袈裟的喇嘛和尚,他们分别来自西藏和蒙古。最后一大批清朝高官走上前来,他们只穿着黑色的丧服,官帽上摘掉了表示官衔的饰物,即红珊瑚、蓝宝石顶子及孔雀羽毛。他们是大清王国最高层的官员,其中包括了亲王、御史和大臣。所有的人都带着哀悼的神情从我们面前经过"。

慈禧太后的灵柩很重很庞大，在一百多位轿夫的扛抬下，移动缓慢，"恰似这黄澄澄的灵柩是一沉重的纯金块，其柩衣也好像是用金属而非织锦制成。在阳光下，它显得像是一道金色的瀑布。在这个皇家的金黄色灵柩中居住着一个以蓝凤凰与红花为象征的造物。沿路的士兵们全都持枪致敬，外国公使的警卫们也都向灵柩敬礼。现场像死一般的寂静，连一下锣鼓声都听不见，站在土丘上那成千上万的人们也都静穆无语。就像一位女神正从他们面前被抬过，其灵柩一摇一晃，庄严地向前挪动"。

就这样，慈禧太后的灵柩被一步步抬到了清东陵，最后于次年十月葬入菩陀峪定东陵地宫。这座陵墓，早在三十年前就已经修好了。

同治年间，慈安太后与慈禧太后的陵墓同时开工，于光绪五年（1879）同时竣工，两墓费银约五百万两，耗时六年完成。其中，慈安墓比慈禧墓多费银三十九万两，不过前者于1882年入葬后，后者陵墓因出现渗漏、糟朽等原因而数度重修，修缮费用至少在一百五十万两以上。

在整个清东陵中，慈禧陵寝是最精美考究的一座，其所用石料一律采用上好的汉白玉，而三大殿更是奢华，其梁枋都是用名贵的黄花梨木制成，棺椁用的是更为名贵的金丝楠木，可谓"寸木寸金"。据统计，地面建筑所用金叶用去黄金近五千两，殿内外彩绘二千四百多条金龙、六十四根柱上缠绕的半立体铜鎏金盘龙等全都筛扫黄金。可惜的是，几番浩劫下来，如今只剩五块半天花板尚能见证曾有的奢华。

当然，这些费用比起陪葬的珍宝来说，又算不了什么。据清宫档案《大行太皇太后升遐纪事档》记载，慈禧生前先后向陵墓金井中放了六批珍宝，而李莲英侄子所著的《爱月轩笔记》中更是记述详细，其中称：

"太后未入棺时，先在棺底铺金花丝褥一层，褥上又铺珠一层，珠上又覆绣佛串珠之薄褥一。头前置翠荷叶，脚下置一碧玺莲花。放后，始将太后抬入。

后之两足登莲花上，头顶荷叶，身着金丝串珠彩绣礼服，外罩绣花串珠挂，又用串珠九练围后身而绕之，并以蚌佛十八尊置于后之臂上。以上所置之宝系私人孝敬，不列公账者。众人置后，方将陀罗金被盖后身。后头戴珠冠，其旁又置金佛、翠佛、玉佛等一百零八尊。后足左右各置西瓜一枚，甜瓜二枚，桃、李、杏、枣等宝物共大小二百件。身后左旁置玉藕一只，上有荷叶、荷花等；身之右旁置珊瑚树一枝。其空处，则遍撒珠石等物，填满后，上盖网珠被一个。正欲上子盖时，大公主来，复将网珠被掀开，于盒中取出玉制八骏马一份，十八玉罗汉一份，置于后之手旁，方上子盖，至此殓礼已毕。"

以上说的西瓜、甜瓜、桃、李、杏、枣等都是翡翠玉石制作，仅这些珍宝，就价值数百万两白银。最令后人关注的，是慈禧太后入殓时口含的夜明珠，据说此珠在夜间百步内能照见人的头发，其珍贵程度可想而知。不过，棺内最珍贵的陪葬品还不是夜明珠，而是用白玉雕成、号称可以"烟云流动"的九玲珑宝塔，可惜这只是传闻而未见其物（或毁于之后的盗墓）。葬殓完毕后，因棺内还有孔隙，又倒入四升珍珠、两千余宝石填棺，其棺之大，其奢侈可知。

目前清东陵的"镇馆之宝"，也就是所谓的"陀罗金被"，实际上这是一块锦缎而非真的被子，其用金丝与锦缎织在一起，上面镶嵌了820颗珍珠，后来盗墓贼只识金银财宝而不知锦缎价值，结果珍珠被拽了下来，锦缎却扔了。殊不知，这块锦缎其实是最值钱的。事后，逊清皇室将这件褪去了珍珠的陀罗金被重新铺盖在慈禧遗体上再次殓葬，直到1979年清东陵文物保管所对慈禧地宫进行清理时才被取出，现已公开展出，供大众观赏。

清东陵是我国现存规模最大、体系最完整的帝王陵墓群，其中埋葬了顺治、康熙、乾隆、咸丰、同治5位帝王和15位皇后、136位妃嫔、1位皇子，共计157位墓主人。但令人遗憾的是，除顺治的孝陵外，其余地宫均已被盗。

事实上，慈禧太后的奢华葬礼与丰厚墓葬也未必是好事。清朝覆亡后，无论清东陵还是清西陵均有盗墓贼光临，但对慈禧陵墓造成实质性重大破坏的，当数1928年孙殿英部队的公然盗掘行为。孙殿英原本是帮会土匪出身，后拉着一帮会徒自立山头，渐成势力。在军阀混战的20世纪20年代，他先后投靠憨玉琨、张宗昌等军阀，所部竟扩大成一个军。1928年，其所属的直鲁联军被北伐军击败，孙殿英率部投降了蒋介石，后被改编为第六军团第十二军，孙任军长，驻防在京津一带。孙殿英的军队一向纪律很坏，又非嫡系，为了给养与生存，于是打起了盗墓的主意。

1928年7月初，孙殿英先是借口剿匪进入清东陵；4日至11日，又以军事演习戒严的名义将清东陵团团围住，以从容实施盗墓。在此过程中，受害最大的正是被认为清陵中陪葬最丰厚的慈禧及乾隆的陵寝。

这里只说慈禧墓。最初，孙殿英的匪兵们不懂盗墓而乱挖一气，但忙乎了两天，仍找不到地宫的入口。后来，他们寻到一位当年参与修墓的老匠人，这才顺利找到地宫入口并用炸药将其轰开。据说，陵寝被打开时，地宫口喷出一股强烈的气浪，将这些盗墓者都吓坏了，他们以为里面有机关，实际上这是由于多年封闭形成的里外压差造成的。

之后，在连续打开两道石门后，盗墓者进入最后的主墓室，即所谓"金券"，这是一个完全由汉白玉石铺砌而成的石室，其正中有一座汉白玉石台（即"宝床"），上面停放的巨大棺椁，即慈禧太后及其陪葬珍宝的所在之地。

大功告成后，匪兵们并不先动手而是对着棺椁三拜九叩，说明为筹集军饷而不得不盗墓，表白一番后，才开始破棺盗宝。在《世载堂杂忆》一书中，一名自称是盗陵连长的回忆说："当时将棺盖揭开，见霞光满棺，兵士每人执一大电筒，光为之夺，众皆骇异。俯视棺中，西太后面貌如生，手指长白毛寸余，……珠宝堆积棺中无算，大者由官长取去，小者由各兵士阴纳衣袋中。于是司令长官下令，卸去龙袍，将贴身珠宝搜索一空。"

盗宝案事发后，舆论一致谴责，并要求南京政府严惩盗宝者。据孙殿英身边的高参文强回忆，孙通过戴笠向蒋介石、宋美龄、宋子文、孔祥熙等要人行贿，才勉强过关。不过,文强之说只是孤证,很难说这些宝物究竟是被毁、私吞还是用于行贿,或者为了购买军火而流向了海外。总而言之,慈禧太后及乾隆的陪葬珍宝自此无声无息,杳无音讯,而这场盗宝大案也最终不了了之。

李莲英:一个活在历史唾沫里的名太监

1911年3月4日,也就是辛亥年的二月初四,据说晚清宫廷的总管大太监李莲英就死在了这一天,年63岁。

这一日期的确定,来自《宫女谈往录》一书中一位老宫女的叙述:

"我很清楚地记得:这一年春寒,正月连续阴天,听说李就是在连续阴天下得痢疾死的。正月二十九日得的病,夜间肚子绞拧般地疼,第二天发现有脓有血,得病以后,一点东西也不吃,到二月初四就死了。据他家人说,这叫锁喉痢,死得非常快,究竟在哪里死的,家里的人闭口不谈。出殡是在黄庄彩和坊。这时候的大清朝已经到了残灯末庙了,尤其是李大总管,老太后一死,没有多大权势,家里的子侄又怕招是非,所以丧葬从简。"

李莲英曾是慈禧太后生前的当红太监,不过此刻太后已死,清廷也日薄西山,李大总管的死就未免有些悄无声息了。

当然,"丧葬从简"也未必是好事,比如在几十年后,关于"李莲英"究竟是怎么死的，又成了问题。

有人说，李莲英死于革命党之手，因为这年正好是辛亥年；也有人说，李莲英在讨债时被人杀死。类似的说法，当然太不可信，毕竟李莲英死时辛亥革命还没爆发呢，而以李莲英当时的年龄和昔日的身份，说他因讨债而被杀，未免有些匪夷所思。

对于老宫女说的"痢疾"一说，有人认为这可能是其家人故意释放的烟幕弹，理由是正月天气寒冷，不应是发痢疾的时候。不过，此说也无定论，毕竟病不由人，痢疾固然是夏秋常发，但也保不定四季都有发的可能。事实上，慈禧太后当年也是因为痢疾拖累而终，如果李莲英也是得的痢疾而亡，倒也是主仆一场，难得的缘分。

此外，在20世纪80年代时，学者佟洵曾撰文披露1966年李莲英墓被盗之事，其中绘声绘色，有如现实版的盗墓小说。文中最有意思的记载是，李莲英当时只剩下一颗头颅，身子部分居然是长袍裹以棉花胎！由此，有人认为这是李莲英被仇家所害的有力证据。只是，按照以往"提头来见"的江湖规矩，这墓里有头无身，行刺者留下头颅而拿着身子去领赏，这实在有些不合逻辑。

之后，在20世纪90年代初，北京文史馆研究员颜仪民发表了一篇名为《李莲英身首异处之谜》的文章，其中提到：李莲英出宫后深居简出，但在辛亥年初，九门提督江朝宗突然请他至什刹海会贤堂赴宴。蹊跷的是，当天的请客人还有一位，那就是在隆裕太后身边正当红的总管太监小德张。赴宴结束后，李莲英即在回家的路上遭到暗算。

因为怕人不信，作者颜仪民还在文中特别声明，其原姓叶赫颜扎，叔父毓贤曾为山东巡抚，其父毓泰曾为江朝宗的机要秘书，这个故事他是从江朝宗的儿子江宝仓处听来的。

当然，不管这故事从哪儿听来的，故事本身无疑是破绽百出。道理很简单，所谓"九门提督"也就是主管京城治安的步军统领，辛亥年时步军统领系正蓝旗出身的乌珍，直到民国元年后，才改由江朝宗接任（乌珍于民国元年去世）。

试想，李莲英死于辛亥年初，此时江朝宗正在陕西汉中镇总兵任上，直到辛亥年爆发革命才逃回京城。之后，靠着与袁世凯的关系，江朝宗才爬上了步军统领的位置（后改名北京卫戍司令）。如果说李莲英死时江朝宗是步军统领的话，此时他的恩主袁世凯尚在河南养病，这个位置哪里轮得到江朝宗呢？

事实上，盗墓之说与头颅究竟何人所有，其实也是个问题。且不说李莲英有多处墓葬，即便恩济庄太监墓那座是正主所在，在民国兵荒马乱的年代，但凡像样一点的墓葬几乎没有不被盗的，像李莲英这种树大招风而后人又无权无势的豪华墓葬，幸免的概率大概就微乎其微了。从这个意义上说，这颗头颅或许其后人重新置放，他的所有者究竟是谁，还不一定呢！

不管怎么说，李莲英可能死得悄无声息，但关于他的死因及身后的各种传言确实是花样百出，真假难辨。不过这一切，都不是李莲英所能料想的了。

李莲英的死扑朔迷离，李莲英的生前事同样是众说纷纭。

有人说，李莲英性本无赖，曾经私贩硝磺而差点被抓下狱，后来侥幸逃脱，改行补鞋，因而有个绰号叫"皮硝李"。当然，"皮硝李"一说倒也不是空穴来风，不过这里说的并非李莲英，而是其家族从事的行当，因为李莲英8岁净身、9岁进宫，恐怕还来不及学习补鞋贩硝这门手艺。

李莲英原名李连英，生于道光二十八年（1848），本是直隶（今河北）河间府大城县李家村（又说是李贾村）人。清朝时期，河间府盛产太监（崔玉贵、安德海、李莲英的老家相距不过几十里路），经常有人被阉割了送进宫去做太监，运气好的还真发了财，家里人也得到提携。李莲英净身入宫，则是因为家中受人欺负，以此为自己和家人谋一条出路。

然而，李莲英在宫中也不是一帆风顺，与他同时进宫的安德海已是慈禧太后身边红人时，李莲英当时还位居下层，直到安德海被杀后，李莲英这才得以崭露头角。

据说，李莲英在宫中得以脱颖而出是因为他善于梳头，而慈禧太后对梳头一事最为重视。当然，此说也未必完全恰切，因为《宫女谈往录》中的老宫女即说，为慈禧太后梳头的另有其人，即所谓"梳头刘"，如果李莲英为慈禧太后梳过头的话，想必时间也不会太久。

据老宫女的描述，李莲英性格诙谐，喜欢说笑话，虽然读书不多，但讲出来的笑话玲珑圆转，并不粗俗，倒也颇招人喜欢。此外，李莲英的专长就是善于揣测慈禧太后的心意，后者没事的时候，经常让李莲英说几个笑话来给大家解解闷。遇到这种时候，李莲英总有本事把大家逗乐，即使是说一些街面上讽刺官府的政治笑话，他也能说得委婉诙谐，让人听不出有讽刺抵触的意思。

作为宫中的大总管，李莲英并非浪得虚名，他对于宫中的各项管理工作也是精通熟练得很。比如宫中物品的陈设位置和礼仪程序，李莲英无不烂熟于心，太监们遇到难题往往都要向他请示。碰到宫里有喜庆等大事，李莲英最善于安排调拨，样样完成得都很出色，以至于其他王公大臣家有什么喜事，特别是慈禧太后要"临幸"的话，往往都要请李莲英先来指点一下礼仪和布置，以讨得慈禧太后的欢心。

在《宫女谈往录》中，老宫女就将李莲英比作"佛见喜"——"佛见喜"是东陵马兰峪产的一种梨，皮发黑，外表也不漂亮，看起来并不招人喜欢，可是吃起来又甜又酥，又细又嫩，慈禧太后喜欢吃，因而宫里管这种梨叫"佛见喜"。

李莲英之所以得这个绰号，那是因为李的外表长相难有印象分，但他当起差来，处处想得周到，"宫里的行话叫'兜水不漏'，让老太后感到放心舒服，深得太后的喜欢"，"这位'佛见喜'披星戴月，起早贪黑，匆匆忙忙而又有条不紊。……像游湖这样的事，安排得井井有条，严丝合缝，不经过他的深思熟虑是很难让老太后舒心如意"。

近代名士刘体智在《异辞录》中说："（李莲英）在安德海之后，内监权势莫逾于彼，然孝钦太后家法綦严，惟内务府中司员在其宇下，不能不常与周旋。当时大僚，幸邀慈眷而交通宫禁，或知之有素。外廷诸臣，莫得晤其人。莲英从不轻出，识面尤稀。显后晏驾之四年正月，火神庙会移于香厂，忽于游人中，有人私语曰：'此李莲英也。'视之，乃黑丑大汉，适成其为北方之强者而已。"

如此段记载属实的话，那么刘体智见到的正是当月发病前的李莲英，这个"黑丑大汉"的说法，颇为恰切。据《宫女谈往录》中说，恩济庄关帝庙的西偏殿里有一张李莲英的全身坐像，高二尺上下，"看面貌：一张赭黄脸，高高的颧骨，两颊略长，肿眼泡子，眼睛微合，大鼻子，厚嘴唇，长下巴。这确实是李莲英，只是眼睛画得差一些。他是胡椒粒眼，虽然小，但非常敏锐，这一点没有传神。看起来他是特意要把庄重朴厚的形态留给后人了"。

从目前保存的历史图片看，李莲英的相貌确实有些"佛见喜"。就这么一位人物，在见证了半个多世纪的宫廷政治后全身而退，也不能不说是有些本事了。

鲁迅曾说，太监、鸦片、姨太太可以说是中国的"国粹"，这当然是反语了。既为"国粹"，自然源远流长，比如太监这种，在中国少说也有两千余年的历史，历代宦官之祸如东汉"十常侍"、明末魏忠贤等屡屡见于史册，在一些特殊的时间节点上，甚至影响了一个王朝的兴衰。

像安德海一样，李莲英其实也曾介入过政治。1886年，李鸿章奏请朝廷派员检阅初具规模的北洋水师，慈禧太后拟派醇亲王奕譞，而后者怕太后猜忌而主动要求让李莲英陪同前往，以示自己没有二心。这一年，李莲英40周岁，或许慈禧太后也想让他趁此机会出去风光风光，于是派醇亲王便作为朝廷正使、李莲英作为副使，前去视察北洋水师。太监作为朝廷钦差大臣外出视察，这在其他朝代不奇怪，但在清代历史上则是第一次。

这等事，要是换了安德海，尾巴肯定翘上天了，李莲英则不然。为避免别人说闲话，李莲英出发前特别把慈禧太后破格赏给他的二品顶戴换成四品顶戴（按清制，太监最高只能是四品顶戴），然后规规矩矩跟在醇亲王后面出发了。一路上，李莲英丝毫没有钦差大臣的架子，而是跟在醇亲王后面好生伺候，不知道的人还以为他是专门派来伺候醇亲王的。据说,就连晚上醇亲王洗脚,都是李莲英亲自打热水,还说以前没机会伺候王爷,这次一定要尽点孝心。由此,醇亲王回去后自然在太后的面前极力称赞李莲英的忠诚可嘉。

检阅时,按说李莲英也是检阅人员之一,但李莲英刻意和醇亲王、李鸿章保持距离,他拿着醇亲王的大烟袋,退后半步,低眉敛目,看起来就像是给醇亲王站班伺候的。沿途当中,李莲英也不像安德海那样随意结交地方大员,他基本不出去,那些准备好了贵重礼品想要讨好他的人根本进不了门。就这次出差来说,李莲英算是给慈禧太后挣了面子,也堵住了那些大臣们的嘴,慈禧太后也喜滋滋地说:"总算我没白疼他!"

1908年,光绪皇帝和慈禧太后相继去世,李莲英在为太后守孝百日后,在宣统元年正月底向隆裕太后请求退休,隆裕太后准其"原品休致"(享受原薪每月六十两银子的退休待遇)。当年二月初二,61岁的李莲英黯然离开他生活了52年的皇宫。

正所谓,"一朝天子一朝臣",李莲英心里也清楚,慈禧太后死了,他的后台也就倒了,与其被人一脚踢开,倒不如识相点早些离开,免得到时遭遇不测。据说,李莲英在离宫前办了一件聪明事,那就是将历年慈禧太后所赏的七大捧盒珍宝全部献给了隆裕太后,并说:"这是皇家东西,不应该流入民间,奴才我小心谨慎地替皇家保存了几十年,现在年老体衰,乞求离开宫廷,所有这些宝物,奉还给主子"。这事让隆裕太后十分满意,所以李莲英死后,隆裕太后还按大臣的礼恤赏给丧葬费2000两。

李莲英掌管宫中实权多年,贪权纳贿在所难免,因而打他主意的人也为数不少。他当时这样做,恐怕之前早有准备,七捧盒的宝物就是要留作脱身之计。如此看来,李莲英的头脑十分清醒。

曾任户部主事的何刚德在《春明梦录》中说:"宫内四十八处总管,各管宫殿一处,形容枯槁,衣服蓝缕,个个与穷寡妇无异。余进宫查勘工程,该总管等开门引导,必恭必敬。其伺候御前者,虽不能与此比例,然其数闻甚有限,且与廷臣势实隔绝，无从接洽。犹忆屡次召见时，在丹陛下板屋内小坐，太监端茶点火吹烟，备极恭顺，赏以京票四千，便似欢喜过望。余出京后，渐有招权纳贿之风说，而余终不深信。即如二次进京，事隔十二年，所见亦不过如是。吾岂屑为若辈讳哉，亦以疏逖小臣，无嫌可避，特纪其实耳。"

宫中太监虽多，但绝大多数无权无势，凄苦一生，"与穷寡妇无异"，也只有像李莲英这种能在慈禧太后面前说上话，并且掌管宫中实际管理权的，才有可能被人奉承乃至招权纳贿。不过，《宫女谈往录》中却这样评价："李莲英厚道的地方，在于对待底下人从来不克扣，所以下边的人很少有人咬牙切齿恨李莲英的。"

据其所述，李莲英处理家产也很恰当，他在戊戌以前就把自己的财产分成7股：地亩按弟兄5股均分，大约370多顷地；钱财按7股分，两个妹妹同样有份，数目不详。据坊间传闻，他的两个妹妹每人得17万两，另外首饰珠宝每人分了大约7捧盒。当然，这其中有以讹传讹的成分，但李莲英积下了一大笔财产应是事实。

李莲英出宫后行为谨慎，轻易不出头露面，也不与社会上的人交往，因为有传言说他家财万贯，怕有人绑他的票。隐居期间，李莲英一再告诫自己的侄子们，"财大祸也大"，要时时警惕，但他的那些侄子们并没有把他的话放在心上，由此破家亡命，这是后话。

巧合的是，李莲英为清宫服务了一辈子，他死的那年正好是清朝覆灭的1911年，而且正好是其出宫三年之际。

李莲英死后被安葬在恩济庄，也就是专门埋葬太监的墓地。当然，同样是墓地，各太监的身后待遇大不相同，譬如南边墓地荒丘累累，一片凄凉，那是普通太监们的最后安身之所；北边就大不一样了，只见"矮树葱葱，青砖瓦舍，顿时使人有枯荣悬殊的感觉"。由于李莲英是二品太监，又有隆裕太后加恩礼葬，因而恩济庄里还修了一座石头牌坊，上边刻着"钦赐李大总管之墓"几个大字。

据说，李莲英曾用八个字总结了自己的一生，那就是"事上以敬，事下以宽"。实事求是地说，一个太监能做成这样已属不易，过多苛责似无必要。因为从某种程度上说，近代中国的落后由慈禧太后背锅，而李莲英又是在给慈禧太后背锅。类似的"背锅"逻辑，对理解历史的细微之处并无帮助，对应用于现实与将来的思考也毫无裨益。

活着是个笑话，死了成了一场闹剧。据说，李莲英墓被盗之后，那颗被认为是李莲英的头颅被学生当球踢，还被扔进了厕所。后来，有人用粪勺将之捞了出来，埋到了一个山坡下，从此下落无人知晓。

清中兴与覆亡：张之洞没想到自己都出了力

在某种程度上说，本该在戊戌年大放异彩的不是康有为、梁启超及"戊戌六君子"，而应该是时任湖广总督的张之洞。然而，在很多时候，历史的发展往往被偶然性扭转了方向。

按清廷计划，作风稳健、封疆多年的张之洞拟入京出任军机大臣，主持变法事务，但后者刚离开武昌不久，长沙市即发生排外风潮，张之洞不得不折回本任，妥为处理。

期间，清廷中枢政局大变，恭亲王奕䜣因病去世，翁同龢遭罢返乡，王文韶、裕禄调任军机处，荣禄署理直隶总督兼北洋大臣。由此，张之洞是否来京已不重要，原本属于他的位置也就此失之交臂。

所谓"失之东隅，收之桑榆"，张之洞未能卷入戊戌风潮未必是坏事，因为其一生中最重要的著作《劝学篇》，正是在这一时期大放异彩。

戊戌年六月，张之洞的门生、翰林院侍讲黄绍箕向光绪皇帝推荐了座师的这部著作，后者详加披览后认为该书"持论平正通达，于学术人心大有裨益"，遂令军机处发给各省督抚学政各一部，要求"广为刊布，实力劝导，以重名教而杜卮言"。一个月后，光绪皇帝又令总理衙门排印三百部下发各省官绅，一时洛阳纸贵。

《劝学篇》系张之洞与门生共同完成的，其中主要体现了张之洞的治学理政思想。其书二十四篇，四万余字，篇幅不长，但层次井然，结构严谨，全文说理深入，文辞优美，是晚近时期文学与思想结合甚佳的好作品。

作为"钦定"的"维新教科书"，《劝学篇》"挟朝廷之力以行之"，十日之间三易版本，"不胫而遍于海内"，众多官员士绅趋之若鹜，以一睹为快为荣。据估计，《劝学篇》在清末刊印不下200万册，这在当时无疑是极为惊人的。

《劝学篇》的主旨，主要是针对"旧者不知通，新者不知本"的现状而提出"会通中西，权衡新旧"，其根本主张是"旧学为本，新学为用，不使偏废"。换言之，既要保留尊重固有的传统制度与价值观，同时也要大力发展工业、军事、教育等近代事业，两者缺一不可，相辅相成，"变器而不变道"。

当然，"中体西用说"也非张之洞首创。1885年，在《万国公报》第75卷中，有署名"沈康彭"的作者发表了一篇名为《救国策》的文章，其中首先提出"中西学问，本自互有得失，为华人计，宜以中学为体，西学为用"；冯桂芬在1861年所著的《校邠庐抗议》中，也提出了"以中国之伦常名教为原本，辅以诸国富强之术"的类似思想。

通常理解的"中体西用说"，实际仍为魏源"师夷长技以制夷"的故智，对西方真正的强大之处，尤其是科技与工业联动关系的认识几乎为零。正因为缺乏这种认识，近代所谓洋务运动，所谓学习西方，最终的结果是脚痛医脚，头痛医头，学得皮毛而不知根本。由此，无论福州船政局还是江南制造局，其产品均与西方存在严重的代差问题,而代差之外,更是原创能力的严重匮乏。

以此而论,近代洋务先行者如胡林翼、曾国藩、李鸿章、左宗棠、沈葆桢等人虽然知道中国在军事方面不足,但不知工业与科技之不足;即便回国参与洋务运动的耶鲁毕业生容闳,实际上也未能把握重点,以致对真正的"向西方学习"贡献甚微。

颇具讽刺的是,通常认为张之洞的体用之说在"中学为体"问题上存在严重的保守倾向。而实际上,张之洞的"中体西用"其实是主张"西重中轻",甚至在操作中将中学以"致用为要"的方式"损之又损",以致压缩削减到最低限度,这和通常的理解迥然相异。

在1905年废科举的大争论中,遇事不持己见、人以"琉璃球"目之的大学士王文韶曾放言:"老夫一日在朝,科举一日不得废。"据说,他曾面批张之洞,大意是:他人废科举,我无意见;但你是科场出身、当年的探花,你坚持废科举,我万不能理解。然而,如果王文韶理解了张之洞的"中体西用说"实际是在"压缩中学",恐怕也就明白后者为何会站在废除科举的一边了。

可惜的是,压缩中学也好,大兴西学也罢,张之洞所期望的东西最终走了样,变成了他不能接受的东西。据后人追叙:"张之洞晚年见新学猖狂,颇有悔心。任鄂督时,指驳新律,电奏凡百余言,词绝沉痛。及内用,管理学部。学部考试东洋毕业生,例派京官襄校,司员以单进。之洞指汪荣宝(曾赴日留学,即'东洋毕业生')名曰:'是轻浮子,不可用,取朱笔抹之。'顾满尚书荣庆(同张之洞一样,科举出身,做过翰林)曰:'我翰林院遂无一堪胜此任者乎?'"

类似心绪,赵炳麟在《柏岩感旧诗话》中也有记载:张之洞、袁世凯主持废科举、兴学堂,后见学术日漓,皆有悔心。张诗云:"理乱寻源学术乖,父仇子劫有由来。刘郎不叹多葵麦,只恨荆榛满路栽。"袁亦有"金芝玉树,化为荆榛。谁为厉阶,思之泪下"之语。然天下滔滔,未知伊于胡底也。

1908年慈禧太后与光绪皇帝相继辞世后，三朝老臣张之洞在这"新学猖狂"的年代已是四顾茫然、力不从心了。《劝学篇》中，张之洞说"出洋一年，胜于读西书五年"，在其影响下，清末湖北留日学生总数近5000人，仅1906年即有1360人，居全国之冠。有心栽花却插柳，张之洞派遣年轻人出国留学，既存复兴国家之期望，或又有消弭革命之念想，不料"育才之举，反为酿乱之阶"，忠君爱国五十载，反成了革命之酿造师。

另有一个统计数字也颇值得注意，清末武昌各军事学堂52名外籍教习中，竟有43人系日本人。而北方袁世凯主导的北洋军校体系中，则对日本人参与新军十分警惕。由此或可推测，武昌起义之爆发，或与日本人的煽动有关否？此外，严复也发现，湖北新军中参与革命的这些军官，"先是在张之洞创办的军官学校中受训，而后或在湖北由日本军人加以训练，或被送往日本学习军事"，他们"吸收被曲解了的爱国主义的真理"，由此霎时将大清王朝推向绝境，"进而将中华帝国碎为齑粉"。

张之洞辞世两年后，在他"久任疆寄"的湖北省城武昌，辛亥首义爆发并最终埋葬了清廷。事后，一个叫欧阳萼的人曾对张之洞大张挞伐："追原祸始，张文襄优容新进，骄纵军人，养痈十余年，糜帑数千万，兴学练兵，设厂制造，徒资逆用，以演成今日非常之惨剧，殊堪浩叹！"

张之洞派出留学的湖北学生，多数激进，因其影响力大，所造成的影响也大，所以被人指责为辛亥之"祸首"。担任张之洞幕僚近20年的辜鸿铭亦曾戏称："民国成立，系孙文与香涛合作的产物"。翰林院侍读学士、日讲起居注官恽毓鼎亦在《澄斋日记》中直指清廷覆亡三原因：一是向东洋派留学生，二是编练新军，三是推行立宪，而"罪魁祸首，则在张之洞"。

恽毓鼎曾在其日记中痛骂张之洞："三年新政，举中国二千年之旧制，列圣二百年之成法，痛予铲除，无事不纷更，无人不徇私，国脉之不顾也，民力之不恤也，其为害智者知之，愚者亦知之，即当权之大老亦未尝不知之，所不知者，我监国及四亲贵（载洵、载涛、载泽、毓朗四位皇室大臣）耳。大老（称资深望重的大官）知而不言、廷臣言而不听，日朘月削，日异月新，酿成土崩瓦解、众叛亲离之大局，而吾属横被其忧。念及此，不禁放声大哭，罪魁祸首则在张之洞、张百熙（近代教育的先驱）。"

辛亥革命后，恽毓鼎的言辞更加激烈，如其1911年11月27日所记："今日大局之坏，根于人心，而人心之坏，根于学术。若夫学术之坏，则张之洞、张百熙其罪魁也。二张之昧良心，何尝醉心新政，直热中耳。因热中而甘心得罪圣贤，得罪宗社，他日公道犹存，非追削官谥不可！"

对此指责，九泉之下的张之洞恐怕也只能苦笑以对了。

容闳族弟容星桥：从留美幼童到革命先贤

1874年9月19日上午，一艘日本轮船拉响汽笛，缓缓离开上海码头。船上，一群面容稚气的孩子们正挥手向岸边送别的人群告别致意，他们就是清政府派出的第三批"留美幼童"。26年后，同样在上海码头，同样在萧瑟的9月，在这批已经长大成人的幼童中，有一人伴随着"留美幼童"计划的策划者容闳和未来的"国父"孙中山一起乘坐轮船前往日本——他就是120名留美幼童中唯一参加革命的容星桥。

容星桥，族名开，又名耀垣，号星桥，1865年生于广东香山县南屏镇（今属珠海市）。说起"留美幼童"计划，要从容星桥的族兄容闳说起。容闳生于1828年，早年曾随传教士前往美国留学，后毕业于耶鲁大学，学成归国后，先后投入曾国藩、李鸿章的门下办理洋务。

容闳一生中最大的事业，莫过于"留美幼童"计划。在其策划组织下，清政府从1872年开始逐年派出四批幼童赴美求学，每批30名，共计120名。由于当时风气未开，容闳的招生计划并不算完美。在120名幼童中，来自广东的占多数，共82名，而其中又有39名来自容闳的家乡香山县。39名香山县幼童中，包括了容闳的族弟容星桥、侄子容揆及容尚谦等。容闳的年龄比容星桥大37岁，但论起辈分，两人却是同辈。容星桥出国时9岁，比容星桥晚一辈而年龄相仿的容揆、容尚谦，则比容星桥早一年出国，他们是第二批留美幼童。

离开上海后，容星桥一批人先到日本横滨换乘大海轮，之后横渡太平洋前往旧金山。据随行的看护官员祁兆熙记载，他们当时换乘的海轮名为"日本"号，一些幼童在出洋不久就开始晕船，"呕吐大作，俱睡而不能起"，晚上则舱间"多啼哭声，不得安睡"。

经过近一个月的海上航行，轮船抵达美国旧金山，从古老的帝国来到年轻的共和国。稍作休整后，幼童们开始了横跨美洲大陆的火车旅行。新大陆给幼童们留下了深刻的印象，第一次见到火车，孩子们都瞠目结舌，惊叹不已，"我实在不明白，什么样的车可以在那上面行走，而且据说是被'火'推进着"。

幼童们的终点站是康涅狄格河畔的Springfield（有人给它起了一个充满诗意的名字叫"春田"）。之后，幼童们被分别安排在春田城和哈特福德（康涅狄格州的首府）的美国接待家庭中，他们将在当地攻读小学、初中和高中的课程。在这里，容星桥与周寿臣（20世纪初期香港政商界著名人物）被一起安置在菲利普太太家。他们曾经居住的房屋，至今仍保存完整。

除了偶尔的波折，幼童们的留学生涯还算平静。1878年，刚升入中学的容星桥突然得知父亲病逝的消息，身为长子的他心急如焚，迫切渴望回家料理后事，照顾母亲和弟弟。但在老师和容闳的再三劝慰下，容星桥最终选择了留下继续学习。

考虑到容星桥的家境困难，美国老师特意安排他给当地一家商店记账，以改善其经济状况。而容星桥也利用这个勤工俭学的机会，白天学习，晚上做工，赚到的钱虽然微薄，但都如数寄给了母亲，贴补家用。

按计划，幼童们完成中学课程后将进入美国各大学，学习机械、兵器、造船、铁路和电报等。但很不幸的是，这一计划未能继续执行。1881年，在大多数人都未能完成大学学业的情况下，留美幼童被清政府全部召回。当时，只有詹天佑和欧阳庚（清末民初中国早期驻外外交官员）两人从耶鲁大学毕业，而另外38人已进入耶鲁大学、麻省理工学院、瑞萨尔理工学院等院校学习，其中包括已入读耶鲁大学的容星桥。

据推测，清廷中断留学计划有几个原因：一是留学正监督陈兰彬及其继任吴子登过于保守，他们与副监督容闳产生矛盾，以及不满幼童们的各种"叛逆"作为，这一态度主导了清政府的撤回决定；二是美国政府拒绝了幼童们在大学毕业后进入军事学院和海军学院的要求（日本学生却可以入读），这让李鸿章十分不满，从而未能大力挽救这一留学计划；三是美国西海岸掀起了甚嚣尘上的排华浪潮，这也在一定程度上影响了清政府的决策。

1881年6月，已经长大的留美幼童们被全部撤回，除病故或之前即因故撤回及抗拒不回的26名之外，其余94名全部回国。抗拒召回的是谭耀勋和容揆，前者在撤回途中逃跑，后者则在叔叔容闳的帮助下藏了起来。后来，两人都重回耶鲁大学直到毕业。

至于容星桥这批人，回国的前景就非常不妙了。在他们看来，简直就是从天堂掉进了地狱。回到上海后，原耶鲁大学学生黄开甲写信给他的美国"家长"巴特拉夫人，其中不无愤怒地倾诉道：

"我们曾经幻想，热烈的欢迎、熟悉的人潮和祖国温暖的手臂在等着我们。可是，这完全就是幻想！……没有微笑来迎接我们这失望的一群，码头上只有一些苦力在为争生意而吵闹喧嚣……为防我们脱逃，一队中国水兵押送我们去上海道台衙门后面的求知书院。书院已关闭十年了……一跨进门槛，立刻霉气熏鼻，这些阴暗似乎象征我们的命运。入夜，我们可以清楚地看见那潮气由地上砖缝冉冉升起，使我们衣衫尽湿。一种昏沉笼罩着我们，这种侮辱刺痛着每个人的心。"

幼童们（虽然已经长大，为便于理解，仍用此称谓）到上海后，就被清政府以"听候任用"的名义羁留在求知书院。为防止他们逃走，上海道台还派兵丁把守大门，即便是中秋佳节，也不准幼童与亲人团聚。就连上海《申报》当时也刊登辱骂他们的文章，说幼童们出身并非世家，在外沾染洋人恶习，言谈举止与外国人无异，学非所长而目中无人，对中国之忠孝义廉毫无所知，国家送他们出国学习，纯属浪费金钱云云。

不久，幼童们被重新安置，其中21人进入天津电报总局，23人被福州船政局、上海机器局留用，其余50名"分拨天津水师、机器、鱼雷、水雷、电报、医馆等处学习当差"，容星桥即为50名其中之一。他先是被拨入北洋水师学堂，之后担任了一段时间的海军军官。

容星桥何时离开海军已不可考，但从《清末海军史料》中保存的各种官方档案来看，容星桥在海军服役时似乎并不得志，他的很多同学如蔡廷干、陈金揆、黄祖莲、曹嘉祥、沈寿昌、吴敬荣等都被提升到二副、大副甚至舰长的职位，这些升迁名单上并没有容星桥的名字。容星桥去世后，其族人在其《逝世纪念册》中称他参加过中法海战并表现英勇，此处或误指为同样留美幼童出身的容尚谦而非容星桥，因为后者并未加入过福建水师，更谈不上在炮舰"振威"号上参与作战。

从海军退职后，外语娴熟的容星桥转而经商，并同时在香港太古洋行任职。经商期间，容星桥结识了香港著名的关氏家族的小姐关月英，两人于1891年成婚。

容星桥走上革命道路与关氏家族有一定的关系。关月英的祖父是虔诚的基督徒，父亲关元昌是当地有名的牙医，并热心教会工作。关元昌夫妇生有十男五女，其中第七子关景良是孙中山在西医书院（香港大学医学院前身）的同班同学，两人在1887年同期入学。当时，关景良的母亲关黎氏在雅丽氏医院担任护士长，她常邀孙中山到家与儿辈同游共食。

因为这层关系，孙中山在港期间经常出入关家，并尊关元昌夫妇为义父母。后来，关家第五女关月屏和第二批留美幼童中的温秉忠结婚。经后者的介绍，容星桥认识了关家第八女关月英，两人结为百年之好。举行婚礼时，孙中山也前来出席。自此，容星桥与孙中山结下不解之缘，这也为他日后参与革命埋下伏笔。

1895年，容星桥在香港加入兴中会，成为孙中山最早的革命同志之一。而在当时，容闳正致力于各项改革活动，在国内外名声都很大。容星桥作为容闳的堂弟，又是留美学生，因此孙中山对其非常尊敬，常称容星桥为哥哥。在此期间，孙中山经常通过容星桥打听容闳的消息，容星桥无不一一告知。容星桥还多次写信给容闳，转达孙中山对他的敬仰之情。其后容闳与孙中山建立了联系，并逐渐从改良主义者转变为民主革命者，容星桥在其中发挥了重要作用。

容星桥成婚后，任职于汉口俄国顺丰茶行，经常来往于汉口、上海、香港。在从事商业活动的同时，容星桥也暗中为孙中山筹款并联络革命同志。戊戌变法失败后，孙中山、陈少白、唐才常等在长江中下游秘密策划举事，特别在庚子年义和拳运动的影响下，北方局势动荡，孙中山、唐才常等人认为这是个好机会，更是加紧策划"自立军"起义。

早在1899年，孙中山在送别长江会党（指长江一线各省革命会党）党首之一的林圭回国时，就写了一封密函给容星桥，信中请他"专办湘汉之事"，并协助林圭的举义工作。在孙中山的指示下，容星桥以个人名义担保租屋，对起义同志起到了保护作用。

但是，由于慈禧太后与列强达成议和的共识，北方局势趋于稳定，原本对唐才常举动了如指掌却又依违其间的湖广总督张之洞突然变脸，逮捕唐才常、林圭等人，旋即处决，"自立军"起义未举而先败。

容星桥得此噩耗后，正拟出走，但清兵已将顺丰茶行围住。眼见不能脱身，有同事劝容星桥服药自缢,以保住项上人头,落个囫囵尸首。危急间,一工友走到容星桥面前,将衣帽与之互换,并让他假扮驼茶包的工人走出大门,清兵竟未能察觉。正所谓"吉人自有天相",容星桥刚走到江岸,前往上海的"德兴"号轮船正好解缆启碇,准备开船。在友人的帮助下,容星桥一路上藏匿在轮船煤仓,以防沿岸清兵突然搜查。

抵达上海后,容星桥与同样参与"自立军"密谋的族兄容闳会合,后者因为积极参与戊戌变法而为清政府衔恨,特别是在容闳策划组织"中国议会"并被选为议长后,清政府更是欲置之死地而后快。由于当时的上海已经不安全,容星桥之后截发易服,与容闳乘"神户丸"号轮船潜赴日本。

巧的是,船上还有另一位未来的大人物,这就是孙中山先生。原来,就在唐才常被捕的当天,孙中山与日本志士平山周等人从日本横滨启程前往上海,意在联络唐才常、容闳等人组织"自立军"反清,同时也寻求与在上海逗留的李鸿章合作。但事与愿违,孙中山到达上海后,唐才常等"自立军"领导人已经被杀,而李鸿章也已决意赶赴北京与列强谈判。在地方官府的威胁下,孙中山等人冒险在上海停留数日,最终与容闳、容星桥等人在船上不期而遇,一同赴日避难。

在容星桥的介绍下,孙中山终于见到仰慕已久的"中国近代留学之父"容闳,两人一见如故,相谈甚欢。9月3日,"神户丸"号抵达长崎,容闳与孙中山在旅店密谈良久,这次相会也促成了容闳日后由改良派向革命派的转变。随后,容星桥陪同孙中山乘火车前往东京,会晤日本政界要人犬养毅等人。

在日本盘桓一段时间后,容星桥乘法国邮轮返回香港,之后任职于华民政务司署,并兼任各报翻译。当时,资深革命党人、孙中山的密友陈少白在香港主办革命报刊《中国日报》,由于经济困难,报社正濒临破产。容星桥得知后,在介绍其与文裕堂印务公司合作的同时,又对报社进行一番大刀阔斧的改组,最终确定由陈少白主管报务,李纪堂主管财务,容星桥本人主管印务,此举令"报社组织为之一变",《中国日报》得以渡过难关,继续发挥革命宣传作用。

1905年同盟会成立后，作为兴中会初始会员的容星桥、陈少白顺理成章地转为同盟会会员，中国日报社也成了同盟会香港分会的主要联络站。在此期间，革命党人经常在报社分析时局，筹划革命，而容星桥也一直在幕后负责筹款等工作。

1911年武昌起义爆发后，广东宣布独立，胡汉民任广东都督，中国日报社迁往广州，作为报社主要负责人之一的容星桥同时被任命为广东省交通司副司长。孙中山回国就任临时大总统后，作为革命元勋的容星桥被委任为总统府高级顾问。1913年"二次革命"失败后，孙中山任命容星桥为革命筹款委员会委员，继续为革命筹款。

"二次革命"后，中国日报社被查封，革命党人大多退离广东，容星桥也逐渐淡出革命，重返香港商界。在华人巨商郑智勇的委托下，容星桥赴泰国开拓华暹轮船公司航务。时值一战爆发，欧洲的老牌轮船公司纷纷收缩在远东的业务，容星桥抓住机会添招商轮十余艘，华暹轮船公司营业骤增，一时成绩斐然，名声大噪。

数年后，租船期满，容星桥认为欧战告终，船务必敝，于是急流勇退，将原船先后退还。由于容星桥运作得当，各航运巨头纷纷抛出橄榄枝，重金招揽他前来任职。与华暹轮船公司的合约期满后，容星桥又先后在中美、中澳、中华航业等轮船公司担任经理或顾问职务。在服务实业的同时，容星桥仍与孙中山保持密切联系，并尽力支持其革命事业。

1921年5月，孙中山南下广州就任"非常大总统"，容星桥被任命为"联美委员会"委员，并"授以全权，得以便宜行事"。1922年陈炯明发动叛乱后，容星桥再次被孙中山委派为筹饷委员，负责筹款支持东征与北伐。

1929年后，在民国首任总理、时任中山县县长的老同学唐绍仪的邀请下，容星桥出任中山模范县训政实施委员会列席委员。在任期间，容星桥提出了诸如禁止烟赌、取消苛捐杂税、开辟唐家港为无税口岸等提案与建议，均获通过，同时还兼任了农业试验场筹备委员。

容星桥一生淡泊名利，从不以革命有功而自炫，因而其史实记载颇有疏漏之憾。1933年5月7日，容星桥在上海去世，享年68岁。举灵之日，蒋介石、林森、汪精卫、胡汉民等国民党政要纷纷致送挽联。葬礼结束后，容星桥的灵柩由其子女护送回家乡广东南屏安葬。

皇帝的香案：假保路干掉了真铁路

近代中国的铁路发展，其间颇多闹剧与曲折。

早在1865年，有个名叫杜兰德的英国商人为演示火车运行而在北京建了个一里来长的小铁轨，"京师人诧所未闻，骇为妖物，举国如狂，几致大变"；12年后，英国怡和洋行私自修建了一条没有"出生证"的铁路（即吴淞铁路），为了取悦官方，英国人特命火车头为"天朝"号，但"天朝"号连同铁轨最后还是被清廷以20多万两银子的代价买下后扔进了黄浦江（一说为运到台湾）。

颟顸的官员们宁要一堆废铜烂铁，也不要一条现代铁路，但据当时《泰晤士报》驻沪记者的报道，上海本地人对铁路极具好感，坐车的人拥满车厢："整个乡间洋溢着乐趣，邻近村镇每日有成千居民蜂拥而来观看工程的进行……大家都十分高兴，显然他们都热心地盼望着一个愉快的日子的来临。"甲午前，某外国商人想要修建一条从大沽至天津并最终通往北京的铁路，为了获取支持，他先在天津修了一小段，请官员们和各界人士试乘参观，结果是盛况空前："汽机连续走了三天，车内满载各阶层露齿而笑的中国人，一次又一次地疾驶着，给他们无限的娱乐与喜悦。"

甲午年后,清廷意识到铁路在国防战略与经济发展中的重要作用,筑路也就逐渐成为热潮。大体上来说,清末的铁路政策先是"官商合办",接着以"商办"为主,最后推行的是"国进民退",而正是这个"国有化"政策,为清朝覆亡埋下了伏笔。

这事要从盛宣怀1911年初上任邮传部尚书说起。盛宣怀,1844年生,江苏武进人。早年跟随李鸿章办理过轮船招商局、电报局等洋务,后来应张之洞邀请经理汉冶萍公司并受命督办铁路总公司。李鸿章死后,盛宣怀的权力大部为新起的袁世凯势力所夺,其中最重要的铁路总公司被唐绍仪与梁士诒接管,盛宣怀大为失意。直到袁世凯被载沣赶下台,盛宣怀借度支部尚书载泽之力,这才谋得邮传部尚书一职。

《国乘备闻》中私记一事,暗指盛宣怀的官位来路不正:"盛宣怀既失铁路之利,郁郁不伸者累年。已而袁世凯黜,载泽与粤党争权,窥其有隙可乘,遂贿载泽六十万金,起用为邮传部尚书。载泽知宣怀多财善贾,因出宿储合成百万,托其存商生息。宣怀极赞萍冶矿局之利,给以股票一张。国变后排满之风日炽,悉侵没为己有,载泽不敢校也。"

辜鸿铭在《张文襄幕府纪闻》中说:"昔年沪上报章纷传,盛杏荪宫保补授度支部侍郎,余往贺。及见,始知事出子虚。坐谈间,余谓宫保曰:'今日度支部为财政关键,除宫保外,尚有何人胜任愉快?'宫保怡然自抑曰:'理财我不如张宫保。'余曰:'不然,张宫保不如宫保。'宫保曰:'于何见之?'余曰:'张宫保属吏至今犹是劳人草草,拮据不遑;而宫保僚属,即一小翻译,亦皆身拥厚赀,富雄一方。是以见张宫保之不如宫保多多。'宫保闻之,一笑而解。"

盛宣怀经营洋务多年,成绩斐然自是不假,但以其"亦官亦商"的"红顶商人"身份,在办理实业的过程中不免也积累了大量的私人财富。"灰色收入"自古有之,盛宣怀在同洋人的谈判与合作中,拿回扣系常有之事,但他究竟捞了多少并没有人知道,只不过当时"中国首富"公认非盛宣怀莫属,而据说其死的时候财产高达2000万两白银,足见传闻非虚。

据《铁路史话》中的记载,清朝覆亡前中国建有铁路9137公里,其中外国直接投资建造的有3780公里(如中东、胶济、安奉铁路),借债建造的有3800公里(如京汉、沪宁、津浦铁路),官款建造的有1000公里(如京张铁路),商办的铁路不足600公里(沪杭甬铁路)。后三者为中国自筑的铁路,总里程超过5000公里,其中有近一半为盛宣怀任督办时的中国铁路总公司所筑,排除行贿一说,盛宣怀出任邮传部尚书也不算所用非人。

对于清末的铁路发展状况而言,盛宣怀提出的铁路"国有化"政策尚称得上是对症下药,因为铁路建设是一项周期较长的大投资,中国人开办之初"一无资金、二无经验、三无技术",商办铁路为国人自筑,名义上虽然好听,但现实却是"奏办多年,多无起色",这对国家战略与经济发展的迫切要求极为不利。与之形成鲜明对比的,借助外资修建的铁路大都资金充足,建设速度有保证,如京汉铁路、沪宁铁路和汴洛铁路三条长线均顺利竣工,而那些商办铁路则"后路未修,前路已坏",相继陷入了困境。

资金不足是商办铁路的最大问题,譬如粤汉铁路广东段须投资近3000万两白银,但实际只募集了不到一半;湖南段须投资2500万两白银,而实际只筹集到五分之一;四川筹集的资金是最多的,但也只相当于川汉铁路西段(成都至宜昌)投资的六分之一。据日本情报人员在《东亚同文会报告》中说的,川汉铁路的湖北段需要3000万两白银,必须要筹集到三分之二方可动工,可一直到1909年3月,仅筹到了66万两不到。

值得注意的是,这几个省为了集股,又设立米捐、房捐,甚至抽收租股(按亩收租股)、盐股、茶股、土药(鸦片)股,小户、贫农也在所难免,徒增负担。另外,铁路公司内部管理也极为混乱,职员的侵蚀挪用司空见惯,据外国人的观察,湖南的铁路公司"似乎是绅士领导阶层试图借机将亲朋故旧安排到一个拿钱吃闲饭的职位上去"。最为讽刺的是,四川在1903年成立了铁路公司,尚未修一寸铁路,几年下来却已是账目堆积如山,支出不菲。如此商办,粤汉、川汉铁路通车不知要等到猴年马月。

盛宣怀上任不到3个月,即与四国银行团签订借款协议;1911年5月5日,都察院给事中石长信上了一道关于"铁路国有化"方案的奏折,其中将全国铁路分为干路、支路,这与盛宣怀的主张不谋而合,或即为盛宣怀的授意;5月9日,即在"皇族内阁"成立的次日,清廷以上谕的形式宣布了铁路"国有化"政策;5月20日,与德、法、英、美四国银行团签订了600万英磅(合白银约4800万两)的借款合同;5月22日,任命端方为粤汉、川汉铁路督办大臣,并令湘川两省停止征收"租股"。

平心而论,这次的借款合同还算合理,因为当时中国也确实无法筹集到如此大数目的资金,而根据1910年的一份日方报告,中国钱庄的平均利率都在12%到15%,因而本次借款5%的利率并不算高。当然,外国人并不是慈善家,只不过当时国际资本充足,其国内的存款利率比5%还要低,对中国借款仍旧有利可图。与四国银行团的本次借款约定40年内归还,以湘川两省的百货厘金、盐厘金等合计520万两作为抵押,尚属正常的商业行为;另外,借款合同中约定,铁路建造与管理权归中方所有,中方自行选派三名洋人总工程师,其委任、辞退有关人员须经中方总办同意,铁轨须使用汉阳铁厂的产品,其他原料也应优先购买中国原料或产品。

抛却历史的有色眼镜,这次的铁路建造合同大体上是一份商业性借款合同,这与过去外资方动辄攫取铁路的经营管理权、铁路周边的矿产开采权等严重损害中国主权的前例有所不同(如中东铁路、胶济铁路等),而且没有政治性附加条件。盛宣怀自称在谈判中竭尽全力,尽可能地维护中国权益,亦非虚言。

正当盛宣怀摩拳擦掌,打算大干一场的时候,另一位御史孙培元于1911年5月22日上奏朝廷提醒说,中国的铁路已经商办数年,现在突然收归国有,而度支部与邮传部并没有拿出处理原有资本的具体办法,"血本所关,必有奔走呼号之事,与其临时而强施禁令,曷若事先而安定民心。宜速筹办法,或全用官本,商股一律给还,或兼集商资,旧股照常给利,明白宣布,以释群疑"。孙培元的意思是,老百姓的投资都是血汗钱,朝廷要将铁路"国有化"也无不可,但要么退还人家的股本,要么转为国家股票照常给予利息,不能含含混混,免得让人生疑闹事。

盛宣怀是个精明的商人不假,但他不是一个合格的大员,因为他上任邮传部尚书后仍惯用商人的思维而不是公共政治的角度去处理问题,好比这次推行铁路"国有化"政策,他不是一开始就亮出自己的底牌以示诚信,而是讨价还价,有意给各省督抚设套。盛宣怀抛出的第一套方案是,将川粤湘鄂四省铁路公司的资金冻结,原有股票全转成国家股票,换句话说,股东还是原来那些人,只不过由商办铁路公司变成了国有铁路公司的股东。这个方案,国家一分钱都不需要出,但股东们也不是傻子,公司性质与控股权的变化并不是他们造成的,有什么理由不让人家退股呢?

于是盛宣怀又拿出第二套方案:愿意领取国家股票的,仍按六厘支息;不愿意转为国家股票的,可按入股时的价格退还现银,但要在5年之后才开始退钱,之后的15年内返还完毕。这个方案,自然又遭到了股东们的抵制。最后,盛宣怀提出对各省区别对待的第三套方案:广东铁路公司的股东先返还原投资现银的60%,剩下的40%转成国家无息债券,日后择期还清;湖南及湖北铁路公司的商股按原值返还现银,另外少量的米捐、租股、赈巣捐款转为国家保利股票,年息六厘。

从实际情况来看,广东铁路公司的亏损很大,因而股东们拿回六成的现银已感满意,剩下的四成虽无利息,但以后也会返还;湖南、湖北的铁路公司亏损不多,商股数额也不大(各白银200万两左右),全部退还,待遇最优,至于米捐、租股、赈巣捐这些公股性质的股票,收取人与利益代表实际上都是当地政府,因而也就无人出头。一位外国研究者曾对此评价说,"鉴于情况的复杂以及每一个铁路公司实际上已经破产的事实,政府的建议看来不仅是合理的而且是宽宏大量的",湖南、湖北、广东三省的股东们虽然没有从投资中赚到钱,但毕竟要回了自己的本钱,故而也未掀起大的波澜。

四川就不一样了，因为四川铁路公司（以下称川汉铁路公司）的情况远较他省要特殊而复杂。早在1906年6月，原四川总督锡良委派工程师胡栋朝（康奈尔大学毕业）和陆耀庭进行勘测，勘测后预估全线（成都到宜昌）约长2400公里，须投资白银7200万余两。1909年初，詹天佑被聘为川汉铁路总工程师，当年12月28日，川汉铁路宜昌至万县段开工；次年7月13日，由宜昌的铁路坝到小溪塔的7.5公里道路开始铺设铁轨，詹天佑打下象征性的第一颗道钉。

川汉铁路公司的股份分四种：第一种是商股，也就是士绅们直接出钱认购的股份；第二种是官股，即政府公款入股；第三种是租股，这种股份实际上是以税代股，也就是说，全省农户凡年收租十石（每石120斤）粮食以上者（占到全川农户的近一半），均按其当年实际收入的3%抽取"股金"，十石以下的农户免抽；第四种为公利之股，即铁路公司经营其他项目获得的收入转为资本金（其息银与红利归地方政府所有，用于公用事业）。截至1910年底，公司收入股金约白银1200万两，其中商股245万两，官股23万两，租股最多，达928万两，约占总股本的四分之三。

租股的问题比较麻烦，因为这实际上是对农民的摊派所得。表面上看，被抽租的农户都是川汉铁路公司的股东，但实际情况又并非如此，因为公司股票每股面额为白银50两，而绝大多数农户一年是交不出50两银子的，因而股票不能发给而只能以收据记账，等交个七八十年，到了儿孙这辈，或许能换一张股票回来，当然，前提是川汉铁路公司还在世。由此可以看出，租股的产权属于被抽租的农户，但收取者和实际控制者都是当地政府。对于农户来说，这个所谓的投资，表面上是为了修铁路而"被租股"，实则是硬性摊派的一种负担，至于传说中的投资收益，对农户们来说，那是看不见，摸不着且遥遥无期的。

到盛宣怀推行铁路国有化政策之时，川汉铁路公司共募集了大约1400万两白银的股款，按第三套方案，其中的一半换取国有股票，而另一半中的400万两，只发给不分红的国家保利股票。有人或许会问，那还有300万两哪里去了，该如何处理？

这里就牵涉到另一个问题,那就是1910年的"倒账案"。川汉铁路公司的股本募集后,有很大一部分钱放在上海的钱庄,由上海分公司经理施典章进行投资管理(所得即公利之股),但在1910年的"橡胶股票危机"(因橡胶股票投机而引发钱庄倒闭的金融风潮)中,施典章投机失败加上存款的钱庄倒闭而亏空近300万两。盛宣怀的方案用意很明白,川汉铁路公司的亏空是自己造成的,国家没有义务进行补偿,否则就是对他省老百姓的不公。

商人就是商人,对于经济利益的斤斤计较远胜于政治的考量。正如张謇所批评的,盛宣怀完全不懂得国家对于人民应怀有一种"涵复之义"("涵复之义"是张謇创造的词,大意应该是强势一方对弱势一方的容忍、包容、善待的义务),面对政治大局时,他仍旧带着经商时的那种"算盘思维",这种聪明劲,那就是似智实愚了。

盛宣怀之所以敢于这样做,是因为他认为川汉铁路公司的股份有四分之三都是租股,换句话说,都是国有资产(地方政府掌握),现在他要做的就是把这个地方上的"国有资产"转为邮传部的"国有资产",而自己不用掏一分钱(亏损的那部分都算商股)。对此,商股的持有者也就是四川的士绅们不会答应,四川当局也不会轻易松口。

精明的商业算计激起的是无边的政治风潮。1911年5月16日,川汉铁路公司紧急召开第一次股东大会,会后决定去督署请愿。当时四川总督实际上处于缺位状态,署理总督赵尔丰正以筹边大臣的身份在川藏一带处理边乱问题,而实际主持工作的是"护理总督"、布政使王人文。

王人文是进士出身,时年58岁,他从基层的县令开始做起,行政经验丰富,他其实也早知道邮传部的方案会惹出大乱子,在此之前已经与盛宣怀力争过并请求将川民商股发还、铁路暂缓接收,但结果却被清廷驳以川路公司"亏倒巨款、殃民误国",这次他见群情汹涌,只能答应代为上奏,但结果仍被驳回。

在屡遭申饬之后，王人文发现，朝廷已经对他这个地方官毫无信任，于是他将盛宣怀的来往电报透给了川汉铁路公司及四川省咨议局的负责人等，试图以民意作为自己的后盾，为四川人争取权益。王人文的这一举措，其引发的后果可能是他自己都没有预料到的，四川士绅立马被激怒了，6月17日，四川保路同志会成立，咨议局议长蒲殿俊被推为会长，副议长罗纶为副会长。保路同志会成立不到20天，会员就发展到20多万人，全川上下，无处不保路，遍地是会员。

正如当时流传的一份宣传书说的："倘有那不肖官吏来捕捉，鸣锣发号我们一窝蜂。一家有事，百家齐聚合，他的手快，我的人多。钢刀快，砍不完七千万人脑壳，哪怕尸骨血流成河。有死心，横竖都战胜得过，战胜了，我们再收兵鸣锣。"民众的热情一旦被点燃，多年的积怨由此被迅速释放，亢奋的情绪蔓延全川，在每一场保路演说中，都不乏声泪俱下的痛诉场面，而部分会员写血书、断指刺股的激烈方式更是将抗议活动推到了无法挽回的失控局面。

8月初，正在前线督办边务的署理四川总督赵尔丰返回成都，王人文被免职。在此期间，盛宣怀又搞了一个小动作，他说服川汉铁路公司宜昌分公司的经理李稷勋将现款上交，交换条件是李被任命为新的国有铁路公司宜昌分公司经理。消息传开后，川民怒不可遏，在保路同志会的组织下，成都开始罢课罢市，百业停闭，交易全无。

为了保证斗争的合法性，街头出现一道奇景，市民、商人和绅士们顶着光绪皇帝的牌位，旁边则用大字写着光绪皇帝曾经颁布的上谕，"川路仍归商办""庶政公诸舆论"，川民走上街头，奋起相争。8月28日后，成都的罢课罢市之风传到四川各地，进而发展成全省规模的抗粮抗捐，部分地区甚至发生捣毁巡警局的事件，局势已经一步步地走向了失控。

李寻在《失去目标的"革命"：四川保路运动再梳理》一文中指出，保路运动中夹杂着三股政治力量，除了台面上的咨议局议员（或者说上层士绅）外，另外两股力量为革命党与民间会党。革命党在四川的势力并不算小，如同盟会在日本成立之初，入会的川籍学生即有127人，仅次于广东与湖南。

革命党以搅动天下为己任，路好路坏、国有还是商办并不是他们关注的焦点，他们要做的是抓住时机，颠覆他们所仇视的政权。在各地保路同志会成立后，四川革命党人分别在7月中旬与8月初召开了"新津会议"与"资州罗泉井会议"，准备发动起义。

会党是革命党所要争取的重要力量，而且是这次的保路运动中的利益攸关者。四川一向被人称为"袍哥世界"，所谓"袍哥"，实则是哥老会成员。王闿运在《湘军志》中说："哥老会者，本起四川，游民相结为兄弟，约缓急必相助。军兴，而鲍超营中多四川人，相效为之，湘军亦多有。"战争期间，营中士兵多结拜为兄弟，原因是战场上需要相互救援而平时有事可免受人欺负，即便出营离散之后，困窘时也可相互周济。当时常有的营中怪相是，白天士兵听命于营官，而到了晚上，营官可能要拜在虽为普通士卒但兼为帮中大佬的脚下。

据称，哥老会原属天地会的分支，旗号同为"驱除鞑虏、反清复明"，这个帮派的迅速崛起与湘军的解散有莫大的关系。"袍哥"是哥老会在四川的俗称，其中又分"清水"和"浑水"两种："清水袍哥"有钱有权势，头头称"舵把子"或"社长"；"浑水袍哥"多从事赌博、走私等行当，头头被称为"老摇"，低一级的则叫"边棚老板""管事"。在袍哥组织发展成气候后，一些士绅富户也涉身其中，或借此保家，譬如罗纶的祖父就为当地会党的领袖，而同盟会会员王天杰、龙鸣剑等人都是会党中的龙头老大。

清末四川有句话叫"明末无白丁，清末无倥子"，所谓"倥子"，就是指没有参加"袍哥"组织的人，可见当时的"袍哥"气势何等之盛。作为民间的秘密结社，"袍哥"组织既与政府对抗，但也不乏合作的一面，譬如当地民团就有不少是"袍哥"组织控制的，如王天杰是荣县民团督练所督办，川中知名的龙头老大秦载赓是旧华阳县的民团团总，也是辛亥年川东地区起义的重要领袖。

川汉铁路筹组期间，当地政府为征集租股而在各地设立征股局，而其中多为会党成员染指（催逼索要这些"脏事"是会党们的强项）。四川保路运动之所以能掀起那么大的动静，和会党的介入有很大的关系，因为一旦停收"租股"，势必断了他们维系了五六年的财路,这是他们万万不肯答应的。而一旦有知识的革命党与他们联合后,其规模与目标就更上一层,要由保路同志会发展成保路"同志军"了,这是后话。

面对朝廷"严厉弹压、毋任嚣张"的旨意和先帝亡灵的木牌,刚回到成都的赵尔丰也是左右为难,进退失据。在一片茫然失措中,四川局势并无丝毫的好转,而朝廷也对此失去了耐心,9月2日,督办川汉铁路大臣端方受命率两千湖北新军入川弹压。

3天后,一份名为《四川人自保商榷书》的传单被大肆传播,其中提出了"编练国民军,制造军械,实现川人自保"的倡议。赵尔丰看到这份传单后,意识到这已经超越了保路的界限而向着造反的道路前进了,于是他在9月7日将保路同志会的领袖蒲殿俊、罗纶及川汉铁路股东会的领袖颜楷、张澜等人骗到总督府扣押了起来,企图用"擒贼先擒王"的办法控制局势。

但这一次,赵尔丰判断错了。事实上,《四川人自保商榷书》并不是蒲殿俊等人所写,而是出自同盟会会员朱国琛的手笔。蒲殿俊等上层士绅虽然被各地会党及革命党夹裹的保路同志会推为领袖,但他们实际上并没有节制下层会员的能力,譬如上层士绅认为运动的最高手段只限于罢市,但革命党与会党却要主张暴动,这完全不是蒲殿俊等人所能控制的。因此,赵尔丰扣押蒲殿俊等人非但毫无效果,反而给保路同志会起事提供了绝佳的借口。

在诱捕了蒲殿俊等人后,赵尔丰命贴出告示,令"即速开市,守分营生,如若聚众入署,格杀勿论"。在群情汹涌之下,"格杀勿论"的恐吓并没有生效,当天即有上千人手捧光绪皇帝的灵牌将总督衙门团团围住,要求释放蒲殿俊等人,而这其中,与革命党及会党分子的鼓动是密不可分的。

此时,总督衙门已成风口浪尖,激越的呼喊声和人群的阵阵涌动令荷枪实弹的总督卫队都为之紧张得发抖冒汗。正在后堂的赵尔丰焦虑万分又束手无策,在掂量了许久之后,其断然下令:开枪!一时间,督署门口枪声大作,请愿人群一片惊慌尖叫,瞬间陷入混乱与血泊之中。随后,赵尔丰又令马队出击,彻底驱散人群，由此被践踏者不计其数。在这个震惊中外的"成都血案"中，共有50多人被枪杀或者被践踏而死，其中年纪最大的73岁，最小的只有15岁。

血案发生之后，同盟会会员龙鸣剑等人裁取木板上百块，上书"赵尔丰先捕蒲、罗诸公，后剿四川各地，同志速起自救"等字后包上油纸分投江中，将消息传遍四川，人称"水电报"。各地的保路同志会闻讯后纷纷展开行动，成都附近的同志军甚至次日即进攻成都。七八天后，各地会众在同志军首领如广汉侯橘园、新津侯宝斋、温江吴庆照、崇庆孙泽沛、灌县张捷先等人（都是袍哥舵把子）的率领下进逼成都，达一二十万之众，成都被围了个水泄不通。这下，赵尔丰困守城内，顾此失彼，陷入了人民的汪洋大海之中。

9月25日，也就是荣县宣布独立之日，盛宣怀终于意识到了事态的严重性，他上奏清廷，请求按王人文之前提出的方案，即将700多万两现银退还四川，其余已用的路款转成国家保利股票。但是，晚了。

保路运动从兴起到最终不可收拾，给予清廷思考的时间并不算短，但在这次的危机事件中，从摄政王载沣到盛宣怀再到四川的官员，一步错，步步错，正如端方在致内阁的电报中说的："窃谓此次川事糜烂，实由官民交哄而致。王人文、赵尔丰既曲徇蒲殿俊、罗纶等之言，提倡保路于前。……若非大吏推波助澜，路潮必不至如此之烈。及后从事弹压，若非诸人贪功，捕风捉影，荧惑长官，陷蒲、罗以叛逆，并枪毙顶香呼诉之人，人民怨毒，亦不至如此之深。"

最令人啼笑皆非的是，强烈反对"铁路国有"的川民们，在民国可以自修自办铁路乃至到新中国成立之前这40余年间，都未曾在省内享受过哪怕是一里的铁路便利。孙中山在民国初年上任为铁路督办时，提出了远比盛宣怀借款筑路更为大胆前卫的提议，即通过外国借款于5至10年内在中国建成可绕地球40圈的铁路，条件是给予洋人全部筑路权与经营权，在借款还完后收回，但他并没有因此背下"卖国"的骂名。

民国后的铁路政策更是与清末如出一辙，在短短两年内，民国政府相继与湘、苏、豫、晋、皖、浙、鄂等各省八家商办铁路公司签订收路协议，其偿付金额连本带息共计6500余万元。但事实上，这些款项并没有真正兑付，民国政府只是开了一些无法兑现的空头支票，在后来连绵的内战中，干脆就不了了之。

保路运动风起云涌，乱哄哄闹到最后，人也杀了，命也革了，钱也没了，众声鼎沸之下，那条誓死力"保"的铁路却没了！读史至此，又怎能不让人唏嘘再三！

按：2010年8月18日，湖北宜昌至重庆万州Ⅰ级电气化干线铁路在恩施铺下最后一段铁轨，据铁四院副总工程师苗德海披露，宜万铁路101年前就开建了，堪称中国修建时间最长的铁路，它的前身就是1909年由詹天佑主持开建的川汉铁路，但从宜昌往秭归修了20多公里就无限期停工了。宜万线在2010年12月已经通车了，这条在技术上号称"世界上最难修"的铁路，其延宕百年的命运，何尝不是中国人在这百年中的一个缩影。

干吏、清官与能人：清末民初的三个遵义官

中华书局出版了一本名为《银河忆往》的书，作者刘健群是贵州遵义人，也曾为国民党的重要官员。在其书中，刘健群记载了当年家乡遵义的三个父母官，这三位人品不一，风格各异，于古于今却颇具典型意义。

先说第一位，袁知府。袁知府名季久，长了个大脸方，颇类一品大员的面

相。这位父母官,是属于热心教育和经济建设的一类,因为当时正值清末新政,他对创办学校最积极上心,遵义的小学、中学、师范等新式学堂都是他一手创办的。不仅如此,这位袁知府还经常利用晚上的休息时间,穿着钉鞋、打着雨伞前去学堂查课。那时在学堂读书的学生,就经常会碰到一个面孔长得大大圆圆的人忽然来到身边,问你书读得好不好,饭吃得饱不饱,屋子漏不漏雨。

按刘健群的描述,这位袁知府对教育可以说到了痴迷的地步,他除了不曾为兴学而讨饭外,能出的力都出了,大概也只有武训那样的精神可以比拟。按说,堂堂一个知府大人,大可以摆架子做官,用不着管这闲事,可是他隔三岔五就要去各学堂查看一次。若是碰到风雨之夜,提着灯、打着伞也算是一桩苦事,可袁知府却不以为苦,一点都不介意。每年各学堂举行毕业典礼,袁知府是必定要出席的,对考第一、二、三名的还亲自发给证书、银牌、笔墨,还有大洋二至六元的奖励,这也是他乐此不疲的事。

可惜的是,彼时的老百姓并不喜欢新学而多眷恋旧物,有一次袁知府就因为办学而惹出一件事,结果引发了当地普遍的反感。原来,当时兴办学堂而又缺乏经费,既然没钱大兴土木,所以也只能因地制宜,借用城隍庙或关帝庙之类的处所。在此情况下,用公力赶走庙祝(庙宇中管香火的人)在所难免,移庙过程中打毁菩萨神像也时有发生,这下可是犯了众怒。当时,遵义的斋公公(道士)、斋婆婆(念佛吃斋的妇女)占了民众的相当多数,他们听说后一个个头顶香盆,身背纸钱,集体沿街哀祝咒骂。

这时的老百姓,倒也不怕官。因袁知府名字中有个"季"字,形似"秃"字,所以他们直接就骂袁知府为"袁秃秃",这是要咒他断子绝孙的意思。这年,恰值干旱不雨,斋公斋婆又趁机咒骂这是"袁秃秃"乱打菩萨以致上干天怒,结果让老百姓遭了报应。

袁知府办的第二件大事是创办百艺工厂,用以收容孤儿、乞丐及贫苦失学的青年。这工厂规模相当大,有将近二三千人。按说,这是惠及百姓的大好事,可有一年突然山洪暴发,建在河边沙洲山脚下的百艺工厂也惨遭摧毁,不仅房子崩塌,就连里面的人也被冲走,可谓人间惨剧。结果,罪责当然又归到了"袁秃秃"的头上。

据说,袁知府迁调前,遵义很多人准备每人提一罐大粪,预备在临行前泼他的八抬大轿。衙门里的人听到这风声后,觉得这事很不好办,于是袁知府只好在半夜,最起码是天明以前悄悄地走掉,这才没有发生令人尴尬的泼粪事件。

当然,因为时间已经有些久远,刘健群的部分回忆和历史事实还是有些出入的。经查,书中说的这位袁知府名玉锡,字季九,湖北襄阳人。他生于1857年,后于1894年考中甲午科进士(二甲第八十四名),拨入翰林院深造,散馆后在京为官。1903年,袁玉锡外放贵州出任遵义知府,期间推行新政,不遗余力。尤其在教育方面,政绩尤为突出,他先后创办了小学堂、中学堂、师范学堂、蚕桑学堂等三十余所新式学堂,数量居黔省前列。

袁玉锡在黔六年有余,因思想开明、锐意革新而为遵义做了很多贡献。如在龟山脚下创建百艺工厂,建房数百间,安置数百人,分设蚕桑、纺织、印刷、陶瓷、藤竹、农艺等业,其产品远销川、滇两省;在老城及新城分建谷仓,储粮备荒;从日本购进全套铅印机械以及照相、排版等设备,于老城创办官书局并创办了贵州的第一份报纸《白话报》;1910年,还亲自主办了"遵义府运动会"等。

1910年,袁玉锡因政绩突出而被擢升云南劝业道台,后于民国初年返回湖北故里并于1915年去世。1931年,遵义人在马王庙修建袁公祠,祠所在道路名玉锡路(今官井路),以示纪念。1937年,祠内开办学校,初为玉锡小学,后改为玉锡中学。此外,据说百姓还曾为他编"播州太守襄阳公"的颂歌。如此这般的殊荣,也属罕见了。

关于袁知府重视教育的事迹,当地流传的一则故事或许能说明些问题:某晚,袁知府带着一位师爷和一个跟班前去学校视察学生自习情况。待熄灯铃响后,楼上一间宿舍的灯仍亮着,袁遂在楼下直呼某学生姓名,问他为何还不熄灯?楼上学生听后立即回答:"大人,我马上就熄。"出校门后,师爷忍不住发问:"大人,您是如何知道这学生的姓名呢?"袁说:"那间宿舍学生中只有他身材最高，鼻梁也最高，你没见他照在窗上的影子吗？"由此可见，袁知府对学生的情况是何等熟悉，其与学校的联系又是何等密切。

那么，袁玉锡挨骂与泼粪事件是否真有其事呢？这事说来也不是空穴来风。当时，玉皇观被征为小学，一些人便暗中支使少数善男信女，扬言如果硬要搬迁玉皇大帝，他们就要用大粪去泼袁玉锡！这话传到袁的耳中后，他只是点头微笑不语。神像搬迁之日，袁亲自护送，只见他稳坐轿内，神态自若而威严，善男信女沿街跪拜迎送，要泼粪的人看这势头，谁还敢刁难！待一行人到达新的玉皇观，神像安坐后，又是一番祭奠，反对者也就无话可说了。

袁玉锡的生平事迹，在《续遵义府志》和《遵义市志》中均有记载，其在地方上的好名声有口皆碑。另外需要说明的是，百艺工厂被洪水冲毁并非发生在袁知府的任内，而是在1916年5月15日，这时袁已经去世一年了。

刘健群说的第二位遵义地方官是戴镜湖。戴的面貌，倒长得给人一种慈祥敦厚的感觉。当时的老百姓，都争着说戴县令是个不图钱的好官，甚至还喊他"戴青天"，这无疑是极高的声誉了。之所以如此，并非戴县令有意识、有计划地自我宣传，也不是社会上的盲目起哄，而是民间自发地交相评论。因为戴县令善理民刑案件，办案过程中不敲诈勒索、不枉纵，处断公正，有口皆碑，这是大家都看得到的。此外，戴知县清廉自守，如晚清高官阎敬铭的夫人在山东抚院大堂后面织布一样，戴夫人也在大堂后亲自浣洗衣服。

后来，戴县令调任，据说临行前连十两银子的旅费都成问题。临去时，遵义街上家家都自动摆了香案，案上清水一盂、镜子一面，取"官清如水、明镜高悬"之意。这等举动，都是民间自发，绝无衙门派人前去关照，而人民的心意，也只能在这不花钱的仪式中，表示一点去思（谓地方士民对离职官吏的怀念）的敬意。因此，戴县令的临别比之袁知府，不仅大有古风，而且也确实要风光许多，因为这等好官，也是太不常见了。

不过有一点，戴县令颇通黄老之学，在任期间以安静、不生事为本分，因而很少为地方兴办事业，这点与袁知府很不一样。康熙曾说："天下事，兴一利则多一弊。"戴县令的用意，大概也是为钱所困，为民省财吧。

据目前有限的记载，这位戴知县应名永清，字镜湖，最初在袁知府下任事，也曾协助开办学堂等事。后来，因为辛亥之变的缘故，大概没做多久也就去职了。由于资料缺乏，戴县令还有哪些事迹，之后又如何，却非笔者所能知也。想必其告老还乡，做了遗老吧。

刘健群记载的第三位遵义父母官，却没有记载姓名，不知所指何人（据刘所说，即使知道也不愿意写出）。只知此人高高的个子，风度翩翩，看起来像是大少爷一类的佳公子，他有一点与戴县令倒很相像，那就是有关教育建设之类的，能不问就不问，能不管就不管。不过，戴县令的清廉俭朴却和这位绝对无缘，他是处处要表现得阔绰，排场摆得很足。他上任前，特意去重庆定做了一顶拱竿藤轿，又去自流井定雇了四名轿夫；平日出行时，总带着五六名身背小手枪的卫兵，另外还带着几名穿黄卡其军服的保安兵，一路上那是相当威风。

据说，这位县太爷不仅喜欢摆阔，而且还风流成性。当时四川戏班的小旦，如北京堂子里的相公一样兼营副业，陪酒侍寝，无所不为。这当然是一种污浊不堪的坏风气，而这位县太爷却十分喜欢。最奇的是，不仅县太爷喜欢，他那位任本地保安护商大队长的大少爷也是一路人，父子俩竟同时喜欢一位名叫素兰（男人）的小花旦。好在相公（戏院中饰小旦的男演员）不同于女妓，父子俩倒不曾因为这个而拈酸吃醋，彼此居然相安无事。

玩相公、爱男风，还只是私事。"可佩"的是，这位县太爷公器私用，堪称生财有道。当时川黔滇一带有句话叫"有土才有财，有财始有用"，这里的"土"，指的是烟土，就是鸦片。而当时遵义最大的出产，就是烟土；最大的商家，就是土商。最大的商人是谁？恐怕不是别人，就是这位县太爷。而他的那位大少爷,干的就是保护烟土运输与销售的活。如此赚钱的生意,这对父子自可以吃喝玩乐,浪荡逍遥了。

最离奇而令人不解的是,这位县太爷在当地的名声却好,至少不比那位袁知府坏。一来呢,他在地方上尚属安静,并没有什么敲诈勒索、吃相很难看的事;二来他还善于搞好群众关系,譬如袁知府因为征庙宇、打菩萨等得罪了一干人等,后来戴县令与斋公斋婆妥协,命庙祝将四大天王等一切神像用纸封糊,如此学童读书之声可入菩萨之耳,而菩萨的神威却不入学童视线,也算是相安无事。到了这位县太爷,他是一心经商与玩乐,其他问题概可从宽商议。此后,他是倾听民声,将四大天王等重新出炉,学童与神像由此相互观摩而互不侵犯。于是乎,这位县太爷不仅令当地土商巨贾心悦诚服,就连斋公斋婆们也是一致拥戴,他虽无业绩,一心谋私利,但不扰民,时人竟谓"政通人和"。

没多久,县太爷得了重病。有人在背后窃窃私语,说得的是风流病。据说花了大价钱,从远方请了一个大医师,打了昂贵的一针,但终究挡不住要驾鹤西游。事后,因为大少爷的势力还在,县太爷的丧事办得很风光,光万民伞就弄了几百把。当然,其中真真假假,就无从追究了。入葬后,又由商会出面筹款,在遵义的川黔通道上,一边是集义桥头,一边是较场坝口,修建了两座大大的青石牌坊,以歌功颂德,永垂不朽。

对这三位遵义父母官的记述,是刘健群在六十岁时写下的,可见其记忆之深刻。篇末,刘健群还说了这样一段感想:

"平心而论,这三位父母官,在我心目中,当然最赞成的还是袁知府。假如我做县长,百分之八十是走他的工作路线。也许打菩萨的事,不如他的坚决和果断,难免不有些妥协或缓进的地方;至于选择工厂地址,也许比他更谨慎,但也不是确有百分之百的把握。戴县长的清廉俭朴该学,而其无为是我们所不能学,也许还不一定愿意学。话说回来,假如在今日的民主时代,如果这三位父母官同时在遵义地方竞选,我敢相信:论财,论势,论民情,一定是第三任这位风流县长一马当先票多当选,而袁、戴二位,必然是落选无疑。"

说到这里,刘健群不禁反问:"应该挺起胸膛,下定决心,不怕斋公斋婆咒骂和轿前泼粪呢?还是临别去思,看几碗清水和几张明镜呢?还是要名利双收,大修其青石大牌坊呢?是非义利之际,确令人有何去何从的迷惘!希望有权力地位的人,不问高低大小,先做到忠恕二字。一切要尽了自己的力量,也平心静气,为了大众易地而处的设想,不有虚矫之情,不为乡愿之事,说是父母也好,也是公仆也好。说公仆,对人民是尊重得多;说父母,对子女则痛爱更切。生今之世,能做好父母官,岂非天大的幸事欤?"

刘健群毕竟是做过官的人,他这段话也说得入情入理,令人深思。他列举的三位地方官,确实各具典型。袁知府勇于任事而稍显操切,他征庙宇、打菩萨固然不甚妥当,但其中也有经费缺乏而因地制宜的苦衷;此外,也许他之所为乃是刻意之举,恐怕还有"除旧习、树新风"方面的考虑。不过,刘健群毕竟记忆有误,百艺工厂毁于袁知府离任后(准确说是其死后次年),这个锅,他是不能背的。

第二位父母官戴县令,他是清官毫无问题,而其任内无作为或少作为,也是不想乱动老百姓的钱袋子,这尚有可取之处。只是,近代社会的发展不同于传统的农业社会,官方力量的缺位恐怕也不是什么好事。就此而言,戴县令恐怕还是要跟上时代潮流得好。

至于第三任没有记录姓名的县太爷,这位风流官是把官当生意做,靠贩卖鸦片把官做得风生水起。最奇的是,这种官做得太聪明,就连老百姓也不明就里地加以支持,真可谓名利双收,令人羡煞。然而,无论从实质上看还是从长远看,这都是最烂也是最坏的一种。

后记

2015年后，网络传播又进入了一个新的时代，这就是通常说的"自媒体年代"。

就媒介而言，"自媒体年代"其实就是"手媒年代"，昔日通过PC端也就是电脑与网线传播的网站、论坛、博客等，都已经风光不再。毕竟，现在的年代俨然是"无手机不成活"，谁占据更多的手机屏，谁就是这个年代的王者。

和之前的"PC年代"相比，自媒体年代有着明显的新特点。首先，现在的创作者更多，不管专业的还是业余的，似乎人人都可以写作，谁的粉丝多、流量大，谁就是"网红"；其次，自媒体时代内容丰富、表现形式多样，想看文字的有图文版，想听书的有音频版，想看视频的，什么抖音、快手、西瓜等，铺天盖地，唾手可得。

当然，所谓"万变不离其宗"，变的只是形式与媒介，内容的本质并没有变，最终还是阅读。和传统阅读相比，当下的图文形式似乎可以分为三种：一是小段子、微博式的，一分钟内就能读完；二是一两千字的浅阅读，三到五分钟可以读完；三是五千字以上，需要十分钟以上的深度阅读。

以手机为主要媒介的自媒体阅读，是一种"碎片化"的阅读。"碎片化"的大意，是一个完整的东西变成了很多碎片，零零碎碎化了，不成系统、不成体系。具体而言，"碎片化阅读"又表现在三个方面：一是阅读时间的碎片化，二是阅读内容的碎片化，三是思考或说思维的碎片化。这三者，往往又互为因果，相互关联。

应该说，当今时代的生活节奏太快，信息又太多，每个人的时间精力都有限，出现这种现象实属正常。但需要指出的是，阅读的碎片化往往导致这样一种现象：好像什么都知道一点，但实际上什么也不知道；知道不等于懂得，容易获得的信息和知识，也同样容易遗忘。

碎片化的阅读往往导致片面化，但它不会因为人们的喜欢或厌恶就自动消失。时至今日，"碎片化阅读"非但没有被克服、被消灭，反而有愈演愈烈之势。

笔者不得不提醒读者，快节奏的生活让时间变得稀缺而紧张，但一味地碎片化阅读或浅度阅读也会令人厌倦。毕竟，人不能总靠小段子来获取知识，也不能总沉湎于搞笑视频来自娱自乐，更深层次的梳理和思考，同样是心灵的渴求。

也正因为如此，在手机之外，仍有一大批的坚守者，他们更愿意接受纸质版图书和相对有深度的文章。读者手里拿到的这本小书，就算是其中一例吧。

金满楼
2020年10月